本書獲
二〇一九年貴州省出版傳媒事業發展專項資金資助
貴州出版集團有限公司出版專項資金資助

本成果系 2018 年度國家社科基金重大項目“貴州遵義市新蒲播州楊氏土司基地考古發掘與研究”（項目批準號 :18ZDA219）的階段性成果

播州楊氏土司文獻集成

卷五

貴州省文物考古研究所 編
周必素 白彬 主編

貴州出版集團
貴州民族出版社

圖書在版編目(CIP)數據

播州楊氏土司文獻集成. 卷五 / 周必素, 白彬主編
. -- 貴陽 : 貴州民族出版社, 2023.1
ISBN 978-7-5412-2751-6

Ⅰ. ①播… Ⅱ. ①周… ②白… Ⅲ. ①土司制度-文獻-彙編-遵義 Ⅳ. ①D691.4

中國版本圖書館 CIP 數據核字（2022）第 195186 號

播州楊氏土司文獻集成　卷五
貴州省文物考古研究所　編
周必素　白彬　主編

出版發行:貴州民族出版社
地　　址:貴陽市觀山湖區會展東路貴州出版集團大樓
郵　　編:550081
印　　刷:浙江海虹彩色印務有限公司
開　　本:787mm×1092mm　1/16
版　　次:2023 年 1 月第 1 版
印　　次:2023 年 1 月第 1 次印刷
印　　張:25.5
書　　號:ISBN 978-7-5412-2751-6
字　　數:470 千字
定　　價:210 圓

凡　例

一、本套書采用繁體字橫排。原書没有標點，點校本根據通行的標點符號用法，并結合古籍整理標點的通例，對全書進行統一規範標點。所輯録的文字，除書名、地名中的特殊异體字外，其他异體字均改爲正體字，通假字則不改。

二、本套書輯録經、史、子、集四部文獻中所有與播州楊氏土司有關的文字，傳統考古學中的金石材料、考古出土及博物館（文物管理所）收藏的銘刻材料不收，擬另書整理出版。

三、爲避免重複，前人已校勘整理之《平播全書》《征播奏捷傳》，本套書不再輯録。

四、本套書的編排，首爲正史，編年體、紀事本末體文獻，次爲别史、雜史、雜記、禮記文獻，再次是地區文獻、總志、省志、府州廳志、縣志、鄉鎮志，人物傳記、綜合類和文集殿后。難以歸入上述各類者，歸入其他。

五、方志文獻（省志、府州廳志、縣志、鄉鎮志）數量最多，鑒於本書的主題是播州楊氏土司，故將貴州排列在前，餘則按距離播州的遠近爲序排列。府州廳志、縣志，以現在所屬行政區劃爲單元排列。同一單元内的方志，則按成書的早晚先後排列。

六、同一地區的方志，不同時代、不同作者多次編修，有時書名完全相同，爲加以區别，在書前標明成書年代，并加括号以示區别。

七、所輯録文字，原書的夾注，則以有别于正文的其他字體加以區别。文末注明出處（書名、卷次、子目），以便查考。同一事件或文字，若同時見於數書，均忠實完整地加以輯録。

八、爲了便于讀者閱讀，所輯録的條目内容，根據原書内容上下文，在開頭或者中間用（ ）寫出具體的時間等。如："（熙寧六年）五月癸卯朔，播州楊貴遷遣子光震來貢,以光震爲三班奉職。”

九、原文字迹若有模糊不清者,以□代之;原文字有誤者,在其後用〈 〉標出改正後的字;原文中有漏字者,用[ ]補出所漏之字。漫漶字數不詳者,以“缺”字代之。

十、古籍經多次傳抄翻刻,不同程度存在刻版錯漏、後人羼入、有意篡改等問題,故本書儘量選擇經过校勘整理的版本;若無校勘整理本,則儘量采用成書年代較早、後人改動較少、最能反映原書面貌的古籍善本作爲依據。

十一、所輯録的史料文獻爲封建統治階級文人站在統治政權的立場上所纂寫,内容上普遍存在對少數民族群體的蔑稱,對少數民族群體在歷史事件、文化習俗等方面的表述和記録存在不當之處。但作爲史籍,其記録下當時的一些歷史和文化事項,具有一定的史料價值。請讀者在閲讀時,應當以辯證唯物史觀進行正確的認識。

目　録

縣、鄉志（二）

江　西

（萬曆）鉛書 *

儒生

余德涵，由儒士終檢校，从军征播有功。語見貴州巡撫郭公子章《征播表》。

——（萬曆）《鉛書》卷四《古今名表第三》，載《北京大學圖書館藏稀見方志叢刊》，第 167 冊，429~430 頁

* （明）笪總良修，柯仲炯纂：（萬曆）《鉛書》，載北京大學圖書館編：《北京大學圖書館藏稀見方志叢刊》，國家圖書館出版社，2014 年。

（康熙）安福縣志*

朱臨，大橋人。天順己卯鄉舉，成化戊戌進士。歷官刑曹、四川僉事。尚平恕，法行不撓。會歲祲，賑貸有方。播州楊宣慰兄弟爭蔭，臨片語決之，謝以金，弗受。歷任七年，謝政歸。劉諭德戩稱其度越流輩，獨傷于介云。又朱講敦孝友，時赴惜陰，會學篤踐履，士林稱之。

——（康熙）《安福縣志》卷四《人物·宦績二》，清康熙五十二年刻本

* （清）黄寬修，王謙言纂：（康熙）《安福縣志》，清康熙五十二年刻本。

（康熙）金溪縣志 *

胡桂芳，字允垂，號瑞芝，五都人，以《春秋》魁江右。萬曆甲戌進士，司理杭州，道遇老人，與語頗洽，謂作人當以天地萬物爲一體，聖賢爲師，不可因顯達遂易所守。因佩服其語，勵志公清，以平反爲己任。秩滿，晉兵部主事，典試廣西。復任五年，始轉正郎。時有五年老主政，再轉是郎中之嘲。參議登萊，轉粵副兼督學瓊州。晉楚大參。時中官榷税荊沙，爲商民所毆，卒調護之，事得解，轉臬長。會播酋叛，總督李化龍檄置師中，轉餉監軍，具有成算。播酋滅，將軍劉綎、李寅争首功不相下。芳謂李獲印、劉獲級，功賞均耳，何以争爲？兩將悦服，交歡如故。以平播功，加從一品服、俸，升廣東左轄，擢副都御史、巡撫貴州。土司苗仲素獷悍，乃開金筑司，改設廣順州，比于中土，世世賴之。又奏剿撫機宜六事，悉報可。

——（康熙）《金溪縣志》卷七《人物》，清康熙二十一年刻本

* （清）王有年纂修：（康熙）《金溪縣志》，清康熙二十一年刻本。

（康熙）東鄉縣志 *

陳信，號仰高，麻溪人。巨首環眼，促項廣腰，虬髯猿臂，□力兼人。……奉調征播，播在萬山之間，登高穴險，備極心力。播平，總戎劉綎上其功，進秩正千户，世襲饒州。

——（康熙）《東鄉縣志》卷四《人物志·忠義·武功》，清康熙四年刻本

* （清）沈士秀修，梁奇纂：（康熙）《東鄉縣志》，清康熙四年刻本。

（康熙）豐城縣志 *

朱概，字尚節，杭橋人，登正德進士，吴縣尹。以忤顯者，改令旌德。故俗溺女，以大傷和氣，禁止之。補任曲周，饑民復業者，五十餘户，築河隄，民世世賴之。薦升刑部主事，歷員外。于時，武皇巡游，上疏諫，廷杖，奪俸。遷蜀僉憲。番賊阿戎叛，據石城，討平之。轉少參。播州有宣慰兄弟争殺，僉議用兵，概獨往諭以禍福，竟悦服。

——（康熙）《豐城縣志》卷十《人物》，清康熙三年刻本

雷逵，字時漸，裕之子，鐔舍人。登嘉靖辛丑進士，授太平府推官。逵以妙齡，甫歷吏事，發摘奸伏如神，爲嫻於簿，書者不及，視篆繁昌。值歲饑，賑活無算。屢薦，召擢兵部車駕司主事。所司郵驛、符驗及皇城宿衛士類，詭冒不可詰，逵一裁以法，人不敢干以私。歷武選員外郎中，出守廬州郡。廬當南、北孔道，賦役繁重。逵劑量調停，又躬自節約，以先諸屬，民不告病。升四川憲副，駐治重夔。會播酋稱亂，議兵征剿。總督馮公悉以軍務咨逵，果獲大捷。尋，轉浙江大參。值外艱，哀愴逾制。服闋，補湖藩，分道荆岳。時，江水汎溢，民皆魚鱉。逵竭力堤捍，形神勞悴。廉憲山東，日取桁楊囚，庭鞫之，民無伏冤。轉山西右布政使。

——（康熙）《豐城縣志》卷十《人物》，清康熙三年刻本

李廷觀，字明文。弟廷謨，字明臯，寶應令，纍封大中大夫。瓚之子。少卓犖，俱有大志。父子、昆弟，師式一堂，於書無所不讀，以閎愽名。廷觀登嘉靖丙辰進士，初授南京兵部職方司主事，歷郎中，升浙江温州府知府，擢福建都轉運使，終河東都轉運使。廷謨登萬曆庚辰進士，例應授司理，大司空某欲引爲桑梓，重謨固却，乃得成都，行取户科

* （清）何士錦修，陸履敬纂：（康熙）《豐城縣志》，清康熙三年刻本。

給事中。轉兵、工左、右給事,侍從經筵,典雲南試。後,外轉河南副使,終湖廣副使,兵備湖北。廷觀之在南曹也,勵精職事,雖地處閑望,不欲以高談妨要務。及出守温州,廉公有威,至今龍湫、雁宕之間稱爲賢明太守。在轉運,則地處膏腴,人人取潤,乃却商人常例,遂爲豪商所媒孽,亦竟以勁直清介,聞於天下。廷謨明習吏事,至成都,多所平反。永寧宣撫奢效忠死,其妻妾以争印相仇殺,兩臺委勘六七輩,迄無成言。謨受命詣永寧,諭以恩威,而二婦受盟。時署篆有西征之役,兼調播兵從征,兵馬、錢糧,倉猝倚辦。既陟户垣,則疏上勸講訓儲,爲經筵名講官。他如典試,道旋,即論列黄梅大盜,并治河,徙羌、理財,諸事以聞。備兵河北,則爲鄴增城浚隍,爲磁築渠堰水,至今賴以爲利。移鎮敘州,時,播寇方叛,拮据調度,不勝其勞。既嬰疾請告,得調湖北,而苗僚蠢動,調兵轉餉,竟以職事見忌同官,遂求休,致當竇應令,尚徤飯,觀以都轉運歸里。謨以典試事竣,給假省侍太史啓美,其猶子也。優游子舍十有餘年,百計求娱,其親發爲詩歌,後先應和,亦希覯事也。觀著有《四部稿》,謨著有《白雲窗草》《惜陰評纂》等集,俱行于世。

——(康熙)《豐城縣志》卷十一《人物》,清康熙三年刻本

（康熙）高安縣志 *

崇禎十五年徐按院題減浮粮疏

巡按江西監察御史，今降二級，臣徐養心謹題。爲虛賦累疲，剥膚新泒，勉遵如額。……神宗朝，如河工告急，征倭、征播急需，亦不後于今之勦、練兩餉也。

——（康熙）《高安縣志》卷四《畝課二》，清康熙十年刻本

* （清）張文旦修，陳九疇纂：（康熙）《高安縣志》，清康熙十年刻本。

（康熙）新建縣志 *

樂繼同，字于野，萬曆丙子舉於鄉。初授湖廣通城縣教諭，以壁經聘校粤東，升四川榮縣知縣。值播賊倡亂，郡邑望風解組，繼同慷慨請纓，卒奏蕩平之效，升岳州郡丞。時久雨水漲，膏腴淪没。繼同竭誠拜禱，歲以有秋。臺使交薦，擢本府知府。竟以前征播之役督餉勞瘁，致病請告歸里。尋卒。督學使候公峒曾檄祀鄉賢，榮縣崇祀名宦。

——（康熙）《新建縣志》卷二十五《傳四·經濟》，清康熙十九年刻本

熊宇奇，字正子，萬曆丙戌進士。……參蜀藩討播，軍興，公督理糧餉，烈日乘馬，會水溢馬斃，徒步草靸，艱苦萬狀。捷奏，晋秩。竟以督楚學時忤一顯者，適當要地，解組歸。

——（康熙）《新建縣志》卷二十五《傳四·經濟》，清康熙十九年刻本

* （清）楊周宪纂修：（康熙）《新建縣志》，清康熙十九年刻本。

（康熙）贛縣志 *

萬曆二年甲戌，孫繼皋榜

謝詔，字彦實，歷刑部員外郎，纍升四川按察使。日疏乞休，以監軍平播功升二級。起雲南、湖廣、四川左、右布政使。

——（康熙）《贛縣志》卷十《選舉·進士》，清康熙二十三年刻本

謝詔，號鳳渚，居城内，成萬曆甲戌進士，筮仕颍川。五年，擢刑部員外，升陝西清吏司郎中。四川備兵員鈌，簡公才能赴任。會楊應龍謀叛僭號，據播州，上命大將劉綎督師進剿，敕公監軍，籌畫機宜，擒叛子楊朝棟逆黨十餘員，應龍闔室焚死。隨平蠻羌，皆樹奇績。功狀上聞，特獎詔賜緋魚二品服，升四川按察廉使。尋升雲南布政，自疏歸養。先是，公飭兵川蜀，治反獄，告逆變，理松潘，戢沙卜，朝廷倚重。久之，及播平，拓遵義、平越二郡以隸黔、蜀。内部再列狀奏議，推開府不就。凡六起用，公皆不赴。居林下三十五年，片刺不達當事，凡地方利弊興革，多所就問。重修《郡志》，體裁嚴謹，文詞博洽，真一代良史。著有《玉房集》。卒年八十餘，謚桓愍，敕祠專祀，并賜御爐。銘曰：征播有功，潁、蜀俱祀名宦。兵部尚書張鶴鳴署其門曰：展土開疆，三蜀銅標高日月；報功崇德，兩黌俎豆永春秋。太學士倪元潞、太史李維禎、臨川陳際泰皆有《傳》《志》《碑》《銘》。子徧申，曾孫開雲，侄孫坤祚，玄孫天眷，皆庠生，能世其家。

——（康熙）《贛縣志》卷十一《人物·行業》，清康熙二十三年刻本

* （清）劉瀚芳修，孫麟貴纂：（康熙）《贛縣志》，清康熙二十三年刻本。

論曰：伊周而下，行業難言矣。李卓吾標其目，繫以儒臣，意深哉！贛邑後先諸君子，功在社稷，德被蒼生，不可謂偉歟！及觀平播開疆，何异定謀討逆。

——（康熙）《贛縣志》卷十一《人物·行業》，清康熙二十三年刻本

神宗皇帝賜桓愨公謝詔御爐書銘

平播有功，熹宗皇帝賜謝詔祠扁，特祀名賢。

——（康熙）《贛縣志》卷十六《紀言·御書》，清康熙二十三年刻本

（乾隆）高安縣志 *

高安浮賦溢倍，而新昌未倍之，明証三也。征倭，高安免派；征播，高安免派；河工，高安免派；綾紗宗禄，高安免派；遼餉，高安免派。夫免派州縣，江西則高安、定南而已；河南則鄭州、榮澤而已。通天下雖有免派州縣，而從未聞及新昌焉。此高安浮賦溢倍，而新昌未倍之明證四也。

——（乾隆）《高安縣志》卷四《附浮額》，載《復旦大學圖書館藏稀見方志叢刊》，第 33 册，378~379 頁

《江西通志》：陳鑑，初授行人，擢御史，出按順天。言京師風俗澆漓，其故有五：一、事佛過甚；二、營喪破家；三、服食麗靡；四、優倡爲蠹；五、博塞成風。章下，禮部格不行，改按貴州。……鑑爲巡按時，嘗請四川播州安撫司改隸貴州，以爲鑑罪，令兵中劾之，逮下吏，論死，繫獄。景帝嗣位，乃得赦。尋授河南參議，致仕歸，卒。

——（乾隆）《高安縣志》卷十《宦績》，載《復旦大學圖書館藏稀見方志叢刊》，第 34 册，第 360 頁

* （清）聶元善纂修：（乾隆）高安縣志，載復旦大學圖書館編：《復旦大學圖書館藏稀見方志叢刊》，國家圖書館出版社，2010 年。

（乾隆）金溪縣志 *

李伯廉，字登之，號清源。嘉靖甲子經魁，授柳州知州。歲歉大旱，□疾死者無筭，伯廉憫之，齋居步禱，忽大雨浹旬，五鶴從空飛繞，士民懽呼，謂精誠所感。升四川叙州府同知。時，五氛構兵，二十載不寧。伯廉單騎至虜營，諭以禍福，莫不俯首歸命。尋以軍功擢馬湖僉事。會播酋蠢動，伯廉以勞卒於官。

——（乾隆）《金溪縣志》卷五《政事》，清乾隆十六年刻本

胡桂芳，字允垂，號瑞芝，鄢塾人。萬曆癸酉，領鄉薦，甲戌，成進士，司理杭州。藩司以舊逋四萬委之追理，桂芳封檄堂廚，不奉行。未幾，果奉詔蠲免。秩滿，升兵部主事，典試廣西。復任五年，始轉正郎，參議登萊，轉粤副兼督學瓊州，晉湖廣大參。時，中官榷税荆沙，爲商民所毆，桂芳調護之，事得解。轉臬長。會播酋叛，總督李化龍檄置師中，轉餉監軍，具有成算。播酋滅，將軍劉綎、李寅争首功不相下。桂芳謂李獲印、劉獲級，功賞均耳，何以争爲？兩將皆悦服。以平播功，加從一品服。秩滿，升廣東左轄，擢副都御史，巡撫貴州，土司苗仲素獷悍，乃開金筑司，改設廣順州，比於中土，世世賴之。又奏剿撫機宜六事，悉報可。最上，升南工部侍郎，總督河務。言者摭拾黔撫前事，波及之，乃抗疏歸。卒贈尚書，謚“忠端”，予祭葬。

——（乾隆）《金溪縣志》卷五《政事》，清乾隆十六年刻本

* （清）楊文灝修，杭世馨纂：（乾隆）《金溪縣志》，清乾隆十六年刻本。

（乾隆）南康縣志*

明

蔡居敬，進士，彬之父。以人才任播州仁水驛丞。有符，見《府志》。

——（乾隆）《南康縣志》卷九《選舉·薦辟》，清乾隆十八年刻本

* （清）鄧蘭修，陳之蘭纂：（乾隆）《南康縣志》，清乾隆十八年刻本。

（乾隆）上饒縣志 *

李將軍廟

在治北石人峰下。神諱德勝，字元明，河南人。唐德宗朝，由進士出守信，以貞元六年與劉宗伯太真祠禱雨，先後立化，遂建廟祀之。宋宣和間，神助討方臘，賜“鷹武廟”額。紹興初，守令乞靈，討永豐賊，奏封助靈將軍。明嘉靖二十一年，大學士夏言疏請賜號“靈山鷹武李將軍”。萬曆間，助王師平播，有靈爽，晉封“西濟宏道崇興護國真君”。詳見吴希孟《行狀》。

——（乾隆）《上饒縣志》卷三《建置·壇廟》，清乾隆四十九年刻本

* （清）程肇豐纂修：（乾隆）《上饒縣志》，清乾隆四十九年刻本。

（乾隆）南昌縣志 *

甘一驥，字德夫，隆慶辛未進士，南京刑部主事。每讞决，輒中民隱。遷臨安知府，郡襍苗蠻，建永州學，止度田，封鑛穴，辨疑獄，皆有聲。平定阿迷諸苗，稱爲滇守，循良第一。遷山東鹽運使司，前官多貪，逋税日積，一驥素廉潔，二年而宿逋以清。歲大凶，出俸金賑饑民數萬，又出錢數千緡，建五閘，名益著。未幾，忤巡鹽御史，擢貴州按察司，旋以議播州事不合，罷歸。一驥性孝友，親死廬墓。爲諸生時，嘗賫詔瑞州，却金備賑。仕南曹，置腴田爲義冢。卒之日，子孫至鬻居以營葬。舊《志》。

——（乾隆）《南昌縣志》卷二十《仕迹》，清乾隆五十九年刻本

劉綎，字省吾，都督顯子，勇敢有父風，用蔭爲指揮使。……遂移師征楊應龍。會四川總兵官萬鏊罷，即以綎代之。時兵分八道，川居其四。川東又分爲二，以綦江道最要，令綎當之。應龍熟綎才，頗懼，益兵守要害。二十八年正月，諸將克丁山、銅鼓、嚴村，遂直搗楠木、山羊、簡臺三峒。峒絶險，賊將穆照等衆數萬連營，諸將憚之。綎分兵攻其三面，大戰於李漢壩，生擒其魁，餘賊奔入峒。乘勢克三關，直搗峒前，焚之，賊多死。盡克三峒，擒穆照及賊魁吴尚華。是日，綎督戰，左持金，右挺劍，大呼曰："用命者賞，不用命者齒劍！"鬥死者四十人，遂大捷。應龍乃遣子朝棟、惟棟及其黨楊珠統鋭卒數萬，由松坡、魚渡、羅古池三道并進。綎伏萬人羅古，待松坡賊；以萬人伏營外，待魚渡賊；而別以一軍策應。果至，伏盡起。綎率部下轉戰，斬首數百，追奔五十里。賊聚守石虎關，綎亦掘塹守。初，綎聞征播命，逗遛，多設難，以要朝廷。言官交劾，議調南京右府僉書。綎至是聞之，即辭任。總督李化龍以平播非綎不可，固留之，力薦於朝。綎乃復受事，逾

---

* （清）徐午修，萬廷蘭纂：（乾隆）《南昌縣志》，清乾隆五十九年刻本。

夜郎舊城，攻克賊滴泪、三波、瓦窑坪、石虎諸隘，直抵婁山關。婁山萬峰插天，叢箐中，一徑纔數尺，賊設木關十三座，排栅置深坑，百險俱備。綎分奇兵爲左、右路，間道趨關後，而自督大軍仰攻，奪其關，追至永安莊，兩路軍亦會。綎老將持重，慮賊衝突，聯諸營：一據婁山關爲老營，一據白石口爲腰營，一據永安莊爲前營。都指揮王芬者，勇而寡謀，每戰輒請爲前鋒，連勝有輕敵心，獨營松門埡之衝，距大營數里。賊方有烏江之勝，謀再奪婁山。適穆照遣使泄芬孤軍狀，賊乃襲殺芬，守備陳大剛、天全招討楊愈亦死，失亡士卒二千人。綎聞，親率騎卒往救，部將周以德、周敦吉分兩翼夾攻，賊始大奔，追至養馬城而還。是日，應龍幾被獲，乃不敢窺婁山。綎懲前失，剳近關堅壁，且請濟師。逾十餘日，克復水囤，營於冠子山。尋，會馬孔英、吴廣諸軍，逼海龍囤下，與諸將共平賊，綎功爲多。

初，李化龍薦綎，言官謂綎嘗納應龍賄，宜奪官從軍。部議謫爲事官，戴罪辦賊。綎德化龍，使使齎玉帶一、黄金百、白金千投化龍家，爲化龍父所叱。投巡按御史崔景榮家，亦如之。化龍、景榮并奏其事，詔革綎任，永不收録，没其物於官。已，録平播功，進左都督，世蔭指揮使。……綎於諸將中最驍勇。平緬寇，平羅雄，平朝鮮倭，平播酋，平倮，大小數百戰，威名震海内。綎死，舉朝大悚，邊事日難爲矣。綎所用鑌鐵刀百二十斤，馬上輪轉如飛，天下稱“劉大刀”。天啓初，贈少保，世蔭指揮僉事，立祠曰“表忠”。《明史》本傳。

——（乾隆）《南昌縣志》卷二十二《忠義》，清乾隆五十九年刻本

（乾隆）安福縣志 *

朱臨，字時進，南鄉大橋人，成化戊戌進士。歷官四川僉事，尚平恕，然法行不撓。會歲祲，賑貸有方，銅梁民有擅立縣治者，臨一至，平之。播州楊宣慰兄弟爭廕，片語而決，謝以金，弗受。任七年，告歸。時，赴惜陰會講，敦孝友，篤學力行，士林稱之。卒，年八十五。子禄，有《傳》。参《通志》。

——（乾隆）《安福縣志》卷十一《人物·政績》，清乾隆四十七年刻本

* （清）高崇基修，劉映壁纂：（乾隆）《安福縣志》，清乾隆四十七年刻本。

（乾隆）弋陽縣志 *

周執羔，字表卿。宣和六年，舉進士，廷試，徽宗擢爲第二，授湖州司士曹事，俄除大學博士。建炎初，乘輿南渡，自京師奔詣揚州，不及，遂從隆祐太后於江西，還覲會稽。尋，以繼母劉疾，乞歸就養，調撫州宜黄縣丞。時，四境俶擾，潰卒相挺爲變，令大恐，不知所爲，執羔諭以禍福，皆斂手聽命。……。又六年，起知眉州，從閬州，又改夔州，兼夔路安撫使。夔郡接蠻僚，易以生事，或告溱播夷叛其豪帥，請遣兵致討。執羔謂曰："朝廷用爾爲長，今一方繹騷，責將焉往。能盡力則貰爾，一兵不可得也。"豪懼，斬叛者以獻。彝人自是皆愓息。

——（乾隆）《弋陽縣志》卷十《人物·先正》，載《南京圖書館藏稀見方志叢刊》，第 113 册，572~574 頁

* （清）連柱修，左方海纂：（乾隆）《弋陽縣志》，載南京圖書館編：《南京圖書館藏稀見方志叢刊》，國家圖書館出版社，2012 年。

（乾隆）玉山縣志*

鷹武廟

在西關外一里許，祀唐李德勝，河南沈邱人。由進士擢員外郎，出守信州。值歲旱，捧敕同劉伯宗就禱石人峰下，先後與劉俱立化，鄉人就其地立祠祀。其後，屢顯靈异。宋紹興、明嘉靖間，白旗鷹揚，有誅臘平播功，纍錫封爵，佑護屬邑，玉人追祀，立今祠。前《志》。

——（乾隆）《玉山縣志》卷三《建置·壇廟》，清乾隆四十九年刻本

* （清）連柱修，李寶福纂：（乾隆）《玉山縣志》，清乾隆四十九年刻本。

（乾隆）新昌縣志 *

萬曆年間，征播、征倭，高安攢營免派，非洪武年間之事，試問高民之詣闕者，是何姓名？洪武末，不加派之全旨，前後云何？豈止四字，載何書史？豈容説謊。此其欺誑者二。

——（乾隆）《新昌縣志》卷二十五《雜志·减浮摭聞》，清乾隆五十八年增修本

* （清）楊文峰修，萬廷蘭纂：（乾隆）《新昌縣志》，清乾隆五十八年增修本。

（道光）豐城縣志*

朱概，字尚節，杭橋人。正德進士，初知吴縣，以忤顯貴人，改旌德。俗多溺女，力禁，俗頓革。再任曲周，招恤流亡，饑民復業。築河隄，捍水患，民永賴之。薦升刑部主事，歷員外郎，疏諫武宗巡游，廷杖，奪俸。遷四川按察僉事。番寇阿戎叛，據石城，討平之，轉少參。播州宣慰兄弟相賊殺，議用兵，概往諭以禍福，竟悦服。

——（道光）《豐城縣志》卷十二《列傳四·仕績》，清道光五年刊本

雷逵，字時漸，鐔舍人，裕之子。嘉靖進士，授太平府推官。妙齡莅事，發奸摘伏如神。視篆繁昌。值歲饑，賑活無算。薦擢兵部車駕司主事。所司郵驛、符驗及皇城宿衛，士類詭冒，不可詰，逵一裁以法。歷武選員外郎中，出知廬州。廬南、北孔道，賦役繁重，逵劑量調停，又躬節約，先諸屬，民不告病。升四川副使，駐夔州。會用兵播酋，總督馮悉以軍務咨之，果大捷。

——（道光）《豐城縣志》卷十二《列傳四·仕績》，清道光五年刊本

李廷觀，字明文。弟廷謨，字明皋。南湖人。父瓚，賓應知縣，老成廉静。民有訟，召至前，導以禮讓，咸感悔去。每春勸農，躬詣隴畝，有古循吏風。在任三年，五祈雨雪，皆應禱至，人謂善政所感。廷觀登嘉靖進士，授南兵部職方主事，歷郎中，升浙江温州府知府，擢福建都轉運使，終河東都轉運使。廷謨登萬曆進士，授成都推官，行取户科給事中，轉兵、工左、右給事，侍從經筵，典雲南試，後轉河南副使，終湖廣副使，兵備湖北。廷觀在南漕，勵職事，出守温州，以廉明稱。爲運使時，劲直清介，聞於時。却商人常例，爲豪所媒孽，以原官罷歸。廷謨初官成都，永寧宣撫奢效忠死，其妻妾以争印相仇殺，兩

* （清）徐清選修，毛輝鳳纂：（道光）《豐城縣志》，清道光五年刊本。

臺委勘，六七輩無成言，命廷謨往諭以恩威，二婦受盟。時，方事西征，兼調播兵從軍需，倉猝倚辦。入户部，疏上勸講訓儲，爲經筵名講；官典試，旋即論列黄梅大盜；并治河，徙羗理財諸事；備兵河北，增鄴城浚隍，築磁渠，堰水兩地賴其利；移鎮叙州，播寇方叛，拮据調度，以勞嬰疾，請告，調湖北。苗僚蠢動，調兵轉餉，以同官忌，乞休。時，父瓚致仕家居，廷觀兄弟優游子舍十餘年，百計娱，親詩歌，後先應和，鄉里榮之。廷觀著有《四部稿》，廷謨著有《白雲窗草》《惜陰評纂》等集。

——（道光）《豐城縣志》卷十二《列傳四·仕績》，清道光五年刊本

（道光）貴溪縣志 *

祝蕃，字蕃遠。静明先生門人，最著者李存，而最先受業率舒衍等，師事者蕃。明初，修《元史》，凡爲陸子之學者，不爲立傳。……播州宣慰楊某率酋長請驛以朝，或難其非述職之常，且故事上下皆有贊，公却不受，曰："非所以懷遠人也。"遂白平章，給驛馬。既而授將仕郎、潯州路總管府經歷。

——（道光）《貴溪縣志》卷二十二《人物》，清道光四年刻本

* （清）胡宗簡修，張金鎔纂：（道光）《貴溪縣志》，清道光四年刻本。

（同治）安義縣志*

周志偉，字士器，號陽山，安義里人。登進士，除工部主事，勘查蘆課，革除積弊，超升本部郎中。清屯田，軍民莫敢欺隱，委修皇陵，欽加一級。出知台州。肅清吏弊，鋤抑豪强，尤加意於學校，修臨海學宫，造就，多士捐俸，以給膏火。台州爲海運所經，潮泥壅塞，志偉爲修永通、蛟龍閘，汙浦、周洋河以疏之。值歲饑，施粥散稻，給銀資布，全活數萬有奇。台人歌之曰："才勝顧，德勝羅，台州寶，天下無。"民爲之塑像，建生祠祀焉。考滿，遷四川兵備副使，勵意撫循，剿除賊寨，被擄者俱獲回。先是，播州宣尉使楊相爲其下何瓚、何昂等所逐，出奔重慶。瓚、昂擁兵自守，當道莫敢詰。志偉單騎至播，持檄召瓚、昂，瓚、昂畏威，不得已，出見志偉，數其罪而誅之，播人悉定。時，大學士楊一清序其事，勒石紀功。嘉靖乙巳年，予告在籍，適遇旱灾，多方設措，周濟族鄰，倡修台山、中州二堰，邑人賴之。及臺臣保舉奉旨，着復原職起用。適遘疾，卒。著有《陽山文集》及《台州倡和集》行世。今崇祀鄉賢。陳《志》。

——（同治）《安義縣志》卷九《人物志·名臣》，載《中國地方志集成·江西府縣志輯》，第43册，第218頁

紀周憲副平播序　楊一清

天子嘉靖方國之二十有一年冬，播宣慰使楊相爲其下何昂等所逐，出奔重慶。先是，相始祖端，自唐開播，立綱陳紀，歷世滋遠，播人共戴，楊氏舊矣。迨相父斌始宣淫姣，於是，其下何瓚等實始竊柄作孽，離間其父母，陵夷至相。中則瓚、昂用事，以釀内憂；外則楊元提兵，以爲外應，而相復益濟以荒泆之行，於足釁起房帷。瓚、昂遂倡爲飛語，

* （清）杜林修，彭斗山纂：（同治）《安義縣志》，載《中國地方志集成》編委會編：《中國地方志集成·江西府縣志輯》，鳳凰出版社，2013年。

謂相且廢嫡立庶，以摇上下，復引兵逼相，傳職其子烈。相於是挈妻子來奔。當是時，蜀當事諸公眩於持議，遂懲相繫烈，而瓚、昂等逐帥之罪，顧諉之二三官屬，聲討弗亟。於是瓚、昂等益植黨擁兵，置相、烈軍中爲質，以自翼庇。蜀使者一再馳往，竟莫敢詰。

及明年秋，陽山周公寔拜撫治重、夔之命，公始至，詗知播事，即憤然曰："國家百八十年，綱紀安在？"遂乘單車按播，未至其境，遣梁山尹姚鳳等持檄召相、烈。瓚、昂雅聞公威信，不得已，與相、烈俱至公節下，公首數瓚、昂之罪，肆之於市，遂進臨播城。再召楊元，元不得已，亦至，公復正其罪以殉。於是，播人悚然，始知有天子國法矣。乃徐進相、烈，諭以父子、夫婦之倫，乃命姚尹傅烈，教以爲學、莅政、簡兵、訓士之方，且俾誦法其先世箴戒之言。乃召楊氏之族，俾與相、烈盟好以禦外侮；乃均山澤之利，罷無名之征，黜掊克、生事之臣，俾播民蘇息；乃遴厥儁秀，俾游學宫，以易播俗；乃庭諭其屬八司，俾其以服事播；乃傳檄播之諸鄰凱里、水西、真州，俾各還所侵播地。於是，播人皆感動泣下，幸見天日，而楊氏父子、夫婦，遂爲懽洽如初。蓋三閲月而播平，而真州適獻虎至，公立命磔之。説者謂公除害、威遠之徵也。於是，公返旆重慶，重慶大夫士相與祠公於學，春秋祀焉。

始公之行也，有以涉嫌止公者，有以入播巢穴利害叵測危公者，公弗聽，有晉公平淮蔡之斷矣。當是時，又有説公用刺客者，有勸公命西陽諸司以夷攻夷者，有戒公毋信狙詐輩者，公亦弗聽，公有諸葛定南中之開誠布公矣。公兹行也，詎止安一播哉！國家承平日久，將弛兵驕，往者大同、遼左之變，隱然有唐方鎮之禍。微公兹行或行矣，而處置爽宜，則兵連禍結，轉輸調集川以東諸司，當非復朝廷有禍將安極？是則公大有造於國家，多矣。爲國家賀公，義不可耶？且公單車往來，圖書數卷，凜然冰鑑之聲，播人比之椒邱，何公之却文梓，抑又爲烈，亦爲之建廟祀焉。事定，蜀諸大夫士官於朝者，相與委辭於余，以志公盛事。公，余門下生也。蓋常睹公氣度宏遠，言詞慷慨，論事議政，尤熟於國家典故，有古名臣風。每擬公勛業，他日當爲榜中第一。然則爲世好賀公，余又有私義焉。於是，不敢以不敏辭，輒從諸大夫請，而退爲之序。

——（同治）《安義縣志》卷十四《藝文志》，載《中國地方志集成·江西府縣志輯》，第 43 册，334~335 頁

（同治）貴溪縣志 *

祝蕃，字蕃遠。静明先生門人，最著者李存，而最先受業，率舒衍等，師事者蕃。明初，修《元史》，凡爲陸子之學者，不爲立傳，蕃有存。所爲《墓志銘》頗詳。其文云：公幼而警敏，縣人有陳先生某者，獨得陸文安公本心之學，蕃遠從之游。稍長，頗不羈。他日，忽感悔，復求從先生，痛自刻厲，久而有省。大喜曰："《論語》曰：'吾無隱乎？'《爾記》曰：'風霆流形，庶物露生。'無非教也。"……播州宣□楊某率酋長請驛以朝，或難其非述職之常，且故事上下皆有贄，公却不受，曰："非所以懷遠人也。"遂白平章，給驛馬。既而授將仕郎、潯州路總管府經歷。

——（同治）《貴溪縣志》卷八《人物志》，載《中國地方志集成·江西府縣志輯》，24 册，317~318 頁

* （清）楊辰杰修，黄聯珏纂：（同治）《貴溪縣志》，載《中國地方志集成》編委會編：《中國地方志集成·江西府縣志輯》，鳳凰出版社，2013 年。

（同治）重修上高縣志 *

汰浮呈附

周監兑、王巡按、陳巡按題高安、上疲七分考成，征倭、征播獨免加派。

——（同治）《重修上高縣志》卷十《藝文·奏疏》，載《中國地方志集成·江西府縣志輯》，第 39 册，第 340 頁

* （清）馮蘭森修，陳卿雲等纂：（同治）《重修上高縣志》，載《中國地方志集成》編委會編：《中國地方志集成·江西府縣志輯》，鳳凰出版社，2013 年。

（同治）南康縣志 *

明

蔡居敬，彬之父。舉人才，播州仁永驛丞。

——（同治）《南康縣志》卷七《選舉志·薦辟》，載《中國地方志集成·江西府縣志輯》，第 86 冊，第 646 頁

* （清）沈恩华纂修：（同治）《南康縣志》，載《中國地方志集成》編委會編：《中國地方志集成·江西府縣志輯》，鳳凰出版社，2013 年。

（同治）臨川縣志*

徐仲佳，字仲謙。父道明，嘉靖乙卯鄉舉，任新化、松滋令，皆有廉聲。仲佳，萬曆壬辰進士，初主兵部事。恤讞江北，矜全二百四十餘人。備兵東川，杜馬十乘廢立之争，平楊應龍叛逆之氛，監紀大兵，飛輓不匱。大中丞李化龍疏列其功，特晉參議，俾專理善後。當日平播，仲佳實與有勞績。乃後之代中丞者，邊功自喜，必欲盡還其侵地，仲佳力争，弗得，卒以起釁，論者惜焉！會有母喪，歸。服闋，交薦不應。

——（同治）《臨川縣志》卷四十一《人物志·宦業二》，載《中國地方志集成·江西府縣志輯》，第48册，第602頁

* （清）童範儼修，陳慶齡纂：（同治）《臨川縣志》，載《中國地方志集成》編委會編：《中國地方志集成·江西府縣志輯》，鳳凰出版社，2013年。

（同治）玉山縣志*

鷹武廟，在西關外。祀唐李德勝，河南沈邱人，由進士擢員外郎，出守信州。值歲旱，捧敕同劉宗伯就禱石人峰下，先後立化，鄉人就地立祠，後屢顯靈。宋紹興、明嘉靖間，白旗鷹揚，有誅臘平播功，纍錫封爵，佑護屬邑玉人，追祀，立今祠。前《志》。

——（同治）《玉山縣志》卷二《建置志·壇廟》，載《中國地方志集成·江西府縣志輯》，第 23 册，第 534 頁

* （清）黄壽祺修，吴華辰纂：（同治）《玉山縣志》，載《中國地方志集成》編委會編：《中國地方志集成·江西府縣志輯》，鳳凰出版社，2013 年。

（同治）高安縣志*

減浮疏呈二

崇正〈禎〉元年，高安里民彭惟先、袁躍等辨遼餉疏

爲鄰宦説謊欺君，疲邑無端受禍。謹直陳遼餉免派之由，乞敕嚴行勘究，以誅欺誑，以存孑遺事。臣等生居瘠土，苦國初奸民黎伯安虚增糧六萬餘，又苦丈量時遭金通判縮丈足額之害，及盧知縣一則重派之科，以至賦重民貧，流亡死徙，日銷月爍。昔都啚三百餘里，今二百餘里矣；昔編民七萬餘户，今五萬餘户矣。徵輸不前，官纍參罰。先季守兹土者及監兑者，或條陳，或耑疏，無不扼腕痛心，爲疲民請命，及民人王乾等叩閽號苦，俱奉旨下部。都御史王佐，特疏具題，以高安比照陝西，上疲，此豈私高安？不過念此窮民，而寬恤其萬一也。故歷來征倭、征播，綾紗、宗禄等項獨免派，遵行已久。至萬曆四十六年，奉旨加派遼餉，户部咨行撫按。惟時，藩司議詳，都御史包見捷、御史張銓參稽七十五州縣或減或免，或輕或重不等，高安亦在免派。刊榜通行曉諭，何主謀營求之有？

——（同治）《高安縣志》卷六《户役志·減浮疏呈下》，載《中國地方志集成·江西府縣志輯》，第 38 册，112~113 頁

高安縣里民趙民安、徐會遠等訴爲孽邑悖

征倭，高安免派；征播，高安免派；河工，高安免派；綾紗、宗禄，高安免派；遼餉，高安免派。夫免派州縣，江西則高安與定南而已，河南則鄭州與滎澤而已。通天下雖有免派

* （清）孫家鐸修，熊松之纂：（同治）《高安縣志》，載《中國地方志集成》編委會編：《中國地方志集成·江西府縣志輯》，鳳凰出版社，2013 年。

州縣，而從未聞及新昌焉。此高安浮賦溢倍，而新昌未倍之明證四也。

——（同治）《高安縣志》卷六《户役志·附浮額》，載《中國地方志集成·江西府縣志輯》，第 38 册，第 150 頁

後又有撫按王、陳二公，爲高安題准縣，官七分考成，同上疲者，惟萬載一縣耳！上高、新昌皆係次疲縣，官考成，必以八分爲定。繼而高安耆民袁清復叩閽，而後征倭，高安免派；征播，高安免派；綾紗、宗禄，高安免派；遼餉，高安又免派。雖豐城楊維相欲以餉銀洒派，高安訟于天子，于是，高安民人彭惟先又叩閽，而後有范、魏二公復爲高安題"免浮額之加餉"。

——（同治）《高安縣志》卷六《户役志·附浮額》，載《中國地方志集成·江西府縣志輯》，第 38 册，152~153 頁

《明史》："陳鑒，字貞明，高安人。宣德二年進士，授行人。正統中，擢御史，厲風節，出按順天。言京師風俗澆漓，其故有五：……。鑒爲巡按時，嘗請四川播州安撫司改隸貴州，以爲鑒罪，令兵部劾之，逮下吏，論死繫獄。景帝嗣位，乃得赦。尋，授河南參議。致仕歸，卒。"

——（同治）《高安縣志》卷十四《人物志·宦績》，載《中國地方志集成·江西府縣志輯》，第 38 册，346~347 頁

（同治）鄱陽縣志 *

劾首輔沈一貫疏　陳嘉訓邑人

……播州之役，楊應龍家資蓄積，人人所知，初以封爵鉤取陳璘，致其載送，後以科道他事，參論不遂，致其怨恨，合謀者伊同鄉、都御史江鐸也。幸則爲總兵孟宗文，五千之金一入，而鵲印懸腰；不幸則爲侍御賈應元，五萬之講未終，而鵠亭夜哭。最可恨者，一貫故語人曰："我今日揭請罷税，持議若正，收名若美，而王維忠四十萬之贓何以全隱乎？" 京中哄傳，謂得王維忠五萬、陳守馴三萬，何狼藉也。利在邊疆即取之邊疆，參游數百兩，總兵數千兩，尚書蕭大亨、原任尚書田樂皆其分贓之人；利在督撫即取之督撫，雲南巡撫陳用賓、兩廣總督戴燿兩經考察，略不動摇，則其奥援之力，叙功升蔭，金紫滿庭，失事損傷則匿不以報，毋論其門如市，其難厭如壑。即寵僕李四家纍千萬，京師嘲之曰"二貫"，曰"蜃門"，謂其與蛟爲敵，而廉耻道喪，又不足言矣。總之，數年以來，政治因循，人工鑽刺，貪饕黷貨者，尊崇；執法操持者，擯弃。今以太倉之粟，近支二年；以老庫之儲，僅餘八萬。虜婦既老，狼子生心。軍士脱巾，束手無策。《語》曰："天之方蹶，無然泄泄。" 此其時矣。

——（同治）《鄱陽縣志》卷十六《藝文志一·表疏》，載《中國地方志集成·江西府縣志輯》，第 30 册，352~353 頁

* （清）陳志培修，王廷鑑纂：（同治）《鄱陽縣志》，載《中國地方志集成》編委會編：《中國地方志集成·江西府縣志輯》，鳳凰出版社，2013 年。

（同治）東鄉縣志 *

陳信，字仰高，麻溪人。巨首環目，促項虬髯。幼與群兒戲，檛梃格鬥，奮臂一呼，群兒盡撲，遂以勇力聞。弱冠，從戎，隨總帥鄧子龍征關白。一日，營壘未定，參戎傅良橋出哨，遇白驍將於道，窮追不已，傅瀕危，信望見，躍馬刀取追者首，護橋還。前後殲馘纍百計，功授百夫長。尋，調征播。播故在萬山中，信登高入險，常以身先。播平，大將軍劉綎薦之，晉千户，世襲饒州所。未幾，復征緬。緬每駕象戰，馬遇之輒蹶。信乃以利刃前截象鼻，象却走，踐斃緬人無數，師得以成功。遷康山守備。蠡湖故多盜，聞信勇力，皆斂迹。晉游擊將軍，守後禁門。門所出入皆璫貴，信猛質，不爲禮，璫惡之。遂稱疾歸。信功纍數百，而録上司馬門者，十不得一。官蔭不酬其勛，論者惜焉！

——（同治）《東鄉縣志》卷十三《人物七·武功》，載《中國地方志集成·江西府縣志輯》，第 52 册，第 550 頁

* （清）李士棻修，胡業恒纂：（同治）《東鄉縣志》，載《中國地方志集成》編委會編：《中國地方志集成·江西府縣志輯》，鳳凰出版社，2013 年。

（同治）豐城縣志 *

朱概，字尚節，杭橋人。正德進士，初知吳縣，以忤顯貴人，改旌德。俗多溺女，力禁，俗頓革。再任曲周，招恤流亡饑民復業。築河隄，捍水患，民永賴之。薦升刑部主事，歷員外郎。疏諫武宗巡游，廷杖，奪俸，遷四川按察僉事。番寇阿戎叛，據石城，討平之，轉少參。播州宣慰兄弟相賊殺，議用兵，概往諭以禍福，竟悦服。

——（同治）《豐城縣志》卷十三《人物·仕績》，載《中國地方志集成·江西府縣志輯》，第 44 册，第 324 頁

雷逵，字時漸，鐔舍人，裕之子。嘉靖進士，授太平府推官。妙齡莅事，發奸摘伏如神，視篆繁昌。值歲饑，賑活無算。薦擢兵部車駕司主事。所司郵驛、符驗及皇城宿衛士類，詭冒不可詰，逵一裁以法。歷武選員外郎中，出知廬州。廬南、北孔道，賦役繁重，逵劑量調停。又躬節約，先諸屬民不告病。升四川副使，駐夔州。會用兵播酋，總督馮悉以軍務咨之，果大捷。

——（同治）《豐城縣志》卷十三《人物·仕績》，載《中國地方志集成·江西府縣志輯》，第 44 册，第 331 頁

（李）廷觀，字明文。廷謨，字明臯。俱瓚子。廷觀登嘉靖進士，授南兵部職方主事，歷郎中，升浙江温州府知府，擢福建都轉運使，終河東都轉運使。廷謨登萬曆進士，授成都推官，行取户科給事中，轉兵、工左、右給事，侍從經筵，典雲南試，後轉河南副使，終湖廣副使，兵備湖北。廷觀在南漕，勵職事，出守温州，以廉明稱。爲運使時，勁直清介，

* （清）王家杰修，周文鳳纂：（同治）《豐城縣志》，載《中國地方志集成》編委會編：《中國地方志集成·江西府縣志輯》，鳳凰出版社，2013 年。

聞於時。却商人常例，爲豪所媒孽，以原官罷歸。廷謨初官成都，永寧宣撫奢效忠死，其妻妾以争印相仇殺，兩臺委勘六七輩無成言，命廷謨往諭以恩威，二婦受盟。時，方事西征，兼調播兵從，軍需倉猝倚辦。入户部，疏上勸講訓儲，爲經筵名講；官典試，旋即論列黄梅大盗；并治河、徙羌、理財諸事；備兵河北，增鄴城浚隍，築磁渠堰水，兩地賴其利；移鎮叙州，播寇方叛，拮据調度，以勞嬰疾請告，調湖北。苗僚蠢動，調兵轉餉，以同官忌，乞休。

——（同治）《豐城縣志》卷十三《人物·仕績》，載《中國地方志集成·江西府縣志輯》，第44册，336~337頁

（同治）贛縣志*

明神宗賜桓愨公謝詔御爐書《銘》。平播有功，熹宗賜謝詔祠匾，特祀名賢。

——（同治）《贛縣志》卷十《建置志·賜額》，載《中國地方志集成·江西府縣志輯》，第75册，第100頁

柳氏

贛兵楊炯妻。萬曆庚子，楊應龍反播州，炯從軍征討陣亡。有富兒艷其色，强委禽焉。及娶，氏堅不從，富兒自入，牽其手，氏怒駡曰："吾手豈可爲人污耶？"遂引刀自斷其腕，富兒驚去。

——（同治）《贛縣志》卷四十二《人物志·節烈》，載《中國地方志集成·江西府縣志輯》，第75册，第453頁

謝桓愨公祠記 行人陳際泰臨川人

此桓愨謝方伯特祠也。公懿行偉閥之在人心天下者，畢具於李本寧太史《志》中，張鳳皇大司馬《碑》中，周敬松大冢宰《傳》中，而合具於劉鼎梅《大理行狀》中，是固然矣。……然公之功，莫著於征播。征播之命，乘公平羌之威名而用之也。然有先之者，有後之者。先之者説，在潁川之治反獄與告變，蘭州之戢沙卜也。後之者説，在松潘、鎮城之賞番與定囂卒也。人猝與之遇，驚愕震怖而不能堪者，公雍容譚笑，弄之股掌間耳，公於是倚重征播矣。播與淮西不同，以千歲之國，千里之封，地險卒勁，百戰而勝，生長威勢。昔魏武善用兵，然於漢中之役，自行拔出，現《兵書》語所親云："漢中五百里，

* （清）黄德溥修，褚景昕纂：（同治）《贛縣志》，載《中國地方志集成》編委會編：《中國地方志集成·江西府縣志輯》，鳳凰出版社，2013年。

石穴也。”故終身於磽險之地，撓而避之，不責群下之力。播險，視此復爲優矣。無永寧、合江之師，則播不拔；無公卧護諸將，决策制勝，則永寧、合江之師亦將無功。讀李制府上公《功狀》，則平播之功之有全屬，俱可知矣。爲國闢地千里，而諸酋之擁地自封，庶雄爲桀者，刳其腹而别内之於失其所援，栗栗危懼而帖曰：“勿予禍適也。”公之功，視平淮西爲優。然公感奢世續而得其死力，宜受上賞，并割其分地爲縣，何也？蓋其意不在世續可知也。夫天下之事有機，有機窺其機而見之，而後可以制天下之機。不能制天下之機，而欲自全於功名之際也，難。昔王濬以龍驤平吴，爲王武子父子所抑。在上前争論，憤憤而出，或謂曰：“子之功則高矣，惜所以居功者未善也。當争時，宜叩頭曰：‘此聖主之德，諸將士之力，臣何功焉？角巾東路，不亦愈乎？’”濬謝曰：“吾始懲鍾鄧之禍，既而不免於争，是吾褊也。”

——（同治）《贛縣志》卷四十九《藝文志·文徵》，載《中國地方志集成·江西府縣志輯》，第 75 册，599~601 頁

書《謝桓慤公傳》後 丙午副貢生褚景昕高安人

庚午孟夏，余應樸齋黄明府聘，續修贛縣志書，閱《名臣傳》，至明謝桓慤公，欽其人自成進士，知潁州，歷刑部郎，分巡四川。歸養後，起山西參政暨順天巡撫，凡六起皆不赴。生平義行、政事、文章，私歎三百年來，不獨爲贛人士所矜式，即西江論如公者，亦不多覯也。……閲《明史》播州之役，文武諸人《列傳》，而以《贛志》參考之，於是私揣《通志》之缺之者，或以與《明史》不合，因過而去之，未可知也。考公倪文正、李本寧諸公，皆有《傳》《志》《碑文》，今俱未見。惟陳大士先生《祠堂記》特存，顧其他悉從略，第斤斤於征播一事，反復流連，推極爲高致，妙用其傾倒也至矣。乃其人、其事，閲時未久，而紀載茫如，顯與《史傳》相戾，即曰各據一説。而嫡庶名氏，且舛錯而不知，則所言似無稽矣。其他又曷可據乎？

——（同治）《贛縣志》卷四十九《藝文志·文徵》，載《中國地方志集成·江西府縣志輯》，第 75 册，628~629 頁

（同治）廣昌縣志 *

何喬新，字廷秀，號椒邱，冢宰東園公第三子。登進士，授禮部主事。宗伯姚公恐其不習於政，乃檄收糧，公平斗斛，謹出納，嚴勾稽，痛懲奸吏侵漁者。……播州宣慰楊愛與庶兄友不睦，奏愛有异謀，命公即訊。公審驗得情，慮其兄弟仇殺，遷友他邦，邊境以安，升南刑部尚書。……乞致仕，歸。宣慰楊愛聞之，遣使致金銀爲壽，并獻名梓爲棺，拒不受。

——（同治）《廣昌縣志》卷五《人物志·理學傳》，載《中國地方志集成·江西府縣志輯》，第 83 册，393~394 頁

何文淵，字巨川，號東園，宋寶謨閣學士文定公坦之後。永樂登進士，拜湖廣道監察御史，巡按山東，有能聲。仁宗即位，命考四川吏治，劾罷工部侍郎楊和、參議金文斌、副使張銘、僉事章明等三百餘人。……播州楊宣慰迎謁，獻銀器、文綺。公却不受，楊退語人曰："真鐵石御史也。"

——（同治）《廣昌縣志》卷五《人物志·名臣傳》，載《中國地方志集成·江西府縣志輯》，第 83 册，396~397 頁

* （清）曾琉璋纂修：（同治）《廣昌縣志》，載《中國地方志集成》編委會編：《中國地方志集成·江西府縣志輯》，鳳凰出版社，2013 年。

（同治）泰和縣志 *

雲亭阜濟渠在冠朝，有田萬畝，受濟於縫溪、嶺溪，小源短，積水不深。每致歉收，按溪離雲亭江止六里，引水入渠，實可通之地，但土不一姓，工以歲計，懷山度谷，破隴穿阡，費約千金。里人郭奇士，即子章之祖，有志未就。萬曆二十八年，值子章撫貴平播，父元鴻承先志，捐金市田，募工疏道，由大虛觀經棠州道王原，流入南臺之陽，江引如帶，堤屹似山。六里之渠，三月而成，名曰阜濟渠。張銓有《記》，佚。

——（同治）《泰和縣志》卷四《建置略·水利》，載《中國地方志集成·江西府縣志輯》，第 64 册，第 96 頁

歐陽和，字允和，蜀江人，永樂壬辰進士，授北京道監察御史。寬厚坦亮，遇事持風裁。文皇巡幸北京，仁宗爲太子監國，一時宵小搆扇，上下惶惑，因挺言曰："東宫，吾君之子，他日君我者也。何可計私匿情？"有問，以實對。文皇亟稱之曰："歐陽御史真識大體者。"征播有功，升雲南副使。父觀民，年九十五，終於家。聞訃哀毁，馳歸，卒。《通志》。

——（同治）《泰和縣志》卷十六《列傳·正傳》，載《中國地方志集成·江西府縣志輯》，第 64 册，第 334 頁

郭子章，字相奎，冠朝人。隆慶三年，由恩貢舉順天，登辛未進士，授建寧府推官。輿過峻嶺，有一猿號冤甚哀，指其處，發掘得尸，按治之，人稱神明。爲潮州知府，驅獨鬼，著有异政。督學四川，文習丕變。歷浙江參政、山西按察使，皆有异績，升任湖廣、福

* （清）宋瑛修，彭啓瑞纂：（同治）《泰和縣志》，載《中國地方志集成》編委會編：《中國地方志集成·江西府縣志輯》，鳳凰出版社，2013 年。

建布政，予告歸。時，播酋楊應龍恃功不法，糾苗倡亂，黔、蜀、楚望風摧陷。命子章以副都御史巡撫貴州，同總督李化龍舉用劉綎爲提督，屢出奇制勝。是時，餉詘不繼，黔亂，無民可派。借楚、蜀、閩餉數十萬，皆子章經畫。賊東破重安，遂圍興隆。子章發鎮筸及貴陽兵救援，賊始退。後又寇龍泉，子章任楊惟中爲都司，卒得其力。誓師進討，檄數應龍十大罪，設壇北門，集文武將吏、土漢官兵而告以文，忠憤感激，人思自效。左監軍楊寅秋本同邑人，乃與同心一力，期必滅賊。進圍海龍囤，克之。應龍自經死，妻子、惡黨盡獲，俘斬無算。於是李化龍上露布，表子章第一。先是，安酋與楊酋世姻，聲勢依倚。衆皆疑安氏爲助，欲并剿之。子章欲慰安氏心，使爲朝廷用。故廷臣疏子章爲總督，而上仍用爲巡撫，必得公而安酋始無患也。貴陽兵後，大饑死徙甚衆，乃疏請湖廣長、衡、彬等府、州、縣，欠協濟貴州糧銀七萬八千餘兩，於内准發賑濟，民賴以蘇。其後，播逆餘黨有皮林，及遵義、吴洪、平越路苗，皆子章蕩平。前後叙功，加太子少保、兵部尚書。子襲錦衣衛。《府志》。《乾隆志》按：“《萬曆志》稱子章才本天授，識卓人群。嘗與王塘南、胡廬山、鄒南臯講學於青原、白鷺之間，主於倡明正學。宦迹所至，隨地著書，燕、閩、晉、粤、蜀、浙、吴、楚，皆有草。及《平播録》《易解》行世，又有《豫章大記》一百卷。”

鄒元標《贈郭公榮壽奏績序》云：上御極三十年壬寅孟春，大中丞青螺郭公實維六十初度之辰，會當報滿，得書其狀，獻於天子。其部内式歌且舞曰：“黔不幸隣於强酋，不睹天日者久，今兹得耀於光明，實我公。”賜文武諸將吏慶曰：“往熟公名，願執鞭弭無從，適兹在公爐冶中二天再造，幸甚！”稀有鄒子元標竊窺撫臣奏績，不過書兵、錢穀、察吏、安民諸務。然屢屢循令甲故事，不足則增所未有。若公三年中皆大兵戎、大機務，關繫國朝鴻猷，非歲時疆隅經營者比。不書則公一腔血誠無所表見；書則雖連篇纍牘，不足冩公拮据憂勤萬一。然公處此良苦矣。蓋自我皇御極來，清寧夏，存朝鮮，滅楊酋，載在盟府者三。然觀持鉞諸臣，或糧餉雲集，或材官輻輳，諸在幕府左右者，咸足集思廣益；秉鉞者雍容緩帶，有如公赤手入疆，一無足恃乎？諸臣成功多奏凱旋，即大兵之後，凶年勿問，有如公集鴻雁，緩子遺，當大荒疫，一一安全之乎？播去黔不數武，朝發兵夕至，夕發兵朝至。陰倚抗衡上國者，日在公之肘腋。公至，持重不發一語，秘計勝算，卒以革面捷聞。人人爭言功狀，公不言，則用命者無所勸，言則疑於暴白。公寧泯泯默默，嗀而不言。故公之苦即肉戚所不能道者，元標獨知之，常以示客。客問鄒子曰：“郭先生偕子泳游山澗時，上書乞歸者再，而子知先生必爲世鼎臺。既聞開府命時，言酋當寛縱勿問者，十十而九，而子策酋必敗，又知先生必有報上。是則何説？”予曰：“予觀公於微矣，黔中命下，予習酋。先是，常發兵窘辱二中丞，二中丞大損威稜，致書公，無以家累往。公復書曰：‘是示曾怯也，吾身家委虎穴矣。’予心竊壯之。藉令公有全軀保妻子一念，則利害心生。利害心生，而所注厝寧，復有俊偉表表如今日者乎？故曰：不有其家者，乃卒能安天下，此予所以知公也。非但予也，予與公同事衡廬胡先生公，昔官水部時，業以大與微勖公，蓋謂惟積而後能大，惟大而須知微。公力踐此二語，恢恢乎如太虚之無所不容，兢兢乎知以一矢引千鈞。故投之艱巨，劃然若削鍾而吷劍也。予師先道之矣，予安能知公。”客唯唯。會邑侯鯤完金公致書，予曰：“吉州名獻鱗鱗然，無逾西昌、文江兩邑。予閲西昌邑乘，理學則兩文莊；勛業則文貞、文端；忠節則周紀善、劉比部。迺若揚旌萬里，威稜憺乎疆埸，宗社奠若磐盂，而學行端醇如公者則西昌稀覯，不佞叨沐名邦，睹茲盛事，公奏績又適届壽期，聞子與公契最深，可無一言代不佞祝？”予拜侯命，無能爲詞，敬書答客，言往，并致聲公曰：“公之忘身入黔，業在蹇之六二；履信思順，獲天人之助，在履之上九；德盛禮恭，在謙之九三，此不必殫述。”昔新建功在西江，謗忌叢興，公惟開閣接引來學爲事。公非惟度人，亦以自度也。乾之九三與四五爲鄰，終日乾乾夕惕，若然不過曰無咎。蓋三與四五相逼，逼則嫌，嫌則多懼，聖人已燭其隱矣。夫子繫居業而本於誠，又曰：“知至可幾，知終可與存義。”幾，微也；存義，成性存存也；乾，天也。入微而後能存，存存而後能天。新建良知之脉，由乾惕入。吾師致大入微之説，其於與幾存義之旨，寧有异耶？

聞公自罷師後，韜乎事心之大者，與新建一致，予安能窺公所至？故凡以文章、經濟、勛業頌説公者，此皆公之膚肉，公直土苴之矣。頃廷推公拜少司馬，入相天子，士豈不念公？意固有在，行且召公翩翩劍履，不趨不名，入謁便殿。上必喜曰：“此吾社稷臣。”命肖公麟閣，如君家令公故事。惟天純佑我公，弼成億萬年無疆之治，則茲考正二十四考之始，太史方珥筆大書特書，以爲臣鵠。詩曰：“文武吉甫，萬邦惟憲。”公以之吉州，豈得私公？予言又安能重公？侯謂鄒生言有當，幸聞於公，公必開顔曰：“予卧薪嘗膽者，三年未嘗語人，而吾友奈何知之？雖然，吾倦矣，它何敢知至？”所聞於師者，行與爾共勉矣夫！《願學集》。

——（同治）《泰和縣志》卷十七《列傳·正傳》，載《中國地方志集成·江西府縣志輯》，第 64 册，357~359 頁

楊寅秋，字義叔，一作義叔。士奇七世孫。萬曆癸酉舉於鄉，明年，成進士，令東莞。秩滿，行取授雲南道御史。疏免南海餉數萬，又疏罷吏部尚書王國光，舉朝憚之。……會播首叛，即擢貴州按察使，與巡撫郭子章協力刻期，殄滅播州，宣慰安隴澄願效前驅。寅秋率師繼進，督戰囤下，凡四十日戰捷，奪鳳凰山，破土城、月城，應龍死，賊平。以疾告休，抵家。卒贈太僕寺正卿，蔭其孫學恭。著有《臨皋集》。《康熙志》。

——（同治）《泰和縣志》卷十七《列傳·正傳》，載《中國地方志集成·江西府縣志輯》，第 64 册，第 359 頁

《黔中止榷記》一卷、《黔中平播台末》三卷

《四庫書存目》云：“萬曆間，播州宣慰使楊應龍叛，郭子章巡撫貴州，被命與李化龍同討平之。化龍有《平播全書》，子章亦有《黔記》載其事。晚年退休家居，聞一二武弁，造作平話，左袒化龍，飾張功績，多乖事實，乃仿《記事本末》之例，以諸奏疏稍加詮次，復爲此書，以辨其誣。”

《西南三征記》一卷

上三書，皆郭子章撰。均見《明史·藝文志》。

《平播録》五卷

楊寅秋撰，見《明史·藝文志》。

——（同治）《泰和縣志》卷二十二《藝文録·书目·史部》，載《中國地方志集成·江西府縣志輯》，第64册，第471頁

旌表疏　楊仁愿

爲臣母苦節未旌，臣心至痛難釋。仰乞聖恩，循例表揚，以勵風化，以廣孝治事臣草茅賤質，新受恩榮，如蚊負山，隕越是懼。豈敢遽有陳乞，仰瀆天聽？惟是臣母含悲茹苦已三十年，臣今不言，是爲不孝，不得不瀝血爲皇上陳之。臣祖寅秋，萬曆甲戌進士。生臣父監生嘉禕，娶臣母歐陽氏，係鴻臚寺序班歐陽綸女，年十八歸。臣父□□逆播猖亂，臣祖以按察使監軍貴州，播酋授首，臣祖不□年而歿，臣父越五年而亦歿。臣母爾時年二十四歲，臣年甫二歲，祖父祖母既亡，又鮮兄弟。呱呱遺腹子，奄奄未亡人，形影自吊，真有不忍披陳者。

——（同治）《泰和縣志》卷二十三《藝文録·奏疏·文彙》，載《中國地方志集成·江西府縣志輯》，第64册，514~515頁

郭子章平播後，海内以詩贈者多，惟江晴緑銓部詩曰："無忌眼能分上客，裴公貌不逾中人。"庶幾見蔑之面矣。又曰："疏詞諸葛喉中血，條議營平舌上言。"庶幾見蔑之心矣。《豫章詩話》節録。

——（同治）《泰和縣志》卷三十《雜紀·軼事》，載《中國地方志集成·江西府縣志輯》，第64册，第648頁

（同治）新建縣志 *

樂繼同，字于野，萬曆丙子鄉舉。初授湖廣通城縣教諭，升四川榮縣知縣。值播賊倡亂，郡邑望風解組，繼同慷慨請纓，卒奏蕩平之功，升岳州同知。時，久雨水漲，膏腴淪没。繼同竭誠拜禱，歲以有秋。用薦，擢本府知府。以前征播之役督餉勞瘁，乞歸。尋，卒。督學俟峒曾檄祀鄉賢，榮縣崇祀名宦。《省志》《府志》、楊《志》、邸《志》。

——（同治）《新建縣志》卷四十《人紀志·賢良上》，載《中國地方志集成·江西府縣志輯》，第5册，第435頁

熊宇奇，字正子，萬曆進士。官刑曹，京司有冤獄，淹繫三年，宇奇一訊而決。巨猾邵盤兒倚藉奥援，暴橫閭里。捕之，俄頃千牘盈篋，竟按盤兒論死。以祖憂歸，釋服，補刑部郎。時，張文端當國，與宇奇爲肺腑親，乃力爲贊襄，請建儲以端國本。戚畹鄭承恩賂通款，誠揮其使。宇奇既部倖十年，又以引嫌力求補外，乃以僉事督學湖廣。藩王撫按而下，不可語以私，得人最盛。升四川參政。討播軍興，督理糧餉，烈日乘馬，會水溢馬斃，徒步草鞁，艱苦萬狀。捷奏，晉一秩，旋以督學時忤顯者，適當要地，解組歸。……《湖廣志》《省志》《府志》、楊《志》、邸《志》。

——（同治）《新建縣志》卷四十《人紀志·賢良上》，載《中國地方志集成·江西府縣志輯》，第5册，438~439頁

---

* （清）承霈修，杜友棠纂：（同治）《新建縣志》，載《中國地方志集成》編委會編：《中國地方志集成·江西府縣志輯》，鳳凰出版社，2013年。

（同治）安福縣志*

朱臨，字時進，南鄉大橋人，成化戊戌進士。歷官刑，舊四川僉事，尚平恕，然法行不撓。會歲祲，賑貸有方，銅梁民有擅立縣治者，臨一至，平之。播州楊宣慰兄弟争蔭，片語而决，謝以金，弗受。任七年，告歸。時，赴惜陰會講，敦孝友，篤學力行，士林稱之。卒年八十五。子禄，宏〈弘〉治戊子鄉舉。

——（同治）《安福縣志》卷十《人物·宦績》，載《中國地方志集成·江西府縣志輯》，第 67 册，177~178 頁

* （清）姚濬昌修，周立瀛纂：（同治）《安福縣志》，載《中國地方志集成》編委會編：《中國地方志集成·江西府縣志輯》，鳳凰出版社，2013 年。

（同治）德興縣志 *

請罷礦榷第四疏　祝世禄

奏爲民膏已竭，國計莫支，懇乞聖明，深思其理，亟反其政，以保萬世治安事。臣等竊惟財者民之命；民者天之心。天作之君，所以托之心而立其命也。故輕徭薄賦之朝，君不盡民財。……夫善耗世財，莫如水火刀兵。朝鮮訌，而東北之府庫空矣；播州叛，而西南之府庫空矣；孽火燔大内，黄河决中州，而天下之府庫空矣。

——（同治）《德興縣志》卷九《藝文志·文徵·疏》，載《中國地方志集成·江西府縣志輯》，第 32 册，426~427 頁

* （清）孟慶雲修，楊重雅纂：（同治）《德興縣志》，載《中國地方志集成》編委會編：《中國地方志集成·江西府縣志輯》，鳳凰出版社，2013 年。

（同治）上饒縣志 *

李將軍廟，在治北石人峰下。神諱德勝，字元明，河南人。唐德宗朝，由進士出守信州，以貞元六年與劉宗伯太真同禱雨，先後立化，遂建廟祀之。宋宣和間，神助討方臘，賜"鷹武廟"額。紹興初，守令乞靈，討永豐賊，奉封"助靈將軍"。明嘉靖間，助王師平播，有靈爽，晉封"西濟宏道崇興護國真君"。詳見吴希孟《行狀》。舊《志》。

——（同治）《上饒縣志》卷六《祠廟》，載《中國地方志集成·江西府縣志輯》，第22册，第109頁

上饒縣靈山，峰巒奇聳，爲一方巨鎮，舊有鷹武將軍廟考諸志乘。神姓李，名德勝，字元明，河南沈邱人。唐德宗時進士，由吏部員外郎出守信州。貞元六年，禱雨立化，民感其誠，廟祀之。宋宣和間，討方臘，神以巨鷹白旗顯靈，賜額"鷹武廟"。紹興初，官軍攻永豐賊，不克，守令乞靈於神，賊就擒，晉封"助靈將軍"。明嘉靖二十一年，大學士夏言請賜號"靈山鷹武將軍"。萬曆中，平播寇，封"西濟宏道崇興護國真君"。

——（同治）《上饒縣志》卷六《祠廟》，載《中國地方志集成·江西府縣志輯》，第22册，第110頁

* （清）王恩溥修，李樹藩纂：（同治）《上饒縣志》，載《中國地方志集成》編委會編：《中國地方志集成·江西府縣志輯》，鳳凰出版社，2013年。

（同治）金溪縣志 *

胡桂芳，字允垂，郵塾人。以《春秋》魁江右，萬曆二年進士，授杭州府推官。持身儉約，民有"布衣推官"之稱。藩司以舊逋四萬委之追理，桂芳封檄，不奉行。未幾，果奉詔蠲免。秩滿，升兵部主事，以父憂歸。服闋，補原官，晉武選郎中，出爲登萊參議，轉海南副使兼瓊州提學。擢湖廣參政，分守荊南。中官榷税荊沙，爲商所毆，賴桂芳調護，事得解。二十八年，征楊應龍，總督李化龍分八道進師，檄桂芳監湖廣兵協剿，即率總兵陳璘及二土司兵由偏橋進，轉戰纍月，破隘奪關，直抵海龍囤下，諸道兵皆會，築長圍困之。時，諸將俱攻囤前，水西安疆臣獨壁其後。日久，其下潛與賊通，桂芳偵知之，與璘謀，令疆臣退一舍，移璘其處，置鐵牌百餘以避弩。又爲菰板於柵，防賊之出劫者。應龍勢急，遣人詐降，化龍斬使焚書。六月五日，賊目舒清逃出投誠，璘恐違令，不敢受。桂芳納之，用爲鄉導。次夜，與璘率敢死士，銜校，從間道入，斬其守闕者，樹幟鳴炮，賊大驚，應龍自焚死，出其尸烈焰中，俘其七子。川帥某忌璘功，厲兵欲奪俘酋，桂芳馳書，監軍魏養蒙諭解乃已。捷聞，晉廣東右布政使。三十一年，叙平播功，加從一品服，擢副都御史，巡撫貴州。金筑土司金大章以逋賊懼譴，陰使葉三等發難，激平壩軍爲亂。桂芳剿擒數千人，誅其首惡，大章震懼，願獻地。乃疏設廣順州，并奏剿撫機宜六事，悉報可。秩滿，升工部侍郎，總督河道。言者摭拾黔撫前事，波及之，乃抗疏歸。卒，贈工部尚書，謚"忠端"，予祭葬。王《志》、癸未《志》增。

——（同治）《金溪縣志》卷二十三《仕績》，載《中國地方志集成·江西府縣志輯》，第50册，第212頁

---

* （清）程芳修，鄭浴修纂：（同治）《金溪縣志》，載《中國地方志集成》編委會編：《中國地方志集成·江西府縣志輯》，鳳凰出版社，2013年。

（同治）新昌縣志 *

一據稱高安詣闕呈冤，太祖磔伯安於市，即奉有永不加派之旨。伏查呈冤而磔伯安，《志》中并未載云高安一邑之民，至於永不加派，亦係萬曆年間征播、征倭高安攢營免派，非洪武年間之事。

——（同治）《新昌縣志》卷三十二《雜志·減浮摭聞》，載《中國地方志集成·江西府縣志輯》，第 40 冊，第 915 頁

* （清）朱慶萼纂修：（同治）《新昌縣志》，載《中國地方志集成》編委會編：《中國地方志集成·江西府縣志輯》，鳳凰出版社，2013 年。

（民國）重修婺源縣志*

葉鳳翱，字德羽，外莊人。鄉、會試俱中，禮經第二。知江夏縣，以廉能著。時有播州之役，責楚餉急，民洶洶，翱調停竭慮。楚藩奸弁貂璫，責貨巨萬，禍不測，翱按其事，力白之。邑治灾，諸囚旦自詣堂下，無一失者。榷閹爲暴，江漢民譟而圍之。翱至，煦濡數語，衆謝曰："所不磔刑餘者，徒恐累君侯耳！"遷南刑部主事。去月餘，楚難遂作，督撫而下多被譴。於是益多其能，鎮撫斯民，然神力已瘁於斯邑矣。至部，抱病視事，數月卒。

——（民國）《重修婺源縣志》卷二十四《人物五·宦績》，載《中國地方志集成·江西府縣志輯》，第 27 册，第 441 頁

* 葛韻芬修，江峰青纂：（民國）《重修婺源縣志》，載《中國地方志集成》編委會編：《中國地方志集成·江西府縣志輯》，鳳凰出版社，2013 年。

（民國）廬陵縣志 *

郎中趙善鳴妻易氏，讀書能詩，事識大體。年十七，歸善鳴。善鳴令枝江，易内佐之，官政多所裨益。劉綎征播功第一，反被齮齕，自蜀罷歸，所經郡邑，皆弁視之。易慫慂善鳴，獨盛供張，益加禮貌。後聞綎戰歿，與善鳴嗟惜纍日，曰："安有爲國出力，忠勇如劉將軍者，而令以無援死。"賦詩哭之。卒年六十三，以夫官封宜人。

——（民國）《廬陵縣志》卷二十三《耆獻志·列女·賢媛》，載《中國地方志集成·江西府縣志輯》，第62册，第601頁

* 王補纂，曾燦材纂：（民國）《廬陵縣志》，載《中國地方志集成》編委會編：《中國地方志集成·江西府縣志輯》，鳳凰出版社，2013年。

（民國）德興縣志*

請罷礦榷第四疏

祝世禄

奏爲民膏已竭，國計莫支，懇乞聖明，深思其理，亟反其政，以保萬世治安事。臣等竊惟財者民之命；民者天之心。天作之君，所以托之心而立其命也。故輕徭薄賦之朝，君不盡民財。……夫善耗世財，莫如水火刀兵。朝鮮訌，而東北之府庫空矣；播州叛，而西南之府庫空矣；孽火燔大内，黄河决中州，而天下之府庫空矣。

——（民國）《德興縣志》卷九《藝文志·文徵·疏》，載《中國地方志集成·江西府縣志輯》，第 32 册，426~427 頁

* 沈良弼修，董鳳笙纂：(民國)《德興縣志》，載《中國地方志集成》編委會編：《中國地方志集成·江西府縣志輯》，鳳凰出版社，2013 年。

(民國)吉安縣志 *

郎中趙善鳴妻易氏,讀書能詩,事識大體。年十七,歸善鳴。善鳴令枝江,易内佐之,官政多所裨益。劉綎征播功第一,反被齮齕,自蜀罷歸,所經郡邑,皆弁視之。易聳慂善鳴,獨盛供張,益加禮貌。後聞綎戰殁,與善鳴嗟惜纍日,曰:"安有爲國出力,忠勇如劉將軍者,而令以無援死。"賦詩哭之。卒年六十三,以夫官封宜人。

——《吉安縣志》卷四十一《人物志·貞烈》,載《中國地方志集成·江西府縣志輯》,第63册,第765頁

* 李正誼修,鄒鵠纂:(民國)《吉安縣志》,載《中國地方志集成》編委會編:《中國地方志集成·江西府縣志輯》,鳳凰出版社,2013年。

廣　東

（康熙）三水縣志*

千户

陳大捷，字肖彭，白坭鄉人。萬曆初，以武生從都督陳璘擊倭，救援朝鮮。……尋又從攻播州楊酉及湖貴皮林逆苗，皆獲全勝。

——（康熙）《三水縣志》卷十二《人物傳》，清康熙五十年刻本

* （清）鄭玟纂修：（康熙）《三水縣志》，清康熙五十年刻本。

（康熙）西寧縣志 *

陳太保傳

陳璘，字朝爵，號龍厓，韶州翁源人。生而岸异，膂力過人。……值播逆楊應龍犯重慶，陷綦江，奉命移師進討，平之。又討平楚苗、吴國佐等。三十三年，叙播楚功，升左都督，進光禄大夫，贈蔭，賚賞有加。三十四年，疏乞調鎮粤。三十五年，卒於官，覆核平苗功，贈太子太保，御賜葬祭。崇禎八年，舉祀名宦。

——（康熙）《西寧縣志》卷六《選舉志·武舉人》，清康熙五十七年刻本

* （清）李玉鋐修，金光綬纂：（康熙）《西寧縣志》，清康熙五十七年刻本。

（康熙）新修翁源縣志 *

陳璘，……征播州，奪出楊應龍尸，生擒酋子楊朝棟等。纍官左都督，特進光禄大夫。卒，贈太子太保，諭祭造葬。詳見後《傳》，奉祀東安名宦祠。

——《新修翁源縣志》卷六《人物志》，清康熙十三年刻本

陳大將軍傳

陳公諱璘，字朝玉，號龍崖，翁源縣人。少倜儻有大志，不事家人産，膂力絶倫。好任俠，結交多賢豪，相與談劍術，講韜略，盡得其秘。……值播酋不軌，犯重慶，犯黄平，攻陷綦江，西南累卵。公奉命致討，甫駐節，師期已迫。楚中兵餉、戰具索然，公瘁心晝之，旦暮具備。庚子春，公督兵由白泥進。酋業褫魄于先聲，大以金錢餌群彝，令死據險。公首訓服九股，以殺厥黨，隨三析其兵，二爲奇，一爲正，分左右翼，抄出烏江，以攝賊後。攻下龍溪、四牌、七牌諸山，青蛇、長坎、諸屯，大、小三渡等關。楊酋失勢，挈妻、子奔海龍屯。其屯怪石峪岈，絶頂拂漢，四壁若削，一道如綫，雖天兵不能飛渡。公周覽之，見屯後一山差與屯埒，可假之途。乃一鼓奪之，建敵臺其上，于屯石編木爲栅，櫛比至屯後，以防夜衝。賊藥其鏃，以勁弩拒我兵。公以鐵牌百餘格之，寸進寸取，漸副賊屯，自是我兵得地，賊之長技始屈。時三省合攻而各有期，公届期潛師蓐食，令士卒備竹梯、柴草爲登城計，又先發兵屯前，放炮、呐喊以疑賊心，賊果備前忽後。公令衆兵于五鼓銜枚，從山後躋攀以進，用竹梯、柴草乘墊先登，手刃門者，入焉，更易小白旗遍立四山，三舉炮驚之。楊酋勢逼，偕愛妾雉經以死。公盡械其屬，斬獲六百餘級，拓地二千餘里。説者咸首公功云，播事甫竣，楚皮林苗猖獗。

——（康熙）《新修翁源縣志》卷七《藝文志》，清康熙十三年刻本

---

* （清）劉世騏增修：（康熙）《新修翁源縣志》，清康熙十三年刻本。

（康熙）南海縣志 *

李楚，字卓倩。中嘉靖辛酉鄉試，授湖廣零陵學諭。……播酋楊應龍與奢氏争疆，楚承檄往勘。龍餽全鹿，藏鏹四十，楚不爲動。又與冉維屏交搆，奏勘十餘年不决。龍欲冉赴烏江河，設伏邀殺之。楚徙其勘地，謀竟不行，而龍逆亦不即逞者，畏楚在也。

——（康熙）《南海縣志》卷十二《人物》，清康熙三十年刻本

* （清）郭爾，胡雲客纂修：（康熙）《南海縣志》，清康熙三十年刻本。

（康熙）順德縣志*

何道臨，字建伯，羊額人，嘉靖乙卯舉人。……後播州楊應龍反叛，庚子之役用兵征剿，費用金錢二十餘萬，識者每恨不用道臨之議云。

——（康熙）《順德縣志》卷七《人物》，載《中國地方志集成·廣東府縣志輯》，第31冊，第236頁

* （清）黄培彝修，嚴而舒纂：（康熙）《順德縣志》，載《中國地方志集成》編委會編：《中國地方志集成·廣東府縣志輯》，上海書店出版社，2013年。

（雍正）東莞縣志 *

袁應文，字仲奎，邑温塘人。萬曆癸酉鄉薦，授福建沙縣令。……方播事孔棘，復移備都匀，督播餉。播平，遂監皮林軍。

——（雍正）《東莞縣志》卷十二《人物》，載《故宫博物院藏稀見方志叢刊》，第97册，423~424頁

* （清）周天成纂修：（雍正）《東莞縣志》，載故宫博物院編：《故宫博物院藏稀見方志叢刊》，故宫出版社，2013年。

（乾隆）翁源縣志*

陳九經，父璘，征播功，世襲東安南鄉所指揮使。

——（乾隆）《翁源縣志》卷六《人物志》，清乾隆三十年刻本

陳大將軍傳

陳公諱璘，字朝玉，號龍崖，翁源縣人。少倜儻有大志，不事家人産。膂力絶倫，好任俠，結交多賢豪，相與談劍術，講韜略，盡得其秘。……值播酋不軌，犯重慶，犯黄平，攻陷綦江，西南累卵。公奉命致討，甫駐節，師期已迫，楚中兵餉、戰具索然。公瘁心畫之，旦暮具備。庚子春，公督兵由白泥進，酋業褫魄于先聲，大以金錢餌群彝，令死據險。公首訓服九股以殺厥黨，隨三析其兵，二爲奇，一爲正，分左右翼抄出烏江，以躡賊後。攻下龍溪、四牌、七牌諸山，青蛇、長坎諸屯，大、小三渡等關。楊酋失勢，挈妻子奔海龍屯。其屯怪石峪岈，絶頂拂漢，四壁若削，一道如綫，雖天兵不能飛渡。公周覽之，見屯後一山差與屯埒，可假之途。乃一鼓奪之，建敵臺其上，於屯右編木爲柵，櫛比至屯後以防夜衝。賊藥其鏃，以勁弩拒我兵。公以鐵牌百餘格之，寸進寸取，漸逼賊屯，自是我兵得地，賊之長技始屈。時三省合攻而各有期，公屆期潛師蓐食，令士卒備竹梯、柴草爲登城計，又先發兵屯前，放炮吶喊，以疑賊心，賊果備前忽後。公令衆兵于五鼓銜枚，從山後躋攀以進，用竹梯、柴草乘墊先登，手刃門者，入焉，更易小白旗遍立四山，三舉炮驚之。楊酋勢逼，偕愛妾雉經以死。公盡械其屬，斬獲六百餘級，拓地二千餘里。説者咸首公功云。

——（乾隆）《翁源縣志》卷七《藝文志》，清乾隆三十年刻本

---

* （清）杨楚枝修，郭正嘉纂：（乾隆）《翁源縣志》，清乾隆三十年刻本。

（乾隆）順德縣志 *

佘光裕，號江石，馬岡人。魁嘉靖乙卯，初任廣西柳□□知縣。……後播州楊應龍叛，庚子之役，用兵征剿，費金錢二十餘萬，識者每恨不用道臨之議云。

——（乾隆）《順德縣志》卷十二《人物列傳》，清乾隆十五年刻本

* （清）陳志儀修，胡定纂：（乾隆）《順德縣志》，清乾隆十五年刻本。

（乾隆）東安縣志*

太保陳龍厓公傳

陳公名璘，字朝爵，號龍厓，韶州翁源人。膂力絶倫，通兵略。……（萬曆）二十七年，以原官掛印總廣西，其未至鎮，復移鎮湖廣、偏橋等處，提□□土官兵，以朝鮮功實授都督同知。方公之調鎮湖廣，□□播賊楊應龍犯重慶、犯黄平，攻陷綦江。公奉命致討，楚中兵餉、戰具索然。公瘁心力籌畫俱備。督兵由白泥進，首馴服九股以殺其黨。楊賊失勢，挈妻子奔海龍囤。時三省合攻，諸路惟海龍陡絶。公潛師蓐食，於五鼓銜枚，從山後躋攀，用竹梯、柴草乘塹先登，手刃門者，入焉。更易小白旂，遍立四山，三舉炮，驚之。楊勢逼，與愛妾自縊死。公盡械其屬，於是播平。論者咸首公功云。

——（乾隆）《東安縣志》卷三《秩官制》，清乾隆六年刻本

---

* （清）莊大中纂修：（乾隆）《東安縣志》，清乾隆六年刻本。

（嘉慶）三水縣志 *

陳大捷，字肖彭，白泥人。萬曆初，以武生從都督陳璘擊倭，救援朝鮮。……尋又從攻播州楊酋及湖貴皮林逆苗，皆獲全勝。

——（嘉慶）《三水縣志》卷十一《人物傳》，載《中國地方志集成·廣東府縣志輯》，第 30 冊，第 725 頁

* （清）李友榕修，鄧雲龍纂：（嘉慶）《三水縣志》，載《中國地方志集成》編委會編：《中國地方志集成·廣東府縣志輯》，上海書店出版社，2013 年。

（嘉慶）翁源縣新志*

陳太保傳

明喻政

陳公諱璘，字朝玉，號龍崖，翁源縣人。少倜儻有大志，不事家人産，膂力絶倫。好任俠，結交多賢豪，相與談劍術，講韜略，盡得其秘。……值播酋不軌，犯重慶、犯黄平，攻陷綦江，西南累卵。公奉命致討，甫駐節，師期已迫，楚中兵餉、戰具索然。公瘁心晝之，旦暮具備。庚子春，公督兵由白泥進。酋業褫魄于先聲，大以金錢餌群彝，令死據險。公首訓服九股，以殺厥黨。隨三析其兵，二爲奇，一爲正，分左右翼抄出烏江以攝賊後，攻下龍溪、四牌、七牌諸山，青蛇、長坎諸屯，大、小三渡等關。楊酋失勢，挈妻子奔海龍屯。其屯怪石巉岈，絶頂拂漢，四壁若削，一道如綫，雖天兵不能飛渡。公周覽之，見屯後一山，差與屯埒，可假之途。乃一鼓奪之，建敵臺其上，于屯右編木爲栅，櫛比至屯後，以防夜衝。賊藥其鏃，以勁弩拒我兵。公以鐵牌百餘格之，寸進寸取，漸逼賊屯。自是我兵得地，賊之長技始屈。時三省合攻而各有期，公屆期潛師蓐食，令士卒備竹梯、柴草爲登城計，又先發兵屯前，放炮吶喊以疑賊心，賊果備前忽後。公令衆兵千五鼓銜枚，從山後躋攀以進，用竹梯、柴草乘塹先登，手刃鬥者，入焉。更易小白旗，遍立四山，三舉炮驚之。楊酋勢逼，偕愛妾雉經以死。公盡械其屬，斬獲六百餘級，拓地二千餘里。説者咸首公功云。

——（嘉慶）《翁源縣新志》卷九《藝文》，載《中國地方志集成·廣東府縣志輯》，第 11 册，409~412 頁

---

* （清）謝崇俊修，顔爾樞纂：（嘉慶）《翁源縣新志》，載《中國地方志集成》編委會編：《中國地方志集成·廣東府縣志輯》，上海書店出版社，2013 年。

跋《陳太保羅旁善後記》

顏爾樞

太保姓陳，名璘，韶州翁源縣人。明世宗朝，太保以高州參將隨總督凌雲翼平定羅旁瑶賊，創立羅定一州，東安、西寧二縣，太保之力爲多。於時，太保以高州改補東山，加副總銜，雲翼倚其才，以善後事屬之。太保於是披剪荆棘，授田立家，新附之民用是咸有固志。今觀《太保善後記》以首功推之，雲翼以合剿之功分屬各將弁，謙讓退遜，抑然自下，倘所謂功成不居者，非歟。厥後禦倭而俘平正成，征播而楊應龍授首，剿皮林苗而吴國佐、楊永禄就擒，討羅海叛苗而三十八寨以次蕩平。豐功偉績，彪炳史册，亘古罕有，晋秩都督。天子倚重，富不驕而貴不溢，克以功名終，卒，贈太保，予祭葬，恩禮有加。論者謂太保一生出處進退，足上質郭汾，陽比烈洵，然也。若僅曰上馬能殺賊，下馬作露有，亦保固傳修期流亞也，猶淺之乎！測太保也，進士知廣西東蘭州，事連平。

——（嘉慶）《翁源縣新志》卷三《藝文》，載《中國地方志集成·廣東府縣志輯》，第 11 册，429~430 頁

（道光）南海縣志*

李楚，字卓倩。嘉靖辛酉鄉薦，湖廣零陵教諭。……播酋楊應龍與奢氏争疆，楚承檄往勘。龍饋全鹿，藏鏹四十，楚不受。又與冉維屏交搆，奏勘十餘年不决。龍欲冉赴烏江河，設伏，邀殺之。楚徙其勘地，謀竟不行，而龍逆亦不即逞者，以楚在也，後遷衡府，張史遂拂衣歸楚。

——（道光）《南海縣志》卷三十七《列傳》，清同治八年刻本

* （清）潘尚楫修，鄧士憲纂：（道光）《南海縣志》，清同治八年刻本。

（道光）東安縣志 *

太保陳龍厓公傳

陳公名璘，字朝爵，號龍厓，韶州翁源縣人。膂力絶倫，通兵略。……值播賊楊應龍犯重慶、犯黄平，攻陷綦江。公奉命致討，時楚中兵餉、戰具索然。公瘁心力籌畫俱備。督兵由白泥進，首馴服九股，以殺其黨。楊賊失勢，挈妻子奔海龍囤。時三省合攻，諸路惟海龍陡絶。公潛師蓐食，於五鼓銜枚，從山後躋攀，用竹梯、柴草乘墊先登，手刃門者，入焉。更易小白旗遍立四山，三舉炮驚之。楊勢逼，與愛妾自縊死。公盡械其屬，於是播平。論者咸首公功云。

——（道光）《東安縣志》卷三《名宦》，載《中國地方志集成·廣東府縣志輯》，第48册，第588頁

* （清）汪兆柯纂修：（道光）《東安縣志》，載《中國地方志集成》編委會編：《中國地方志集成·廣東府縣志輯》，上海書店出版社，2013年。

（民國）清遠縣志 *

白元潔，字静臣。生而驍果，有謀勇，善韜略。嗣世職爲百户。……（萬曆）二十八年，播州楊應龍及〈反〉，廷議分八路進兵。調陳宫保爲湖廣總兵官，乃領東征軍以從，由偏橋進，戰之龍溪山，賊退保四牌。即進逼保兒囤，力戰破之，連破苦菜關。時黔軍總兵童元鎮領黔兵三萬五千中伏，敗於烏江，全軍盡覆，十無一還。宫保公慴其威，恐深入不利，欲退師以待，元潔力陳不可。遂啓川、貴、楚總督李公化龍趣諸道軍速進。李公深韙之，即下令各軍并進。於是由南木橋進攻賊囤。率蠻僚之善奔騰險阻、履險如夷者，令由馬瑙囤扳藤附葛，銜枚疾上，蛇行至囤後，舉炮爲號，衆軍乘之，直破青蛇囤。賊方自矜天險，不虞兵遽至，故各鼾睡。逮聞炮聲，惶駭無措，驚潰奔逃，被兵飲刃及相奔踐藉而死者無算。由是乘勢攻破龍爪囤、磨鎗了、三關，直抵海龍囤。諸路皆集，相持四十餘日。會天大霪雨，元潔率蠻蜑從泥濘中冒死衝其後栅，放火器焚之。吴廣軍又焚他栅，乃得破其土城，應龍自焚死。元潔手刃賊將三人，并生獲應龍之弟兆龍，播州乃平。查楊氏自唐乾苻竊踞播州，傳十九世八百餘年，至是而亡。兵部録功，晉都督同知。……因上書摺陳謂："宜革去土官，改設流官，分割播地，設立知府，庶地方有久安之日云。"朝廷俞允，卒以播地改設遵義、平越兩府，分隸黔、蜀。至今地方安靖，元潔之力也。……著有《備倭芻議》四卷，兵部通飭海防諸軍一體行用，每收奇效。《征播撫苗録》十二卷，葉宫保夢熊序之，稱爲"杰作"。《備倭芻議》，袁崇焕序。

——（民國）《清遠縣志》卷六《人物》，載《中國地方志集成·廣東府縣志輯》，第13册，183~184頁

* 余鳳聲修，朱汝珍纂：（民國）《清遠縣志》，載《中國地方志集成》編委會編：《中國地方志集成·廣東府縣志輯》，上海書店出版社，2013年。

《征播撫苗録》，明，白元潔撰佚。

《備倭芻議》，四卷。明，白元潔撰佚。東官袁崇焕序，云：静臣先生，清遠人。……（萬曆）二十八年，播州楊應龍反，廷議分八路進兵，調陳宫保爲湖廣總兵官。公領東征軍以從，由偏橋進，戰之龍溪山，賊退保四牌。公進逼保兒囤，力戰破之，連破苦菜關。時黔軍總兵童元鎮領黔兵三萬五千中伏，敗於烏江，全軍盡覆，十無一還。宫保公懾其威，恐深入不利，欲退師以待，公力陳不可。遂啓川、貴、楚總督李公化龍趣諸道軍速進。李公深韙之，大加奬賚，即下令各軍并進。於是由南木橋進攻賊囤，公率蠻僚之善奔騰險阻、履險如夷者，令由馬瑙囤扳藤附葛，銜枚疾上，蛇行至囤後山背，舉炮爲號，衆軍乘之，直破青蛇囤。賊方自矜天險，不虞兵遽至，故各鼾睡。遞聞炮聲，惶駭無措，驚潰奔逃，被兵飲刃及相奔踐藉而死者無算。由是乘勢攻破龍爪囤、磨鎗了、三關，直抵海龍囤。諸路皆集，相持四十餘日。會天大霪雨，公率蠻蛋從泥濘中冒死衝其後栅，放火器焚之。吴廣軍又焚他栅，乃得破其土城，應龍自焚死。公手刃賊將三人，斬七百餘級，并生獲應龍之弟兆龍，播州乃平。查楊氏自唐乾符竊踞播州，傳十九世八百餘年，至是而亡。凱聞，帝爲欣悦，天顔甚喜。兵部録功，晋公都督同知。……且上書摺陳謂："宜革去土官，改設流官，分割播地，設立知府，庶地方有久安之日云。"朝廷俞允，卒以播地改設遵義、平越兩府，分隸黔、蜀，至今地方安靖，公之力也。……著有《征播撫苗録》十二卷，《備倭芻議》十五篇，共四卷。

——（民國）《清遠縣志》卷十八《藝文》，載《中國地方志集成·廣東府縣志輯》，第 13 册，578~579 頁

（民國）東莞縣志*

周維藩，邑人。萬曆間以從征播襲。

——（民國）《東莞縣志》卷四十三《職官表·三·武職》，載《中國地方志集成·廣東府縣志輯》，第 19 册，第 385 頁

周維藩，以征播襲南海衛正千户。

——（民國）《東莞縣志》卷四十六《選舉表·三·明下》，載《中國地方志集成·廣東府縣志輯》，第 19 册，第 434 頁

楊寅秋，字義叔，江西泰和人。……再奉詔平播州楊應龍，以疾告休。卒，贈太僕寺卿。《江西通志》。《江西通志》又云："寅秋爲御史，再疏罷冢宰，王國光舉朝憚其風采，遷參議。時苗阿奇等劫掠屯堡，寅秋誘阿奇斬之，而撫其餘黨，諸苗悉平。著有《平播録》五卷。"

——（民國）《東莞縣志》卷五十《官績略·二·文職》，載《中國地方志集成·廣東府縣志輯》，第 19 册，第 487 頁

袁應文，字仲奎，一字聚霞，阮《通志》。温塘人。萬曆元年舉人。……遷雲南副使，備兵臨安，官軍討楊應龍，移備都匀，督播餉，繼討皮林苗，應文監其軍，阮《通志》。剿撫得宜，全活以萬計。張《志》。

——（民國）《東莞縣志》卷五十九《人物略·六·明》，載《中國地方志集成·廣東府縣志輯》，第 19 册，第 581 頁

---

* 葉覺邁修，陳伯陶纂：（民國）《東莞縣志》，載《中國地方志集成》編委會編：《中國地方志集成·廣東府縣志輯》，上海書店出版社，2013 年。

陳策，字純伯，一字翼所，城内人。張《志》。幼英敏，貌魁偉。嘗從群兒戲，畫地作陣，談笑指揮，群兒拱伏聽命。《陳氏家傳》。及長，攻春秋左氏學，以忠義自許。……倭平，復從璘督廣東兵，征播酋楊應龍。張《志》。二十八年二月，璘軍次白泥，應龍子朝棟率衆二萬渡烏江迎戰，《明史·陳璘傳》。策敗之，追奔至龍溪山。《陳氏家傳》。璘進軍龍溪，偵知賊有伏，令策用火器擊之，賊大潰，退四牌保兒囤。《明史·陳璘傳》。璘攻下四牌及七牌諸山，應龍挈妻子奔海龍囤，其囤怪石嶮岈，絶頂拂漢，四壁若削，一道如綫。時三省合攻而各有期，璘届期先發兵囤前，吶喊疑賊，令衆兵於五鼓銜枚，從山後躋攀而進。陳太保《傳》。策奮勇先登，斬九百二十餘級，生擒應龍子維棟，降其黨二千餘，應龍平。《廣州鄉賢傳》。按：《明史·陳璘傳》云："六月六日，璘與吴廣當進兵。璘夜四更銜枚上，賊鼾睡，斬其守關者，樹白幟鳴炮。賊大驚，潰散，應龍自焚，廣軍亦至，賊盡平。"又《明史·吴廣傳》云："廣與璘從囤後登，應龍急自焚死，獲其子朝棟。廣中毒矢失聲，絶而復蘇。"《明史·播州宣慰司傳》亦云："吴廣獲其子朝棟。"考璘與廣俱韶州翁源人，策雖隸璘麾下，時蓋從廣進兵，策獲朝棟畀之廣，故史稱廣獲也。《皇明通紀》云："萬曆二十八年三月，楊朝棟統苗數萬，分三路迎敵，鋒鋭甚。我師夾攻，數陷陣，朝棟潰走。"據此朝棟亦賊之悍者。

——（民國）《東莞縣志》卷六十二《人物略·九·明》，載《中國地方志集成·廣東府縣志輯》，第 19 册，第 625 頁

（民國）西寧縣志 *

補載《陳太保龍厓公傳》

陳太保，名璘，字朝爵，號龍厓，韶州翁源縣人。膂力絶倫，通兵略。明嘉靖間，潮州賊張璉反，公應募獻策，督府署，把總璉既誅，其黨林朝曦、朝敬復熾，公計擒之。……值播賊楊應龍犯重慶、犯黄平，攻陷綦江，公奉命致討。時楚中兵餉、戰具索然，公瘁心力籌畫俱備。督兵由白泥進，首馴服九股以殺其黨，楊賊失勢，絜妻子奔海龍囤。時三省合攻，諸路惟海龍陡絶。公潛師蓐食，於五鼓銜枚，從山後躋攀，用竹梯、柴草乘塾先登，手刃門者，入焉。更易小白旗遍立四山，三舉炮驚之。楊勢逼，與愛妾自縊死。公盡械其屬，於是播平。論者咸首公功云。

——（民國）《西寧縣志》卷十九《職官·二》，載《中國地方志集成·廣東府縣志輯》，第 51 册，172~173 頁

* 何天瑞修，桂坫纂：（民國）《西寧縣志》，載《中國地方志集成》編委會編：《中國地方志集成·廣東府縣志輯》，上海書店出版社，2013 年。

福　建

（康熙）南平縣志*

劉璋，字廷信，幼失怙，母翁氏居窮守節，以撫教之。稍長，即知力學。天順元年，進士第，授户部主事。……前播州宣慰楊輝鍾愛庶長子友，爲請于朝，特設安寧宣撫司，以友爲之，築城堡以居。其後友又謀奪嫡，因誣奏其弟襲宣慰曰愛者，有不軌謀，而愛亦訐友不法事。朝廷遣大臣勘覆，得其罪狀，乃罷友宣撫，并家屬發保寧府安置。璋以安寧道險城堅，友之少弟敏及所親附夭家、仲家土兵素號驍勇，而親屬又有爲謀主者，萬一負固爲變，勢將貽害。乃閟詔不發，先遣友親信者二人詣安寧，慰諭友家屬曰："巡撫謂宣撫遠出，弟敏年少，特遣吾輩護印信，以防外侮。"又遣能幹土官各領土兵分截安寧出入之路，榜示夭、仲二家，諭以逆順禍福。又揭榜通衢，懸重賞以購爲友主謀者。區畫悉定，乃宣示詔旨，遣官收家屬印信，而發遣之。其處事精審，類如此。

——（康熙）《南平縣志》卷十四《人物志》，載《中國地方志集成·福建府縣志輯》，第9册，111~112頁

* （清）朱褻修，鄒廷機纂：（康熙）《南平縣志》，載《中國地方志集成》編委會編：《中國地方志集成·福建府縣志輯》，上海書店出版社，2012年。

（康熙）寧化縣志 *

曾軻，字景孟，嘉靖三十五年丙辰，有游僧稱自海上來，虬髯碧眼，壯貌詭异。軻奇之，延入爲具食。僧熟視良久，出書一卷授軻曰："來歲是日，汝邑當有灾。救之者，子也。"僧遂起立趨出，忽不知所之。軻發書，乃遁甲法也。

三十六年，廣賊顧子傳果應期突至，衆倉卒未及入城，軻率男婦百餘屯北門山樹下，令坐地，而賊從山下過，悉若無所睹者。知縣邵道南神之，遂以捍禦任委軻，相持半月許。一日，軻謂邵曰："今午初刻，賊當滅。"邵曰："如此，須兵壯幾何？"軻曰："得二人足矣。"時有良家子黎永逵及雷某膂力絶人，請行，軻喜曰："事濟矣。"命黎曰："往伏小橋右，俟賊至，擒之。"命雷曰："汝扮風魔狀，去賊營數武，以箒埽地，作大字，擲賊反走，勾賊從直街上。"是日，賊因乏糧，皆四出抄掠，獨子傳數輩，握大旗，踞大陽廟頂坐。時以廟爲老營也。雷如約，以箒作字，叱子傳，子傳易之，急追至小橋，永逵突出，鎗中傳左膀斜撥之，鐵木兩截。逵弃杆抱子傳，雷反戈助之，遂成擒。曳從小溪至城下，城上鼓噪縋之，斬子傳于正東門，餘賊悉遁。

事聞，督撫郭公青螺奉命征播，辟永逵爲中軍。逵曰："向者之役，吾爲地方紓一時之急耳！"辭不就。而軻年老亦病目，旋卒。或請其術，軻謬應曰："本無術，偶中耳！"雖子孫無傳者。

——（康熙）《寧化縣志》卷四《人物志》，清同治八年重刊本

張一仕，在城人，驍勇過人。初，爲撫軍許孚遠，選充標下把總。續奉貴州巡撫郭子章，調取從征楊應龍，奪老軍關，中賊計，淹死烏江。播平，叙功，詔贈百户。蔭一子天貴，汀州衛中所小旗。

——（康熙）《寧化縣志》卷四《人物志》，清同治八年重刊本

---

* （清）祝文郁修，李世熊纂：（康熙）《寧化縣志》，清同治八年重刊本。

（康熙）同安縣志 *

蔡守愚，字發吾，萬曆丙戌進士，除南祠祭司主事。五年，丁内艱，辦衾襚不給。鹽院戴公賻金，乃得扶柩歸葬。起，補北工部主事，管易州廠，通商利民，概革火耗。時内官四出采礦，居民騷動。公毅然曰："舖民上供朝廷炭課，流散誰責？且近京師安得有礦？"將抗疏，事遂寢。轉員外郎，督理宫殿，錢糧不繼，題請借用内帑，得旨，升上川副使。時土酋大肆劫掠，播州尤甚，公以兵備討平之。上嘉其功，特改播爲遵義府。

——（康熙）《同安縣志》卷八《人物志·三》，民國十八年鉛印本

* （清）朱奇珍修，張金友纂：（康熙）《同安縣志》，民國十八年鉛印本。

（乾隆）寧德縣志 *

陳昺……起爲廣西副使，治兵江左。是時，川貴酋征番〈播〉酋楊應龍，昺簡土司兵數千往援，大破之。會皮林苗不靖，晉昺爲監軍參政協勦，率兵三萬，生擒苗首，斬首二千餘，降者萬計。功成，大臣交薦之，而昺以深入不毛，積勞冒瘴，卒。遠近官民，無不流涕者。賜祭，贈太僕卿。

昺才兼文武，原本經術，歷官數十年，手不釋卷。著有《白草議》《征苗録》《冏卿遺集》行世，今無存。祀鄉賢忠義祠。兄子世安，邑諸生，經明行修，學使屢獎優行萬曆九年恩授儒官。子得姚，自有傳。

——（乾隆）《寧德縣志》卷七《官哲》，載《中國地方志集成·福建府縣志輯》，第11册，第800頁

* （清）盧建其修，張君賓纂：（乾隆）《寧德縣志》，載《中國地方志集成》編委會編：《中國地方志集成·福建府縣志輯》，上海書店出版社，2012年。

（乾隆）長汀縣志*

乙未，播州寇作用兵。馴出庫錢、糴米供餉，民免遠輸之勞。寇平，敕書褒獎，升本司左布政使。

——（乾隆）《長汀縣志》卷十八《人物》，載《故宮博物院稀見方志叢刊》，第63册，第286頁

* （清）陳朝羲纂修：（乾隆）《長汀縣志》，載故宮博物院編：《故宮博物院稀見方志叢刊》，故宮出版社，2013年。

（乾隆）莆田縣志*

張鰲，字體極，順天中式，保寧同知。以平播功贈兵部郎中。

——（乾隆）《莆田縣志》卷十三《選舉·四十三》，清光緒五年補刊本

林俊，字待用、蘊後。長身美鬚，雙瞳炯然。成化戊戌進士，授刑部主事，轉員外郎。時妖僧繼曉挾近倖梁芳以秘術進，被憲宗殊眷，發内帑數十萬金建寺。……初，播州上宮〈土官〉楊友與其兄愛爭襲，已奏，革其宣撫職。乃厚賂中貴川事劉瑾求復，俊極言不可，與瑾迕。瑾誅，得撫事。俊又奏："瑾雖誅，權猶在近倖，安知後無復有瑾者？"又請擇取宗室育之。宫中召用先朝舊臣劉健、謝遷等，以修復舊政，用事者皆不悦。屬俊請致任，即可其奏。

——（乾隆）《莆田縣志》卷十七《人物·四十三》，清光緒五年補刊本

林烿章，字繼照，應采子。萬曆癸酉鄉薦，初任永平郡丞。清慎敏幹，備極勤勞。石門兵譁，有單騎定變之功，爲當道倚重，交章首薦者二十餘疏，載明代史册中。推舉卓异，擢刑部員外郎。旋晉湖廣按察司僉事，備兵湖北。時播事起，飭兵督餉，轉運隨征，日無寧晷。以平播功優叙，錫賚帑金，蓋异數也。子堯俞貴，贈禮部尚書。

——（乾隆）《莆田縣志》卷二十四《人物·五十六》，清光緒五年補刊本

* （清）廖必琦修，宋若霖纂：（乾隆）《莆田縣志》，清光緒五年補刊本。

（乾隆）晉江縣志 *

邱養浩，字以義，號集齋。正德辛巳進士，授餘姚令。勸學興士，省賦役，懲猾蠹，民甚宜之。擢監察御史，條陳防邊十餘事，朝論韙焉，提督南畿學校。制歸服闋，董九廟大工之役。升南京大理寺少卿，擢右僉都御史，巡撫四川。檄諭雜谷、白草番夷先後納款。烏蒙、羅魁搆播肆虐，責成上舍禄堂誅之，劾邊將李爵險譎善附，舉廢將何卿起代。未幾，改巡撫江西。有論其私何卿者，遂引避還部，覆得白。卒於家。

——（乾隆）《晉江縣志》卷九《人物志一·列傳》，載《故宫博物院藏稀見方志叢刊》，第 60 册，503~504 頁

林喬相，字廷翰，嘉靖壬戌聯捷進士，授户部廣東司主事，晉浙江司郎中，授南寧府。南寧，古邕州地，雜夷而居。喬相潔己御下，請建新寧州治，爲邕保障。升山東按察副使。遭母喪，服闋，除江西副使，晉浙江參政，擢廣東按察使。入覲，升河南右布政使，轉雲南左布政使。戢抑滇鎮驕恣，暴其罪狀。晉右副都御史，巡撫貴州兼督湖北、川東軍務。有宣慰土司安疆臣應承襲，其叔國亨謀奪之。喬相疏授疆臣，疆臣致數千金以謝，喬相正色叱出。會楊應龍煽亂，喬相疏誅應龍，檄疆臣出死力共討叛賊，而薛直指受應龍重賄，與喬相互訐，遂罷歸。林居二十八年，著《日省録》。卒，年八十有二。

——（乾隆）《晉江縣志》卷九《人物志一·列傳》，載《故宫博物院藏稀見方志叢刊》，第 60 册，529~531 頁

李廷機，字爾張，號九我。隆慶庚午順天解元。……當輔政時，川撫喬璧星欲討

* （清）方鼎修，朱升元纂：（乾隆）《晉江縣志》，載故宫博物院編：《故宫博物院藏稀見方志叢刊》，故宫出版社，2013 年。

鎮雄安堯臣，廷機力主不可，全活黔、蜀生靈。俾安氏兄弟不至爲播州之續。卒，年七十五，贈少保，謚文節。特祠祀學宫。

——（乾隆）《晉江縣志》卷九《人物志一·列傳》，載《故宫博物院藏稀見方志叢刊》，第60册，551~554頁

洪澄源，字子定，參政富孫。萬曆丙戌進士，授户部主事，歷郎中，榷崇文門税，督通州倉，監江西漕，皆冰檗自持。出爲桂林府，擢貴州按察副使，備兵畢節。楊應龍爲變，朝命委澄源監宣慰土司安疆臣軍討之。應龍授首，賜金帛，擢貴州按察使，轉雲南右布政。尋轉左，而澄源已卒。兵部叙川貴功，晉秩京卿。

——（乾隆）《晉江縣志》卷九《人物志一·列傳》，載《故宫博物院藏稀見方志叢刊》，第60册，第555頁

林繼喬，字思遷。隆慶庚午鄉薦，署新安教諭。遷海陽知縣，在任五載，大著廉名。擢均州守。歲饑，設法賑救，繼喬親往村落散給，不假吏胥，全活數萬。升南京刑部郎，出爲思州知府。播賊煽亂，朝命督諸方面，甚急。繼喬亟趨命，至沅州，卒，年六十二。海陽祀之名宦。

——（乾隆）《晉江縣志》卷十《人物志四·循績》，載《故宫博物院藏稀見方志叢刊》，第61册，120~121頁

（乾隆）順昌縣志*

吴三讓，字實卿，三歲失母。萬曆壬午領鄉薦署壽寧諭，遷河源縣令。有弄兵潢池者，治其魁，宥餘黨。起復，調雲南臬司檢校，署新平、河西二縣。轉銅仁令，清丈播州，務從民便。壽八十三卒。

——（乾隆）《順昌縣志》卷六《人物·十六》，清乾隆三十年刻本

*（清）陳鏌修，吕天芹纂：（乾隆）《順昌縣志》，清乾隆三十年刻本。

（嘉慶）惠安縣志 *

盧居安，字惟深，在坊人。萬曆己卯舉人，霸州知州。霸爲畿輔重地，居安肅紀振綱，導窾批郤，務培養本原，吏治遂冠三輔。外艱闋，補涪州。涪故文翁、程叔子所過，氏遺風猶存。居安興學講藝，革公需，寬民役，減鹽稅，蘇皇木商。播奠〈酋〉楊應龍叛，調兵協剿。建遵義府，清田地四十一萬二千二百畝，畫圖紀之。升廣信同知。郡務蝟集，兼理堂事。病劇，以勤職卒于官。子十樾，字惺一，己酉舉人，知賓州。

——（嘉慶）《惠安縣志》卷二十四《循良》，載《中國地方志集成·福建府縣志輯》，第 26 册，第 102 頁

* （清）吴裕仁纂修：（嘉慶）《惠安縣志》，載《中國地方志集成》編委會編：《中國地方志集成·福建府縣志輯》，上海書店出版社，2012 年。

（道光）晉江縣志 *

林喬相，字廷翰，嘉靖壬戌聯捷進士，授户部廣東司主事，晉浙江司郎中，授南寧南府，古邕州地，雜夷而居。喬相潔己御下，請建新寧州治，爲邕保障。升山東按察副使。遭母喪，服闋，除江西副使，晉浙江參政，擢廣東按察使。入覲，升河南右布政司，轉雲南左布政使。戢抑滇鎮驕恣，暴其罪狀。晉右副都御史，巡撫貴州兼督湖北、川東軍務。有宣慰土司安疆臣應承襲，其叔國亨謀奪之。喬相疏授疆臣，疆臣致數千金以謝，喬相正色叱出。會楊應龍煽亂，喬相跣誅應龍，檄疆臣出死力共討叛賊，而薛直指受應龍重賄，與喬相互訐，遂罷歸。林居二十八年，著《日省録》。卒，年八十有二。

——（道光）《晉江縣志》卷三十八《人物志·名臣之二》，載《中國地方志集成·福建府縣志輯》，第 25 册，第 654 頁

李廷機，字爾張、九我，隆慶庚午順天解元，再上公車，張居正延教，子不赴。萬曆癸未，會試第一。……尚輔政時，川撫喬璧星欲討鎮雄安堯臣，廷機力主不可，全活黔、蜀生靈。俾安氏兄弟不至爲播州之續。卒，年七十五，贈少保，謚文節。特祠祀學宫。所著《四書臆説》《春秋講章性理》諸書。

——（道光）《晉江縣志》卷三十八《人物志·名臣之二》，載《中國地方志集成·福建府縣志輯》，第 25 册，第 660 頁

洪澄源，字子定，參政富孫。萬曆丙戌進士，授户部主事。歷郎中，榷崇文門稅，督通判倉，監江西漕，冰辟自持。出爲桂林府，擢貴州按察副使，備兵畢節。楊應龍爲變，

* （清）胡之鋘修，周學曾纂：（道光）《晉江縣志》，載《中國地方志集成》編委會編：《中國地方志集成·福建府縣志輯》，上海書店出版社，2012 年。

朝命委澄源監宣慰土司安疆臣軍討之。應龍授首，賜金帛，擢貴州按察使，轉雲南右布政。尋轉左，而澄源已卒。兵部敘川貴功，晉秩京卿。

——（道光）《晉江縣志》卷三十八《人物志·名臣之二》，載《中國地方志集成·福建府縣志輯》，第25册，第661頁

楊佩訓，字維式，隆慶辛未聯捷進士，授户部主事。權滸墅關，酌歲課若干，盈額，即弛不征刻，爲滸墅事宜，監徐洪兼董水部分司，遷四川參議。以觸直指怒，調廣西參議，討平瑶亂，擢桂林副使，復調四川備兵，敘馬瀘，釐軍費，慎封守。播酋楊應習亂，有議撫者，争之曰："虺不摧而蛇若何？亟請征。"於是，言剿者盡如佩訓議。釁登薦剡，轉參政。未幾，御史彈巡撫波及，左遷。歸，抵家數日卒。

——（道光）《晉江縣志》卷四十三《人物志·官績》，載《中國地方志集成·福建府縣志輯》，第25册，第696頁

（道光）莆田縣志稿 *

林俊，字待用、蘊後。長身美鬚，雙瞳炯然。成化戊戌進士，授刑部主事，轉員外郎。時妖僧繼曉挾近倖梁芳以秘術進，被憲宗殊眷，發内帑數十萬金建寺。……初，播州土官楊友與其兄愛争襲，已奉，革其宣撫職，乃厚賂中貴，用事劉瑾求復，俊極言不可，與瑾迕。瑾誅，濎無事。

——（道光）《莆田縣志稿》之《名宦傳》，稿鈔本

林烗昌，字繼照，應采子。萬曆癸酉鄉薦，初任永平郡丞。清慎敏幹，備極勤勞。石門兵譁，有單騎定變之功，爲當道倚重，交章首薦者二十餘疏載明代史册中。推舉卓异，擢刑部員外郎。旋晋湖廣按察司僉事，備兵湖北。時播事起，飭兵督餉，轉運隨征，日無寧晷。以平播功優叙錫賚帑金，蓋异數也。子堯俞貴，贈禮部尚書。

——（道光）《莆田縣志稿》之《宦迹傳》，稿鈔本

---

* （清）林揚祖修：（道光）《莆田縣志稿》，稿鈔本。

（光緒）續修浦城縣志*

練山甫，字補之，亨甫弟。年十五，能挽强弓。補國子生。亨甫交通鄧綰，上以詰王安石，安石不能諱。吕升卿又于上前言亨甫以穢德爲王雱所昵，坐罪去，山甫亦斥。後補武學生，因論弓箭法，忤旨罷歸。尋乞還本舍，於徐衡榜中選，調涇原路總管司教閲官。漕帥交薦，授梓州路武士教諭，再授瀘州樂共城兵官。招安播州蠻還朝，以功進五秩，除中山府北平軍使。尋改夔州路廉訪使，移湖南、北兩路。適有北方之役，條奏利害，朝廷降詔獎諭，除閤門祗候，移廣西廉訪使。秩滿移廣東，改知平州。以老匄祠歸。官至武德大夫。

——（光緒）《續修浦城縣志》卷二十一《政績》，載《中國地方志集成·福建府縣志輯》，第 7 册，390~391 頁

* （清）翁美祜修，翁昭泰纂：（光緒）《續修浦城縣志》，載《中國地方志集成》編委會編：《中國地方志集成·福建府縣志輯》，上海書店出版社，2012 年。

（光緒）長汀縣志 *

賜葬湖廣巡撫馬馴墓

在十里鋪馬屋山，都憲馬馴以宏〈弘〉治九年故，其子綜奏請葬祭，詔許之。遣官敕工部進士嚴泰造墳，本布政司動支官銀一千一百五十兩，委簡較董瑄、典史廖珪督工修造。其諭祭碑亭、坊牌、門樓、石人、石馬、石羊、石虎、石翁仲，禮儀如式。宏〈弘〉治十一年十二月十八日，葬於長汀卧龍之東南。……播寇作，公悉力爲殄滅計，出庫藏，聚兵糧，以免遠輸，寇就平。

——（光緒）《長汀縣志》卷二十六《冢墓二》，清光緒五年刊本

* （清）謝昌霖修，劉國光纂：（光緒）《長汀縣志》，清光緒五年刊本。

（民國）泰寧縣志*

江桂馥，號青川，由吏員授杭州司獄，給藥以療囚疫。轉永嘉主簿，葺海塘有功，上賜帑金旌之。擢太倉州判，升高郵州同。修邵伯河路，齎播州兵餉，殫極勞瘁。歷官三十餘載，致仕歸，結廬西郊以老。

——（民國）《泰寧縣志》卷二十八《官績》，載《中國地方志集成·福建府縣志輯》，第39册，第831頁

* 陳石修，鄭豊稔纂：（民國）《泰寧縣志》，載《中國地方志集成》編委會編：《中國地方志集成·福建府縣志輯》，上海書店出版社，2012年。

（民國）長汀縣志 *

馬馴，字德良，誕日適符明太宗御殿之期，人以爲祥。年十一，補郡庠生。二十四，以禮經魁。正統甲子，鄉薦。明年，成進士，授户部主事，小心勤慎。時湖貴初罷兵，論功，馴賚賞。往次年，徵課，詣潯陽，皆宜於人。既考最，遣按遼東邊儲，閱籍取明無虚文。遷本部郎中，奉敕總督宣府粮芻，悉心區畫，省遠輸費三之一。楊尚書重之，薦升四川左參政。蜀寇方殷，當事者深懼廪乏。馴至，核已徵未用粮，得數百萬斛按：《府志》暨乾隆《一統志》《汀州人物》均如數□。以供軍，朝賜文綺嘉勞。晋右布政使。乙未，播州寇作，馴力爲殄滅計，出庫藏，聚兵粮，以免遠輸。寇平，敕書褒异，晋左布政使。

——（民國）《長汀縣志》卷二十三《列傳》，載《中國地方志集成·福建府縣志輯》，第 35 册，第 525 頁

---

* 黄愷元修，鄧光瀛纂：（民國）《長汀縣志》，載《中國地方志集成》編委會編：《中國地方志集成·福建府縣志輯》，上海書店出版社，2012 年。

（民國）同安縣志 *

蔡守愚，字體言，號發吾，浯洲人。萬曆乙酉、丙戌聯第進士，授南儀制司主事。迎母就養，暇與同舍諸名公證繇古今，所得益深，詩文日進。丁内艱歸，襄事畢，采摭前言往行有裨風教者，彙爲《明倫寶鑒》一書。後除工部屯田司主事，督理易州、龍灣二廠。……是時，方急殿工，物力告詘，力贊大司空疏借内帑，以郡國贖輸補償之，得報命。升四川副使，分巡上川。土酋肆掠，播州尤甚，以兵備討平之。帝嘉其功，改播爲遵義。……楊酋陷綦江，帝命總督李霖寰徂，征守愚以畫策。督餉功，賜白鏹。

——（民國）《同安縣志》卷二十八《人物録·鄉賢》，載《中國地方志集成·福建府縣志輯》，第 4 册，第 225 頁

蔡用明，本名霽，字用明，以字行，更字晦仲，號見南，萬曆己卯舉人。初授大田教諭，旋補長泰。斂士範士，俱有禮法。升欒至知縣，修學課士。縣有采木之役，大木所産皆邊夷僰，道岡壑箐，崖絶人迹，去治所數千里。故事，給官鏹，募民役。先是多相冒規免，展轉株累，又民苦先出募錢，事竣，竟不得官給，往往破家。用明下車，見耆老人给小方，令疏注，鄉之巨户，各以所臆疾書，毋得交語。既上，爲參稽糧册，閱其丁賦之上下，比證甲牌，覆其廛居之多寡，然後榜示占役者姓名於縣門。丁弱賦强，則賦其金。募人不任者許自訴，而蠲其實者、抶其誣服與妄求免者。乃更爲立補助之條，定番休之規，信給領之令。往役者官護其家，禁奸民毋乘出造獄擾之。木分三運，以十之六爲及格，最後乃滿十采木。已，邑中，旱疫相繼，用明按籍勤撫以紓之。優禮百年，黎民价予冠帶，歲時致饟。課士出倖鏹，供筆札、茗饌，而大作新其廟學。豪猾犯科求贖，不許，必痛懲。

* 林學增修，吴錫璜纂：（民國）《同安縣志》，載《中國地方志集成》編委會編：《中國地方志集成·福建府縣志輯》，上海書店出版社，2012 年。

部使徵無礙金,據理折之,氣短而止。還淮府審理,未行。

又有征播之役,大發民夫饋餉。用明猶精心爲之,部署行伍相補助,戒以緩急相扞,如其初。至調度采木時,督木使者過縣,民擁車言令治狀,涕泣祈留,軔不得發。臨行,猶奏記督學,請廣多士解額。及發舟,泛裝岸石以壓險。陸績鬱林,非虛語也。子復一。《閩書》《遯菴集》。

——(民國)《同安縣志》卷二十八《人物録·鄉賢》,載《中國地方志集成·福建府縣志輯》,第4册,第233頁

（民國）寧化縣志 *

曾軻，字景孟，有异術。嘉靖三十五年丙辰，有游僧稱自海上來，虬髯碧眼，狀貌詭异。軻奇之，延爲具食。僧熟視良久，出書一卷授軻曰："來歲是日，汝邑當有灾。救之者，子也。"僧遂起立趨出，忽不知所之。軻發書，乃遁甲法也。

三十六年，廣賊顧子傳果應期突至，衆倉卒未及入城。軻率男婦百餘，屯北門山樹下，令坐地。而賊從山下過，悉若無所睹者。知縣邵道南神之，遂以捍禦任委軻，相持半月許。一日，軻謂邵曰："今午初刻，賊當滅。"邵曰："如此，須兵壯幾何？"軻曰："得二人足矣。"時有良家子黎永逵及雷某，膂力絶人，請行。軻喜曰："事濟矣。"命黎曰："往伏小橋右，俟賊至，擒之。"命雷曰："汝扮作風魔狀，去賊營數武，以箒地，作大字，擲賊返走，勾賊從直街上。"是日，賊因乏糧，皆四出鈔掠，獨子傳數輩握大旗，踞大陽廟頂坐。時以廟爲老營也。雷如約，以箒作字，叱子傳。子傳易之，急追至小橋。永逵突出，鎗中子傳左膀斜撥之，鐵木兩截。逵弃杆，抱子傳，雷反戈助之，遂成擒。曳從小溪至城下，城上鼓噪縋之，斬子傳於正東門，餘賊悉遁。

事聞，督撫郭公青螺奉命征播，辟永逵爲中軍。逵曰："向者之役，吾爲地方紓一時之急耳！"辭不就。而軻年老亦病目，旋卒。或請其術，軻謬應曰："本無術，偶中耳！"雖子孫，無傳者。

——（民國）《寧化縣志》卷十六《方技傳》，載《中國地方志集成·福建府縣志輯》，第38册，第740頁

張一仕，在城人，驍勇過人。初爲撫軍許孚遠，選充標下把總。續奉貴州巡撫郭子

---

* 黎彩彰修，黎景曾纂：（民國）《寧化縣志》，載《中國地方志集成》編委會編：《中國地方志集成·福建府縣志輯》，上海書店出版社，2012年。

章,調取從征楊應龍,奪老軍關,既而陷。賊伏,淹死烏江。播州平,叙功,詔贈百户蔭一子天貴,汀州衛中所小旗。

——(民國)《寧化縣志》卷十七《忠義傳》,載《中國地方志集成·福建府縣志輯》,第 38 册,第 743 頁

（民國）金門縣志 *

蔡用明，本名霽，字用明，以字行。更字晦仲，號見南，山兆人。萬曆己卯舉人。母早卒，事父甚謹。兄弟五人推衣食無間。初授大田教諭，丁父艱，除服，補長泰。歛士人豪舉之氣，範諸禮法。……又有征播之役，大發民夫饋餉。用明猶精心爲之部署，如其初。至調度采木，時督木使者過縣，民擁車言令治狀，涕泣祈留，軔不得發。臨行，猶奏記督學，請廣多士解額。及發舟，泛裝岸石以壓險，陸續鬱林，非虛語也。祀鄉賢祠。子復一。《閩書》，府、縣《志》，《遯菴集》。

——（民國）《金門縣志》卷十七《列傳》，載《中國地方志集成·福建府縣志輯》，第 28 册，第 603 頁

蔡復一，字敬夫，號元履。幼絶慧，年十二，作《范蠡傳》萬餘言。父用明見之驚曰："幾失吾兒！"萬曆甲午舉人，明年成進士。年十九，給假歸娶，授刑部主事。即疏劾石星冒殺平民要功狀，御審處死，中外憚之。歷員外郎。丁兩艱，除服，補兵部車駕，遷武庫郎中。每籌邊事，司馬采以入告，前後疏凡十餘上。直播酋獻俘，部概擬大辟，復一讞奏："應龍婚宋承恩，絶婚於前，擒擄於後，心迹俱明，倘緣未娶之女株連，何以勸效順？楊通漢，其父可誅，其身尚幼，怒已死之親而移辟，亦無以懲從逆。承恩宜放，通漢宜奴。"人服其識。

——（民國）《金門縣志》卷十七《列傳》，載《中國地方志集成·福建府縣志輯》，第 28 册，603~604 頁

---

* 左樹夔修，劉敬纂：（民國）《金門縣志》，載《中國地方志集成》編委會編：《中國地方志集成·福建府縣志輯》，上海書店出版社，2012 年。

蔡守愚，字體言，號發吾，平林人。萬曆乙酉舉人，明年成進士。授南儀制司主事。迎母就養，暇與諸名公考證今古，所得益深。丁内艱，歸葬。采前言往行有裨風教者，彙爲《明倫寶鑑》一書。手抄酈善長《水經註》成帙，加辨證。

服除，授工部屯田司主事，督理易州、龍灣二廠。舊時，炭直不早給，而惜薪司復從中索例，大爲商病，則爲移内外主者與訂約時其訂約給直，令商自兑，不經他手。凡日用薪蔬例供，概從減省。又興二廠社學，躬往課督。時内官四出采礦，守愚謂民方上供炭課，倘被流散，誰執其咎？且易州近京，安得有礦？將抗疏争，事遂寢。擢虞衡司員外，遷屯田郎中。去日，諸商環擁，請留靴爲記。守愚謝曰："有二社學在，令子弟勿廢業，吾棠不翦矣。"是時，方急殿工，物力告詘，力贊大司空疏借内帑，以郡國贖輸補償之，得報命。升四川副使，分巡上川。土酋肆掠，播州尤甚，討平之。帝嘉其功，改播爲遵義。

——（民國）《金門縣志》卷十七《列傳》，載《中國地方志集成·福建府縣志輯》，第28册，605~606頁

（民國）南安縣志*

洪有復，字懋純，號心菴，英山人。嘉靖辛酉舉人，萬曆庚辰進士。初銓武陵知縣。……擢湖廣左布政使。播苗事殷，殫力勛襄，徵發輓芻無乏絶，賜鏹有加。而是時礦税無藝，吸骨鏤脂，湘澤震動。同官馮應京及郡邑觸税璫意者，相繼被逮。有復悉力調停，仍伸浙中税歸有司之議，爲民請命，竟得請。自是，天下各省直俱晏然受賜。罷無藝征役，調諸藩禄米，裁監賦加税，剔索劑平，國用充而民生裕。卒於官。肇慶及羅定俱祀名宦。

——（民國）《南安縣志》卷二十四《名臣》，載《中國地方志集成·福建府縣志輯》，第 28 册，176~177 頁

張于薦，字道相，三都黌後人。萬曆己卯舉人。苦心力學，初授長樂教諭，與諸生辨析理義，尤精於《易》，多士皆從之受業。升新寧知縣。會播酋作亂，薦上方略於兩院，用其策，卒以平播，錦江賴以永寧。丁外艱歸，以不獲終養爲痛，遂絶意出仕，以書、史自怡。葺學宫，修橋梁，輿論稱之。卒，祀邑鄉賢。府、縣《志》。

——（民國）《南安縣志》卷二十九《儒林》，載《中國地方志集成·福建府縣志輯》，第 28 册，第 269 頁

---

* 蘇鏡潭纂：（民國）《南安縣志》，載《中國地方志集成》編委會編：《中國地方志集成·福建府縣志輯》，上海書店出版社，2012 年。

（民國）順昌縣志 *

吴三讓，字實卿，三歲失母。萬曆壬午，領鄉薦，署壽寧諭，遷河源縣令。有弄兵潢池者，治其魁，宥餘黨。起復，調雲南臬司檢校，署新平、河西二縣，轉銅仁令。清丈播州，務從民便。壽八十三卒。

——（民國）《順昌縣志》卷十九《列傳六》，載《中國地方志集成·福建府縣志輯》，第 11 册，148~149 頁

* 高登艇修，劉敬纂：（民國）《順昌縣志》，載《中國地方志集成》編委會編：《中國地方志集成·福建府縣志輯》，上海書店出版社，2012 年。

（民國）南平縣志*

劉璋，字廷信，幼失怙，母翁氏苦節撫教之。稍長，即知力學。天順元年，成進士，授户部主事。器度温雅，濟以廉慎，大爲長官所器，遷本部郎中。歷山東左、右參政。時歲歉且疫，璋與同官二人分道賑恤。二人相繼染疫死，璋悉心往來，經理弗倦。……前播州宣慰揚〈楊〉輝鍾愛庶長子友，請特設安寧宣撫，以友爲之，築城堡以居。其後友謀奪嫡，誣奏其弟愛有不軌謀，而愛亦訐友不法事。朝廷遣大臣勘得其罪，罷友宣撫，并家屬發保寧府安置。璋以安寧道遠城堅，友少弟敏及所親附夭家、仲家土兵素號驍勇。其屬又有爲之謀主者，恐負固爲變，且貽害。故不即發詔，先遣友親信二人詣安寧，慰其家屬曰："撫軍謂宣撫遠出，弟敏年少，特遣吾輩護印信，以防外侮。"又遣能幹土官領兵分截安寧出入之路，榜示夭、仲二家，諭以順逆禍福，懸重賞以購主謀。區畫既定，乃宣示詔旨，遣官收其家屬印信，而發遣之。

——（民國）《南平縣志》卷十九《列傳二十二》，載《中國地方志集成·福建府縣志輯》，第 9 册，670~671 頁

---

* 吴栻修，蔡建賢纂：(民國)《南平縣志》，載《中國地方志集成》編委會編：《中國地方志集成·福建府縣志輯》，上海書店出版社，2012 年。

（民國）莆田縣志*

萬曆十九年辛卯

張鰲，字體極，順天中式，保寧同知。以平播功贈兵部郎中。

——（民國）《莆田縣志》卷十二《選舉上》，載《中國地方志集成·福建府縣志輯》，第16册，第494頁

林俊，字待用、蘊後，成化戊戌進士，授刑部主事，進員外郎。……初，播州土官楊友與其兄愛争襲，已覆奏，革其宣撫職，乃厚賂中貴劉瑾求復，俊極言不可，與瑾忤。瑾誅，得無事。

——（民國）《莆田縣志》卷二十六《列傳下·十一》，載《中國地方志集成·福建府縣志輯》，第17册，374~376頁

林烣章，字繼照，應采子。萬曆癸丑，鄉薦，任永平郡同知。清慎敏幹，備極勤勞。石門兵變，烣章單騎往諭之，事遂定。當道交章，論薦至二十餘疏，推舉卓异，擢刑部員外郎，晋湖廣按察司僉事，備兵湖北。播州宣撫使楊應龍叛，朝旨命川湖總督李化龍討之。烣章飭兵督餉，轉運隨征，日無寧晷。事平優叙，錫賚帑金，蓋异數。子堯俞，自有傳。堯俞登第日，應采始告歸，與同里結木蘭詩社，分韻賦詩。每客至，烣章侍立，客爲之局促不安。應采曰："小子應爾！"三代科第，時論榮之。

——（民國）《莆田縣志》卷二十六《列傳下·十六》，載《中國地方志集成·福建府縣志輯》，第17册，第413頁

---

* 石有紀修，張琴纂：（民國）《莆田縣志》，載《中國地方志集成》編委會編：《中國地方志集成·福建府縣志輯》，上海書店出版社，2012年。

江　蘇

（萬曆）常熟縣私志*

藍芳威，故武舉。莊中丞檄程討之，程白莊兵之未便，藍芳威嘗識之，武場中不得，推擇爲吏。……後平劉哱，救朝鮮，剿播酋，芳威戰功多，竟爲名將。尋遷貴州參議。

——（萬曆）《常熟縣私志》卷十四《叙族》，民國二十三年抄本

* （明）姚宗儀輯：（萬曆）《常熟縣私志》，民國二十三年抄本。

（崇禎）江陰縣志 *

天寵子〈奚〉國柱，萬曆廿六年襲。征播、征苗有功，升指揮同知，世襲封驃騎將軍，晉階從一品。

——（崇禎）《江陰縣志》卷三《職官志》，明崇禎十三年刻本

* （明）馮士仁修，徐遵湯、周高起纂：（崇禎）《江陰縣志》，明崇禎十三年刻本。

（康熙）興化縣志 *

徐來儀，字威甫，萬曆壬辰進士。爲人嚴峻剛方，能任事，官刑部郎中。……轉貴州按察使僉事，提督學政，按察使缺，以來儀攝。會楊應龍叛亂，來儀策武士贊軍機，多所裨益。朝廷大發兵征播詔將軍劉綎等討之，直搗婁山關，大破之。應龍闔室自焚，生獲其子朝棟，獻俘伏誅。俘獲脅從子，女主兵者以配隸數百人。來儀悉詢姓氏，召其夫若子還之，及校士，持法甚峻。

——（康熙）《興化縣志》卷九《人物·進士》，清康熙二十四年鈔本

* （清）張可立纂修：（康熙）《興化縣志》，清康熙二十四年鈔本。

（乾隆）長洲縣志 *

尤錫類，字孝徵，安禮孫。萬曆八年進士，分較北闈，張居正以少宰司空子爲托，咸固絶之。出知真定府，吏進羡金萬餘，却不受。巡撫檄取例金，持不與。被劾，部議直之，調襄陽，而罷巡撫任。擢貴州副使，值楊應龍叛，署監軍事，實伍無一旅，錫類計備土苗，剿撫互用，卒平播賊。晋雲南布政，致仕。

——（乾隆）《長洲縣志》卷二十四《人物三》，載《中國地方志集成·江蘇府縣志輯》，第 13 册，第 290 頁

遵義，古夜郎地，向爲播寇楊應龍所據。神廟時，始平其地而隸之。

——（乾隆）《長洲縣志》卷二十四《人物三》，載《中國地方志集成·江蘇府縣志輯》，第 13 册，第 294 頁

* （清）李光祚修，顧詒禄等纂：（乾隆）《長洲縣志》，載《中國地方志集成》編委會編：《中國地方志集成·江蘇府縣志輯》，江蘇古籍出版社，1991 年。

（乾隆）元和縣志*

尤錫類，字孝徵，安禮孫。萬曆八年進士，分較北闈，大臣以私請，固絶之。守真定，吏進羨萬餘金，不受。命修城垣，并施粥以濟四方之餓者。巡撫檄取例金，持不與。被劾，廷議直之，調襄陽，旋得旨，罷巡撫任。在襄陽時，清節益厲。擢貴州副使，播酋楊應龍反，朝命劉綎討之，錫類署監軍事。時言官劾綎逗遛，多設難，有要君心，部議調綎南京。錫類以身家保綎，得不調，卒成平播功。綎加左都督，錫類晉雲南布政使，致仕歸。

——（乾隆）《元和縣志》卷二十三《人物》，載《中國地方志集成·江蘇府縣志輯》，第 14 册，第 268 頁

---

* （清）許治修，沈德潛、顧詒禄纂：（乾隆）《元和縣志》，載《中國地方志集成》編委會編：《中國地方志集成·江蘇府縣志輯》，江蘇古籍出版社，1991 年。

（乾隆）震澤縣志 *

沈季文，字少卿，啓孫。萬曆五年進士，起家工部主事，纍累遷福建參政，攝布政使事。一以仁恕爲本，而袪弊不遺餘力。二十六年，調四川按察使。時播州用兵，調發旁午。季文積糧製械，具有勞績。播州平，獻俘所條上征討時日、地里多淆亂，不堪宣讀。適季文入覲，兵部暮夜往叩之，季文援筆立書，三鼓而盡核之，原奏不爽，人服其敏。

——（乾隆）《震澤縣志》卷十五《人物三·名臣一》，載《中國地方志集成·江蘇府縣志輯》，第 23 冊，156~157 頁

* （清）陳和志修，倪師孟、沈彤纂：（乾隆）《震澤縣志》，載《中國地方志集成》編委會編：《中國地方志集成·江蘇府縣志輯》，江蘇古籍出版社，1991 年。

（嘉慶）無錫金匱縣志 *

萬曆間，播州酋楊應龍既平，獻俘闕下。時侯少芝先春在諫垣，念酋諸幼弱無辜，詣同鄉刑侍嚴化卿一鵬屬其疏，請自十五以下皆赦免。嚴以恐觸上怒，謝之。少芝復集諸同官議，僉名具疏以請，同官俱托故辭。少芝乃獨抗疏上言，竟得旨赦免。此事少芝遺命毋載墓志，是以《邑志》《傳》俱不載。

——（嘉慶）《無錫金匱縣志》卷四十《雜識》，清嘉慶十八年刻本

---

* （清）秦瀛纂：（嘉慶）《無錫金匱縣志》，清嘉慶十八年刻本。

（道光）江陰縣志 *

奚國柱，天寵子，襲天寵職。征播、征苗有功，擢指揮同知，封驃騎將軍，晉階從一品。

——（道光）《江陰縣志》卷十四《選舉·襲》，清道光二十年刊本

* （清）陳廷恩修，李兆洛纂：（道光）《江陰縣志》，清道光二十年刊本。

（道光）昆新兩縣志*

李同芳，字濟美。萬曆庚辰，舉禮部第二人，成進士，授刑部主事。……征播，調發萬人。雪冤，辟張福姐等七命，升貴州按察使。

——（道光）《昆新兩縣志》卷二十一《人物·列傳三》，載《中國地方志集成·江蘇府縣志輯》，第 15 册，第 311 頁

支可大，字有功，世居黄潭里，父良知以長厚稱。可大登萬曆甲戌進士，授禮部主事，歷員外郎郎中，擢廣東提學副使，移疾歸。起浙江提學，歷江西參政、應天府丞，升湖廣巡撫。播州楊應龍之亂，總督李化龍分八道進兵，可大移鎮沅州，降九服、白泥諸寨，連破黄岑、高岩、乾溪、寶兒囤，遂入播。七戰塘保，破板角關。三戰煉坪，克苦菜關。播平，蔭一子，告歸，小築城隅。又十餘年，卒，年七十四。

——（道光）《昆新兩縣志》卷二十二《人物·政績》，載《中國地方志集成·江蘇府縣志輯》，第 15 册，第 338 頁

* （清）張鴻、來汝緣修，王學浩等纂：（道光）《昆新兩縣志》，載《中國地方志集成》編委會編：《中國地方志集成·江蘇府縣志輯》，江蘇古籍出版社，1991 年。

（同治）重修山陽縣志 *

王鳴鶴，字羽卿。其先鹿邑人，居山陽，世襲海州守禦所正千户。鳴鶴初爲海州儒學生，既襲職，復中武進士，授淮安衛指揮同知。後嘗撫定鄖陽兵變，扼哱拜，征播州，又征邛水、樂平諸蠻，禽大盗陳忠等。纍著戰績，積官至廣西總兵。

——（同治）《重修山陽縣志》卷十二《人物二》，清同治十二年刻本

* （清）張兆棟修，何紹基纂：（同治）《重修山陽縣志》，清同治十二年刻本。

（光緒）昆新兩縣續修合志*

李同芳，字濟美。萬曆庚辰，舉禮部第二人，成進士，授刑部主事，……征播，調發萬人，雪冤，辟張福姐等七命，升貴州按察使。

——（光緒）《昆新兩縣續修合志》卷二十四《人物·列傳三》，載《中國地方志集成·江蘇府縣志輯》，第16册，第381頁

支可大，字有功，世居黄潭里，父良知以長厚稱。可大登萬曆甲戌進士，授禮部主事，歷員外郎郎中，擢廣東提學副使，移疾歸。起浙江提學，歷江西參政、應天府丞，升湖廣巡撫。播州楊應龍之亂，總督李化龍分八道進兵，可大移鎮沅州，降九服、白泥諸寨，連破黄岑、高岩、乾溪、竇兒囤，遂入播。七戰塘保，破板角關。三戰煉坪，克苦菜關。播平，蔭一子，告歸，小築城隅。又十餘年，卒，年七十四。

——（光緒）《昆新兩縣續修合志》卷二十五《政績》，載《中國地方志集成·江蘇府縣志輯》，第16册，第411頁

*（清）金吴瀾、李福沂修，汪堃、朱成熙纂：（光緒）《昆新兩縣續修合志》，載《中國地方志集成》編委會編：《中國地方志集成·江蘇府縣志輯》，江蘇古籍出版社，1991年。

（光緒）江陰縣志 *

奚國柱，天寵子，襲天寵職。征播、征苗有功，擢指揮同知，封驃騎將軍，晉階從一品。

——（光緒）《江陰縣志》卷十四《選舉二》，載《中國地方志集成·江蘇府縣志輯》，第 25 册，第 422 頁

* （清）盧思誠、馮壽鏡修，季念貽、夏煒如纂：（光緒）《江陰縣志》，載《中國地方志集成》編委會編：《中國地方志集成·江蘇府縣志輯》，江蘇古籍出版社，1991 年。

（民國）吴縣志*

葉聯芳，舉人。萬曆中，知長壽，視民如子，厚庠士，置學田，革排保。播酋破綦江，聲言東下，聯芳諭其民曰："我有老母、幼子在此，爾無恐也。"以此民免遷徙，咸德之。《四川通志》。按：乾隆《志·選舉》："葉聯芳，字培之，萬曆壬午舉人，霍山教諭。"與此不同，豈由霍山遷知長壽歟？

——（民國）《吴縣志》卷六十六《傳·列傳》，載《中國地方志集成·江蘇府縣志輯》，第 12 册，第 97 頁

尤錫類，字孝徵，萬曆庚辰進士。知真定府，吏進羨餘萬金，却不受。巡撫檄取例金，持不與。被劾，部議直之，調錫類襄陽，而罷巡撫。在襄陽，清節益厲，擢貴州副使。楊應龍叛，署監軍。預平播功，晉雲南布政使，致仕。《縣志》。

——（民國）《吴縣志》卷六十七《傳·列傳》，載《中國地方志集成·江蘇府縣志輯》，第 12 册，第 141 頁

* 曹允源、李根源纂：（民國）《吴縣志》，載《中國地方志集成》編委會編：《中國地方志集成·江蘇府縣志輯》，江蘇古籍出版社，1991 年。

上　海

（康熙）嘉定縣志 *

湯時新，係本所總旗。萬曆中，征播賊楊應龍，功授試百户。

徐敬，朝陽子。萬曆中，以浙江從征首功，授試百户。

王文憲，浙江杭州府人。萬曆中，以從劉綖東征功，授試百户。

——（康熙）《嘉定縣志》卷二《戎鎮》，載《中國地方志集成·上海府縣志輯》，第7册，第477頁

* （清）趙昕修，蘇淵纂：（康熙）《嘉定縣志》，載《中國地方志集成》編委會編：《中國地方志集成·上海府縣志輯》，上海書店出版社，1991年。

（乾隆）上海縣志 *

陸郊，號三山。……後授石阡守。石阡，古夜郎地，苗僚錯居，徭役龐雜，郊仿吴下條編之法，著爲令，吏民德之。郡僻陋無書籍，郊家輦經史教之，士始向學。又播酋思亂，郊經畫密剪其角距，事具《德政録中》，請告歸。

——（乾隆）《上海縣志》卷十《名臣》，載《中國地方志集成·善本方志輯》（第一編），第 1 册，第 422 頁

* （清）李文耀修，談起行、葉承纂：（乾隆）《上海縣志》，載《中國地方志集成》編委會編：《中國地方志集成·善本方志輯》（第一編），鳳凰出版社，2014 年。

（嘉慶）上海縣志 *

（陸）郊，字承道，號三山，以蔭官都察院都事。……後授石阡守，苗僚錯居，徭役龐雜，仿吴下條編法，著爲令，吏民德之。郡僻陋無書籍，郊家輦經史教之，士始向學。又播酋思亂，經畫密翦其角距，告歸家，居二十餘載。

——（嘉慶）《上海縣志》卷十二《人物·列傳》，清嘉慶十八年刻本

* （清）秦瀛纂：（嘉慶）《上海縣志》，清嘉慶十八年刻本。

（同治）上海縣志*

（陸）郯，字承道，號三山。以蔭官都察院都事。……後授石阡守，苗僚錯居，徭役龐雜，仿吳下條編法，著爲令，吏民德之。郡處僻陋無書籍，郯自家輦經史教之，士始向學。播酋思亂，先事經畫翦其角距，推苑馬寺少卿，力辭歸家，居二十餘載。

——（同治）《上海縣志》卷十八《人物一》，清同治十二年刻本

* （清）張兆楝修，何紹基纂：（同治）《上海縣志》，清同治十二年刻本。

（光緒）重輯楓涇小志*

顧際明，字良甫，萬曆己丑進士。……丁艱，服闋，復除河南道，上言播酋應龍必叛，一時有真御史之稱。既而應龍果叛，隨奉命巡按粵西，嘗劾戎政，尚書張國彦等俱愜輿論。

——（光緒）《重輯楓涇小志》卷五《人物·列傳上》，清光緒十七年鉛印本

* （清）曹相駿纂：（光緒）《重輯楓涇小志》，清光緒十七年鉛印本。

（光緒）重修華亭縣志 *

陸應寅，字虎臣，號鶴江。……第五子從平，字履素。宋《府志》:“第宅在繡衣坊北，即朱大韶宅。”隆慶二年進士，由清豐令歷思南守。播酋方蓄异謀，上書中丞，度其必變，嚴爲之備，思民賴之。

——（光緒）《重修華亭縣志》卷十四《人物三》，載《中國地方志集成·上海府縣志輯》，第 4 册，603~604 頁

* （清）楊開弟修，姚光發等纂:（光緒）《重修華亭縣志》，載《中國地方志集成》編委會編:《中國地方志集成·上海府縣志輯》，上海書店出版社，1991 年。

(光緒)嘉定縣志*

王文憲,仁和人。以禦倭功,署試百户。後隨劉綎征播有功,升授世襲,一傳革。

——(光緒)《嘉定縣志》卷十二《職官志中·武職表》,載《中國地方志集成·上海府縣志輯》,第 8 册,第 241 頁

湯時新,本所總旗。以征播功,授試百户,一傳革。

——(光緒)《嘉定縣志》卷十二《職官志中·武職表》,載《中國地方志集成·上海府縣志輯》,第 8 册,第 242 頁

* (清)程其珏修,楊震福等纂:(光緒)《嘉定縣志》,載《中國地方志集成》編委會編:《中國地方志集成·上海府縣志輯》,上海書店出版社,1991 年。

（光緒）寶山縣志*

王憲文，仁和人。以禦倭功，署試百户。後因隨劉綎征播有功，升副千户，歷一傳。

湯時新，本所總旂。以征播功，官試百户，歷一傳。

——（光緒）《寶山縣志》卷七《職官志上·武職表》，載《中國地方志集成·上海府縣志輯》，第9册，第156頁

* （清）梁蒲貴、吴康壽修，朱延射、潘履祥纂：（光緒）《寶山縣志》，載《中國地方志集成》編委會編：《中國地方志集成·上海府縣志輯》，上海書店出版社，1991年。

浙　江

（嘉靖）太平縣志 *

李匡，字存翼，長興人，以進士授太常博士，遷御史，彈劾無所避。奉敕録囚陝右，減殊死數百人，皆允當。尋出按江右，時有宦族子弟恃父兄勢横暴閭里，公乃因民訴告，按其不法事情，悉擬如律，纖毫無所假借，人争快之。調四川兵備副使，平播州蛮之乱，擢僉都御史，遂巡撫四川，許便宜行事。是年叙州蛮叛，公復討平之。尋以事罷歸且十年，會韃虜犯宣府獨石，英皇乃起公巡視宣府，陛辞賜寶鈔以行。公至，奏增堡寨，廣墩臺，復豪勢所侵屯田，禦侮有方，虜不得犯邊。朝降璽書褒美之，賜白金文綺。已而以老病致其事歸，得賜誥命，贈父母如其官云。

贊曰：考功之勇退，其介可尚也，都憲之有爲，其才足稱也。顧前輩恒齎咨於考功，非以其位不滿德故耶。

——（嘉靖）《太平縣志》卷七《人物志下》，載《天一閣藏明代方志選刊》，第 17 册

* （明）曾才漢修，葉良佩纂：（嘉靖）《太平縣志》，載《天一閣藏明代方志選刊》，上海書店出版社，1981 年。

（萬曆）括蒼彙紀*

洪熙改元乙巳，考察四川吏治貪暴，望風解印。時屬大旱，所臨郡邑輒雨，人謂之御史雨。巡建昌，行都司經貴州出播州，宣慰楊某迎謁，獻銀器、文綺，公（何文淵）亦笑而却之。

——（萬曆）《括蒼彙紀》卷七《地理紀》，明萬曆七年刻本

* （明）熊子臣修，何鏜纂：（萬曆）《括蒼彙紀》，明萬曆七年刻本。

（萬曆）黃岩縣志 *

李匡，字存翼，號肅齋，西街人。宣德丁未進士，授太常博士，遷御史，彈劾無所避。奉敕録囚陝右所，平反數百人，已而代巡江右。時楊少保士奇柄國，其子稷暴横鄉里，匡按其不法事百餘，逮械詣京，人大快之。調四川兵備副使，平播州蠻之亂，擢僉都御史，巡撫四川，許便宜行事。適叙州蠻亂，又討平之，尋以事罷歸且十年。達虜犯宣府，獨石乃起，匡巡視宣府，陛辭賜鈔以行，至則奏增堡寨，廣墩臺，復勢要所侵屯田，備禦有方，虜不得犯邊，璽書褒美，賜白金、文綺。以疾致仕，卒從祀鄉賢祠。

論曰：蓋聞李肅齋居鄉最稱易夷，有招之者，率不問其主，迺其按捕楊稷事，凛凛乎文紀公雅之風焉所謂温而栗者，殆其人哉。

——（萬曆）《黃岩縣志》卷五《人物志上·官業》，載《天一閣藏明代方志選刊》，第 18 册

---

* （明）袁應祺纂，牟汝忠修：（萬曆）《黃岩縣志》，載《天一閣藏明代方志選刊》，上海書店出版社，1981 年。

（萬曆）餘杭縣志 *

鄒幹，字宗盛，號順齋，濟之次子。自幼聰慧，年十五，仁廟居東宮時召見，命入應天府庠讀書，給廩餼。登正統己未進士，授兵部職方主事，歷武選郎中。時有雲南指揮萬城獲功乞升播州宣慰使，楊昇以幼孫奏乞就彼襲職，皆懷暮夜金百兩，叩門私覿。幹正色厲言："汝職公道所有，非我可私。"令急趨出。

——（萬曆）《餘杭縣志》卷六《官業》，明萬曆年間刻本

* （明）戴日强撰：（萬曆）《餘杭縣志》，明萬曆年間刻本。

（天啓）平湖縣志*

馬氏，系出伏波，世居汴京。……曾孫應圖，進士，行人，歷禮部郎，贈太僕卿。從孫耀武，仍居黄灣，以舉人令岐山，殉播酋之難。又從孫培居省城，舉人。

——（天啓）《平湖縣志》卷十《氏族》，明天啓年間刻本

* （明）程楷修，楊儁卿纂：（天啓）《平湖縣志》，明天啓年間刻本。

（天啓）慈溪縣志*

馮岳，字望之。登嘉靖丙戌進士。……酉陽小平茶等苗復叛，岳曰：是不一大創禍。未已統兵四萬誅之，捷聞，賜金幣，蔭一子。播州酋首盧阿項等旋煽湄潭、三牌諸苗爲亂，岳生擒酋長二百八十人，斬首三千級，仍親詣賊巢視要害，築屯堡爲久安計。

——（天啓）《慈溪縣志》卷八《人物·清操》，明天啓四年刊本

陳應式，字一甫。祖文豫爲鎮江守，無厚貽，至式而家乏瓶粟，四壁不蔽風雨，蕭然讀書其中。萬曆戊子舉于鄉，壬辰署肅寧教事，丙辰授巫山令。邑居孔道，民雕𠣘星軺絡繹，夫役供帳甚艱，狼貪羊狠者更横索之。式一切裁省，或縛豪家奴置諸理，餘遂斂迹過巫山矣。中使榷税者，議以鐵鎖横江爲網盡計，式身抗之，議乃寢。奉命采巨木，布衣茫履，隸卒負一折脚鐺、斗餘脱粟米，窮搜梅子坡、千丈岩諸處，卒如期以辦。播之役，督餉綦江，身先士卒，攀蘿捫葛，不避瘴濕，夜宿青燐白莽間，猿啼虎嘯作尋當鷄犬聲耳。餉至歡騰，壁壘遂破賊。

——（天啓）《慈溪縣志》卷八《人物·清操》，明天啓四年刊本

---

* （明）李逢申修，姚宗文纂：（天啓）《慈溪縣志》，明天啓四年刊本。

（康熙）仁和縣志 *

江鐸，字士振，高祖參政玭，曾祖尚書瀾，祖侍郎贈尚書曉，父提學僉事圻也。江氏世藉仁和，至鐸爲錢塘諸生，隆慶庚午舉于鄉，萬曆甲戌成進士，授刑部主事，纍官至山西參政，備兵易水，晉按察司。當是時蜀有播人楊應龍之事，滇、楚騷動，朝議遍界黔、楚間，思得才能重臣鎮之，遂擢鐸爲僉都御史，開府偏沅。偏沅去易四千里，欽限一月履任。時軍府創設，兵食俱無所抵，鐸慷慨疾驅、奮髯攘臂。諸將以師期請，鐸曰："賊倚險阻以老我師，勝則長驅，不勝則伏叢箐中，伺我怠則彼奮，卒難圖也。"計惟以速勝之。不盡薙將益張師，次黃沙囤，分軍爲兩翼，一軍白泥，一軍龍泉，大攻板角關，破之。再進，破瑪瑙、長坎、保子等囤，即奪苦竹關，進克趙生囤，遂入三渡關，乘勝直抵海龍囤，賊負嵎以拒。會暑雨叢菁，多重嵐毒霧，又深入，苦餉不繼，鐸乃改長運爲接運，每三十里設一營，置運卒數千，前運未行，後運來載以待。士得宿飽，遂克其壘。應龍縊死，俘賊黨二千餘人，斬首六千九百餘級。捷聞而母訃至，上疏乞歸守制，朝議以皮林八洞諸蠻爲梗，命鐸移兵擊之。不得已，墨衰視事，旋軍龍陽，語諸將曰："皮林外有衢道、内阻險，諸苗窟甚固，非先以文告解散凶黨，則渠魁未可旦夕授首也。"于是下令禁妄殺、行招撫、明賞格、戒騷擾，然後刻期進剿。師次靖州，命總兵陳璘以勁卒衝其中堅，别出奇兵縱火攻，一鼓破龍岩，諸洞八戰八克，皮林蕩平。捷聞，詔班師，計鐸出師甫逾年，平兩大寇，稱不世功。然以母亡不得視，含每自傷。歸二年，疽發于肚，竟不起。贈兵郎侍郎，賜祭葬，蔭一子，世襲錦衣衛指揮僉事。曾孫靖以恩蔭任廣東翁源縣令。

——（康熙）《仁和縣志》卷十七《治行》，載《中國地方志集成·浙江府縣志輯》，第 5 册，第 344 頁

---

* （清）趙世安修，邵遠平纂：（康熙）《仁和縣志》，載《中國地方志集成》編委會編：《中國地方志集成·浙江府縣志輯》，上海書店出版社，1993 年。

（康熙）鄞縣志 *

金澤，字德潤。成化丙戌進士，歷任刑曹，讞獄明允，遷四川參議。播州宣慰厚饋以金幣，毅然麾之。至以庶長奪嫡，按論如法。革三長官司，撫安七十二寨，苗民駢首歸命。流賊李廣聚黨焚掠，鄉猾王伯榮效尤犯順，澤前後區畫，殲其渠魁，餘孽星散。升廣東布政使，具興百廢。值贛寇陸梁，命澤爲右副都御史，巡撫江西，總制閩、湘、南廣，便宜從事，振飭紀綱，嚴明節制，盡力進剿，俘馘靡算，諸蠻皆聞風向化。纍轉南京兵部侍郎、右都御史。後徙居金陵。子達，弘治丙辰進士，歷官郎中。

——（康熙）《鄞縣志》卷十七《明賢傳二》，載《中國地方志集成·浙江府縣志輯》，第 18 册，第 546 頁

沈一貫，字肩吾，號蛟門。隆慶戊辰進士，歷翰林檢討，預修世、穆二朝實録。萬曆甲戌會試同考，晉編修，充日講官。……播酋楊應龍叛，任將出師，與户、兵兩部預調兵食，不及一載而播平。

——（康熙）《鄞縣志》卷十七《明賢傳四》，載《中國地方志集成·浙江府縣志輯》，第 18 册， 591~592 頁

朱瑩，字仲明。萬曆癸酉舉人，授鎮平學論，丁外艱，補龍泉學諭，升清河令。丁内艱，補武陵令，多异政。……時播酋作亂，天下勤王師囤聚境内，瑩善爲措置調停，民賴無擾。

——（康熙）《鄞縣志》卷十七《明賢傳四》，載《中國地方志集成·浙江府縣志輯》，第 18 册，第 599 頁

---

* （清）汪源澤修，聞性道纂：（康熙）《鄞縣志》，載《中國地方志集成》編委會編：《中國地方志集成·浙江府縣志輯》，上海書店出版社，1993 年。

董樾，字子亨，號韋吾，萬曆丁丑進士。值潞王出閣，授翰林編修，充講讀官，進修撰。及王之國，遷廣西參議，未任丁艱，後補貴州。時播州宣慰楊應龍叛，檄樾監軍從征，與都司林盛統兵，斬老軍關而進，出播被難男、婦四萬五千餘口。兼程逾水西，躬親行陣，與諸苗定約束，無不願效死力。應龍憚之，不敢南逆。旋以當路啖其重賄，征師遂停。樾又慮諸難民復爲應龍所害，出帑金以賑，檄宣慰給地墾種以食。既班師，即清軍屯，豐儲蓄，釋冤滯，政績甚著。尋改督學兼攝藩臬事。公于去取而敏于治理，值應龍猖獗，持議者撫剿未定，樾獨慷慨爲禦侮計，且進經略使者以萬言，卒不用。遷四川副使，將赴任，抵赤水行館，忽頭眩，暴卒，蓋應龍所毒云。

——（康熙）《鄞縣志》卷十七《明賢傳四》，載《中國地方志集成·浙江府縣志輯》，第 18 册，第 600 頁

（康熙）德清縣志*

徐之孟。萬曆二十六年進士，初任袁州府推官，遷永州同知，會武弁張熊黨羽于群僭屯田，盗庫藏，威攝一郡，孟擒之，按罪斃獄。後升江西兵備，時播酋揚應龍爲亂，中丞江鐸請同參謀，單騎深入，功成，卷甲至銅鼓衛。魆殞，江中丞上疏，有"氣節可凌霄漢，狷介不愧，科名及試，觀銅鼓之輿，尸何异軍中之裹革"等語。蒙旨欽賜銀三十兩，候恩蔭。

——（康熙）《德清縣志》卷七《人物傳·武功》，載《中國地方志集成·善本方志輯》（第一編），第60册，第386頁

---

* （清）侯元棐修，陳後方等纂：（康熙）《德清縣志》，載《中國地方志集成》編委會編：《中國地方志集成·善本方志輯》（第一編），鳳凰出版社，2014年。

（康熙）錢塘縣志*

洪鐘，字宣之，成化進士，授刑部。命審處江福流賊，歸言："福建之武平、上杭、清流、永定，江西之安遠、龍南，廣東之程鄉皆流移雜揉，習于鬥争，故易亂難治，宜及其平時多建社學以訓子弟，銷兵器以詩書禮義馴擾之。"爲四川按察使，莅獄明敏，犴無留繫，遷副都御史。巡撫順天、雲南、貴州，督漕兩淮，皆著聲績。掌南京院事，刑、工二部尚書、左都御史加太子少保，賜玉帶。出總川、陝、湖、河四省軍務，時沔陽賊出入洞庭，轉掠城邑，川、陝間遠近騷動。播州楊宣慰兄弟仇殺，流劫重慶保寧，皆運奇剿平。朝廷七降璽書，獎諭賜白金、麟服，進太子太保，堅辭不獲，乞歸章七上。鐘狀貌魁杰，目光朗秀，論議英發，善計天下事。卒謚襄惠。

——（康熙）《錢塘縣志》卷十九《人物·名宦》，載《中國地方志集成·浙江府縣志輯》，第 4 册，第 377 頁

江鐸，字士振，高祖參政玭，曾祖尚書瀾，祖侍郎贈尚書曉，父提學僉事圻也。江氏世藉仁和，至鐸爲錢塘諸生，隆慶庚午舉于鄉，萬曆甲戌成進士。丁父艱，服除授刑部主事，纍官至山西參政，備兵易水，晉按察司。當是時，蜀有播人楊應龍之事，滇、楚騷動，朝議偏界黔、楚間，思得才能重臣伏鉞鎮之，遂擢都察院僉都御史，開府偏沅，得專征伐。偏沅去易四千里，欽限一月履任。時軍府創設，兵食俱無所抵，鐸慷慨疾驅，奮髯攘臂。將以師期請，鐸曰："賊倚險阻以老我師，勝則長驅，不勝則伏叢箐中，伺我怠則彼奮，卒難圖也。"計惟以速勝之。不盡薙將益張師，次黄沙囤，分軍爲兩翼，一軍白泥，一軍龍泉，夾攻板角關，破之。再進破瑪瑙、長坎、保子等囤，即奪苦竹關，進克趙生囤，遂入三

---

* （清）魏嵋修，裘璉纂：（康熙）《錢塘縣志》，載《中國地方志集成》編委會編：《中國地方志集成·浙江府縣志輯》，上海書店出版社，1993 年。

渡關，乘勝及海龍囤。海龍于諸險中爲最，賊負嵎以拒王師。是時暑雨，山谷中多重嵐毒霧，賊竄處無定，而我師又以深入，餉難繼爲疑，鐸曰："賊可盡也，而憂餉，餉在于我。"乃改長運爲接運，每三十里設一營，置運卒數千爲轉運法，前運未行，後運已束載而待，乃殉于師曰："士不苦飢，不用命有國法在。榮視報主，除暴驅殘，係此舉矣！"士皆踴躍聽命，援桴鼓之，以六月六日奪青龍壘。應龍縊死，俘賊黨二千餘人，斬首六千九百餘級，露布以聞。是役也，師不逾期，食不淹久，剪方張之寇，除意外之憂。天子下璽書慰勞，而以母艱將告歸。

——（康熙）《錢塘縣志》卷十九《人物·名宦》，載《中國地方志集成·浙江府縣志輯》，第4册，第380頁

（康熙）臨海縣志 *

王士琦，字圭叔，號豐輿，襄裕公次子。嘉靖辛亥，襄裕公督學廣西時夢天帝以韓魏公畀已，故以其名與字稱之。及長，以任子入太學。萬曆丙子，舉順天鄉試。癸未，與兄士崧同登進士，授南工部主事。丁亥，轉職方員外郎，升郎中，按治驕兵，不畏强御，人咸以邊才許之。庚寅，出守福州省，會繁劇振刷清理，庭無留牘。壬辰，丁父艱服，闋入都。會播州宣慰司楊應龍爲部下何恩所訐，阻兵反，巡撫王繼光與總兵劉承嗣三道進剿，全師敗没。是年乙未，以邢玠爲總督，特補先生重慶太守以左右之。至，即以檄曉譬應龍就撫。當是時，田、張、袁、盧、譚、羅、吴七姓及四方亡命竄匿其間，皆利應龍反，院道文移輒拒不納。先生承總督檄，前往綦江，率綦江令蒲林、游擊吴文桀等以是年五月初六日到安穩。應龍令弟兆龍中途迎接，且稱應龍久縛渠魁，待罪松坎，所不敢至安穩者，以安穩多奏民，恐中彼計，故也使君幸枉車駕，辱覘松坎，敬布腹心。先生曰："是何難也？松坎亦昔日題過勘問地方。"即於初八日單騎赴松坎見應龍，責以大義，開陳利害，禍福甚晰。應龍率苗頭膝行抱先生足，泣請死罪。先生住松坎三日，諭令應龍同到安穩。應龍自備竹木工作，搭蓋衙門，候勘官駐劄。先生爲請於總督，遣贊畫張國璽、劉一相及道府詣安穩。應龍面縛匍伏道旁，綁獻黄元、阿羔、阿苗十二人，案驗抵應龍斬，輸銀四萬兩，助采木，奏上，報可。賜先生銀幣，升四川按察司副使，備兵東川，彈壓播苗，屬倭寇未靖，復以邢玠爲經略。……

贊曰："……豐輿播州之役，應龍再叛，歸咎於松坎之撫。朝解既平，曰關白不死則行長不遁；封事既竣，曰卜失免素囊所願也。古今出心力以濟人家國之事者，概如斯夫。"

——（康熙）《臨海縣志》卷七《人物一》，載《中國地方志集成·善本方志輯》（第一編），第 70 册， 148~151 頁

* （清）洪若皋纂：（康熙）《臨海縣志》，載《中國地方志集成》編委會編：《中國地方志集成·善本方志輯》（第一編），鳳凰出版社， 2014 年。

（康熙）永康縣志*

程正誼，字叔明，精晰六經，登隆慶辛未進士，司理武昌。武昌属邑，向無雉堞，誼至，建議築五城，升刑部。慮囚吴魯，時政府操切，誼以决不滿品，罰恬如也。癸未，分臬雲南，時土司車里、八百、老撾等負固，誼至，開誠感諭，遂悦服。乙酉，廷議剿羅雄州，中丞以誼才，越境委誼，誼受任，經理拔羅雄，升廣西參政。時靖江王逝，悍宗煽亂，誼令閉守，諭以威德，不復噪。壬辰，晉河南憲長，時兩河大祲，飢民黄江等行掠，誼策賑兼撫，單騎至賊營，感泣歸命。乙未，升山東右藩，校梓五經傍訓，尋轉四川左藩。時三殿鬱攸，蜀中采辦爲厲，正誼立折筭銷筭法，鐫爲書，商民不困。既而知土官有亂萌，乃遍訪諸隘，爲之圖係以説。及楊應龍反播州，總督李化龍議撫，正誼曰："此益長其驕。"乃出向時圖説，指以正奇之法。化龍曰："不謂今日復見卧龍事。"悉諮之。及奏凱，化龍疏正誼功，升順天府尹。時蜀帑羡餘数萬金，吏以請，誼正色却之。赴京，以蜀扇不工，罰及僚屬，誼引罪，請寛僚屬，遂飄然歸。日與同志講學五峰林下，十年，壽八十。所著有《宬華堂集》行世。

——（康熙）《永康縣志》卷八《人物篇·明賢》，清康熙十一年刻本

* （清）徐同倫修，俞有斐纂：（康熙）《永康縣志》，清康熙十一年刻本。

（康熙）餘杭縣志 *

鄒幹，字宗盛，濟之次子，自幼聰慧。年十五，仁廟居東宮時召見，命入應天府，庠讀書給廩餼。登正統己未進士，授兵部職方主事，歷武進郎中。時有雲南指揮萬城獲功乞升，播州宣慰使楊昇以糾孫奏，乞就彼襲職。皆懷金百兩即門私親，幹正色却之曰："汝職公道所有，非我所可私。"令急趨出。

——（康熙）《餘杭縣志》卷六《人物志·政績》，清康熙十二年刻本

* （清）張思齊纂修：（康熙）《餘杭縣志》，清康熙十二年刻本。

（雍正）慈溪縣志*

王綸，字汝言。成化二十年進士，除工部都水主事，改禮部儀制，轉主客員外郎。鴻臚寺辦事通事奏乞納草冠帶，極力沮之，轉儀制郎中。時藩府支庶日，蕃有假乞養及女子冒禄米者，綸請查修玉牒，限年受封，歲省以百萬計。播州宣慰楊愛妄言太祖時曾賜蟒玉，乞子孫一體服用，中貴李興爲之左右，綸憶其家《忠孝集》載先朝恩禮甚詳，閱視無有，興語塞，乃止。

——（雍正）《慈溪縣志》卷七《名臣》，載《中國地方志集成·善本方志輯》（第一編），第 70 册，第 547 頁

秦應鸞，字瑞之。萬曆癸酉舉於鄉。初授新喻縣教諭，闡明性理之學，升新豐縣。丁内艱，補青陽縣，設法賑，飢民蒙其惠。御下以嚴見憚，再升馬湖府同知。同平播寇楊應龍之亂，進吉府長史，終養歸。所著有《九華草》，無存。

——（雍正）《慈溪縣志》卷八《儒林》，載《中國地方志集成·善本方志輯》（第一編），第 70 册，第 564 頁

陳應式，字一甫，太守文譽孫。家貧嗜學，萬曆十六年舉於鄉。署肅寧學事，尋授巫山令。巫故孔道，民疲甚，夫役供帳甚艱，應式一切裁省。奉命采巨木，布衣芒履，隸卒負一折脚鐺、斗餘脱粟米，窮搜梅子坡、千丈岩諸處，卒如期以辦。播之役，督餉綦江，身先士卒，攀蘿捫葛，不避瘴濕，夜宿清燐白莽間，餉至歡騰，壁壘遂破賊。

——（雍正）《慈溪縣志》卷九《清操》，載《中國地方志集成·善本方志輯》（第一編），第 70 册，第 580 頁

---

* （清）馮鴻模纂修：（雍正）《慈溪縣志》，載《中國地方志集成》編委會編：《中國地方志集成·善本方志輯》（第一編），鳳凰出版社，2014 年。

（乾隆）烏程縣志*

張天德，字新吾，號蓮濱，烏程人，永明子。萬曆癸未進士，知曲周縣，以賢能調蕪湖，擢福建道御史。疏定藩封之國，疏誅權宦張鯨，疏賑江南灾祲諸大事，皆報可。許孚遠以救李三才，逢上怒，天德面折其下石者，孚遠獲全。巡按陝西、福建，并有真御史之稱。歷湖廣右參議，備兵湖南。時值征播，天德畫五要上幕府，甚得机宜。爲征苗監軍，聞命亟趨沅州，調將士統率以進，製招撫旗數千，擇可解網者分給以散其黨，而誓師剿怙終者。坡嶺崎嶇，決策先登，露居蓐食七晝夜，凡八戰，皮林悉平。渠魁逃匿山谷，天德密授方略，次第擒俘，拓地三千餘里。未及班師，疽發背，猶輿疾相視山川，撤軍核餉，籌善後事宜。卒，贈太僕寺少卿，予祭建特祠，欽賜祭章。《湖録》。

——（乾隆）《烏程縣志》卷六《人物》，載《中國地方志集成·善本方志輯》（第一編），第59冊，第566頁

---

* （清）羅愫修，張熷纂：（乾隆）《烏程縣志》，載《中國地方志集成》編委會編：《中國地方志集成·善本方志輯》（第一編），鳳凰出版社，2014年。

（乾隆）平湖縣志*

陸長庚，字元白，號津陽。萬曆庚辰進士，任廣德知州，多惠政，如釋冤獄，以庫貯餘金抵補加派，丈量後改除浮額，建水陽倉，便民就糴，輸納裁革緞價銀四千餘兩，堅禁北鄉煤山，民廬墓無患，亡命亦無自匿，州人感之，立生祠于橫山。升刑部員外，勘巨璫邢尚智獄，執法不徇。分巡下湖南道，核長沙屯糧，歲得三千六百餘金。裨軍需中使陳奉所在荼毒，廉其司房沈自問、李芳等十三人，以法除之。轉廣西桂平道，瑶首韋扶仲、盤花婆擾府江，長庚力請撤兵，止留三千守荔浦，餘盡撤去。賊果懈防守，長庚密授副將童元震方略，誘扶仲出劫，要擊擒之，盤花婆亦授首，砧面八寨悉平，題敘賜金綺，晉爵一級。播酋楊應龍反，升湖廣按察使，移治上游。應龍被擒，復賜金綺如初，升江西右布政。

——（乾隆）《平湖縣志》卷七《人物·事功》，清乾隆十年刻本

* （清）高國楹修，沈光曾纂：（乾隆）《平湖縣志》，清乾隆十年刻本。

（乾隆）龍泉縣志*

王應宣，號葆真。萬曆乙酉舉人，任奉化諭，作人造士，門下登甲科者戴澪等四人。丁酉應粵西聘，分校麟經，所取皆一時知名士。升湖廣辰州推官，征播有功，加四品服俸，升睢州知州。復轉綿州，開河造橋，捐俸濟饑，土民建祠，請入名宦。居鄉孝事繼母，又置田以賙族黨，卒後公舉入鄉賢，著有《西游詩集》。

——（乾隆）《龍泉縣志》卷十《人物志·官迹》，載《中國地方志集成·善本方志輯》（第一編），第 72 册，572~573 頁

* （清）蘇遇龍修，沈光厚纂：（乾隆）《龍泉縣志》，載《中國地方志集成》編委會編：《中國地方志集成·善本方志輯》（第一編），鳳凰出版社，2014 年。

（乾隆）鄞縣志*

金澤，字德潤。成化二年進士，授刑部主事，歷任郎中，讞獄明允，遷四川參議。播州宣慰厚饋以金幣，毅然麾之。至以庶長奪嫡，竟置之法，革三長官司，撫安七十二寨，夷民駢首歸命。流賊蝟聚焚掠，澤前後設畫，偵其渠魁而殲之。夔賊野王剛猖獗，命三省督兵會剿，澤下重賞之令，竟磔剮于市，升廣東布政使。贛寇陸梁，擢右都御史巡撫江西，總制閩襄南廣，便宜從事。澤紀律嚴明，群盜俘馘殆盡，諸蠻向化。嘉靖《志》。

——（乾隆）《鄞縣志》卷十五《人物四》，載《中國地方志集成·善本方志輯》（第一編），第75冊，第311頁

朱瑩，字仲明。萬曆元年舉人，授武陵知縣。民有夜卧街而失其首者，指爲仇家所害，瑩驗傷，非刀斧痕，牒於城隍神，夢神言北城塹下有狼穴，詰旦探之，果得所殘之首。有兄弟訟繼産，以千金賂瑩，瑩詰之曰："汝所争産有幾？"云："有一二千金。"瑩曰："若舍見在而争未來，何不留此金以全手足乎？"因慚而去。播州寇作亂，師多屯聚境内，瑩善爲措置，民賴無擾。又税璫煽虐，瑩設法駕馭，帖然安堵而税額亦視他邑爲减。歷升工部員外郎，尋改河南僉事致仕。閩《志》。

——（乾隆）《鄞縣志》卷十六《人物五》，載《中國地方志集成·善本方志輯》（第一編），第75冊，第340頁

董樾，字子亨，萬曆五年進士。值潞王出閣，授編修，充講讀官，升修撰，侍講讀如故。時禮部郎高桂、刑部郎饒伸以劾奏順天鄉試事被譴，樾昌言於朝以爲過，執政不喜，改廣

---

* （清）錢維喬修，錢大昕等纂：（乾隆）《鄞縣志》，載《中國地方志集成》編委會編：《中國地方志集成·善本方志輯》（第一編），鳳凰出版社，2014年。

西參議。旋丁外艱服，闋補貴州。時播州宣慰楊應龍叛服不常，議川、黔并出師。樾承檄監都司林盛兵前進，應龍私致金一車爲饋，叱不受命。壯士潛渡烏江關，扳緣而上，破老軍關，戮守卒四千餘人，出播民之被陷者男、婦共四萬五千餘口。已，兼程逾水西，與安氏諸酋定約束，令毋助逆，諸酋皆羅拜，願效力。應龍憚之，以重賄啖當路，僞求撫，師遂止。諸難民既出，無所得食，欲復故土，又慮爲應龍所害，樾出帑金賑之，檄水西宣慰給地使墾種，流民遂安。改督學政，諸藩臬監司多缺未補，命兼攝，每日文符雨集，立時剖決。時應龍益猖獗，樾獨建議當剿。經略侍郎邢玠至，樾三上方略，陳不可不討之議，玠然之。仍命監軍，遷四川兵備副使，將赴任抵赤水行館，應龍潛使人毒之，忽頭眩遽卒。邱《志》兼采《征播記》。

按：樾之死，相傳係應龍遣刺客尾之行，宿行館一夕，失其首，大吏多庇應龍，聲言暴卒。其子孫亦諱之，以中毒聞，舊《志》并承之。今附記其説於後。

——（乾隆）《鄞縣志》卷十六《人物五》，載《中國地方志集成·善本方志輯》（第一編），第 75 册，第 341 頁

（嘉慶）餘杭縣志 *

鄒幹，字宗盛，濟之子。正統進士，景帝初由兵部郎中超擢右侍郎，以才爲于謙所倚也。先入寇，九門皆閉，百姓避兵者號城下求入，幹開門納之。改禮部兼庶子，考察山西官吏，黜布政使以下五十餘人。巡視河南鳳陽水灾，與王竑請賑，又請令諸生輸粟入監讀書，納粟入監自此始。成化十二年，賑畿内飢，再遷禮部尚書，加太子少保。乞休，卒，謚康靖。《明史·鄒濟傳》。幹自幼聰慧，年十五，仁廟居東宫時召見，命入應天府，庠讀書給廩餼。登正統己未進士，授兵部職方主事，歷武選郎中。時有雲南指揮萬城獲功乞升，播州宣慰使楊昇以幼孫奏乞就彼襲職，皆懷金百兩叩門私覿，幹正色却之曰："汝職公道所有，非我所可私。"令急趨出。

——（嘉慶）《餘杭縣志》卷二十五《名臣傳》，載《中國地方志集成·浙江府縣志輯》，第 5 册，922~923 頁

---

* （清）張吉安修，朱文藻纂：（嘉慶）《餘杭縣志》，載《中國地方志集成》編委會編：《中國地方志集成·浙江府縣志輯》，上海書店出版社，1993 年。

（嘉慶）義烏縣志*

陳思任，字毅之，號宏宇。少負雋才，怡情風雅。萬曆乙未，游太學，大司成愛其文，拔監元。丙申，隨牒授霸州同知，植柳萬株蔭行旅。……（萬曆）壬寅，移貴州於辰沅道中，值播平，有“辰溪沅渚歌耕牧，播北巴東息鼓鼙”句。癸卯，至則謁王陽明先生祠，有夫子流聲遠居，然道自尊句，公餘以音律陶，寫詩什倍前。未幾，以母病，請告歸，爲園繡湖之上，堂以數楹曰：忻忻復作四照閣。聚書居之，平時與屠隆郭子章善。工書，所著有《燕游草》《淮海草》《黔中草》《忻忻園草》。吏部京兆王緘曰：“先生詩，有時中澹類韋柳，有時悲壯類高岑。”又曰：“駱丞亦義烏人，上紹六代，下闢三唐，駱以龍蟠，陳因鳳舉。”恒山王可嘉曰：“君簡重修潔禔肅，寬穆衣冠，頎然成德，君子也。於人無所不愛，有仁人之風，於詩人之溫厚，蓋得之深矣。”子達德，孫瞻遠，見政事。

——（嘉慶）《義烏縣志》卷十五《文苑》，載《中國地方志集成·浙江府縣志輯》，第 53 册，767~768 頁

* （清）諸自穀修，程瑜纂：（嘉慶）《義烏縣志》，載《中國地方志集成》編委會編：《中國地方志集成·浙江府縣志輯》，上海書店出版社，1993 年。

（嘉慶）嘉興縣志 *

馬如麟，字昭文，縣人。嘉靖四十三年鄉舉，知巢縣，救荒多策，活飢民萬計。巢素苦潦，築圩障湖，號馬公圩。調穀城，擢鄖陽同知。時蜀有播之役，徵餉于鄖，軍興獨不乏。播平，推知雲南潯甸，致政歸。著有《正訛編》《亦稽録》《巢陽十議》《穀岡八議》諸書。袁《志》。

——（嘉慶）《嘉興縣志》卷二十二《列傳二》，載《中國地方志集成·善本方志輯》（第一編），第59册，第92頁

常文烇，字叔明，龍曾孫。隆慶四年舉人，授太倉州學正，充貴州鄉試同考，遷國子博士，歷南京大理寺正，出知楚雄府，儲穀備荒。值播州事起，調兵轉餉，著有勞績，卒于官。《徵獻録》。

——（嘉慶）《嘉興縣志》卷二十二《列傳二》，載《中國地方志集成·善本方志輯》（第一編），第59册，第95頁

---

* （清）司能任修，屠本仁纂：（嘉慶）《嘉興縣志》，載《中國地方志集成》編委會編：《中國地方志集成·善本方志輯》（第一編），鳳凰出版社，2014年。

（光緒）重修嘉善縣志 *

顧際明，字海暘，號良甫，態子。萬曆十七年進士，改庶常，隨選讀中秘書，不善事鄉貴，幾爲所扼。授雲南道御史。有大帥輦暮夜金求援，際明正色嚴拒，因念兩太恭人春秋高，遂請告歸，蕭然公車之舊橐也。丁憂起，除河南道，抗疏策播酋楊應龍必叛，一時有真御史之稱。隨奉命按西粵，時言官方諍國本甚激，神宗怒以他事詰，臺省不言，遣斥三十餘人，際明與焉。天啓初，有詔求舊，升光禄寺丞，旋擢本寺少卿。壬戌，遷太僕寺少卿，遂刻意節省，費減巨萬，逆黨有觭厄者，亟引疾歸。因舊置義田不給，復捐四百三十餘畝以贍宗族，供祠祀。子朝樞有傳。

——（光緒）《重修嘉善縣志》卷十九《官業》，載《中國地方志集成·浙江府縣志輯》，第 19 冊，第 605 頁

* （清）江峰青修，顧福仁纂：（光緒）《重修嘉善縣志》，載《中國地方志集成》編委會編：《中國地方志集成·浙江府縣志輯》，上海書店出版社，1993 年。

（光緒）龍泉縣志 *

王應宣，號葆真。萬曆乙酉舉人，任奉化諭。作人造士，門下登甲科者戴澚等四人。丁酉，應粵西聘分校麟經，所取皆一時知名士。升湖廣辰州推官，征播有功，加四品服俸，升睢州知州。復轉綿州，開河造橋，捐俸濟飢士，民建祠請入名宦。居鄉，孝事繼母，又置田以賙族黨。卒後，公舉入鄉賢。著有《西游詩集》。

——（光緒）《龍泉縣志》卷十《人物·官迹》，載《中國地方志集成·浙江府縣志輯》，第 67 册，第 806 頁

* （清）顧國詔修，張世堉纂：（光緒）《龍泉縣志》，載《中國地方志集成》編委會編：《中國地方志集成·浙江府縣志輯》，上海書店出版社，1993 年。

（光緒）平湖縣志 *

陸長庚，字元白，號津陽，萬曆庚辰進士。初授泰安州知州，連遭父母喪，未任。服闋，補南直廣德州，剖决如神，釋冤獄六案。奉部檄加派，以庫儲餘金抵補民間，不知溢賦，丈量後浮額萬餘畝，核實改册，不以累民，裁革緞價銀四千餘兩，徽寧援例，并裁一萬六千有奇，禁北鄉煤山，免采貢，州人德之，立生祠於横山。《江南通志》：長庚居官廉敏，置學田，新黌宫，設尊經閣，首德行而次文藝，課農桑，濬溝洫，建倉水陽，以便軍民。時有竹一本二幹，有蓮并頭，産于州署，人以爲瑞。升刑部員外，勘巨璫邢尚智獄，執法不徇。改南吏部，歷郎中，出爲湖廣參議，分守荆南，分巡下湖南道，核長沙屯糧侵蝕，歲得三千六百餘金。裨軍需中使，陳奉所在荼毒，廉其司房沈自問等十三人，置之法。轉廣西桂平道，瑶首韋扶仲、盤花婆作亂，府江震驚，屯土兵三萬餘，餉往往不給。長庚建議撤之，督府有難色。長庚曰："賊據險不出，雖兵百萬無益，奈何令缺餉坐譁乎？願勿中制，瑶易與耳。"遂留兵三千守荔浦城，餘盡撤去，賊果懈防守。長庚密授副將童元震方略，夜至白馬冲，襲獲其妻女，募猾瑶十人，誘扶仲出劫，遂墮我伏中，力戰脱去，則荔浦兵已扼其歸路，分道要擊擒之。盤花婆亦授首，餘黨悉平。詔賜長庚金綺，晉爵一級。播酋楊應龍反，升湖廣按察使，移治上游，提兵扼水陸，俘斬千計。應龍被擒，復賜金綺如初。進江西右布政，轉左，請捐南昌府門税，改折京絹，民困以蘇。

——（光緒）《平湖縣志》卷十五《人物·列傳一》，載《中國地方志集成·浙江府縣志輯》，第 20 册，第 362 頁

* （清）彭潤章修，葉廉鍔纂：（光緒）《平湖縣志》，載《中國地方志集成》編委會編：《中國地方志集成·浙江府縣志輯》，上海書店出版社，1993 年。

（光緒）永康縣志 *

程正誼，字叔明，精晰六經，登隆慶辛未進士。司理武昌，武昌屬邑向無雉堞，正誼至，建議築五城，升刑部。癸未分巡雲南，時土司車里、八百、老撾等負固，正誼開誠宣諭，遂悦服。乙酉，廷議剿羅雄州，巡撫以正誼才，檄委佐理，拔羅雄，升廣西參政。時靖江王逝，悍宗煽亂，正誼令閉守，諭以威德，不復噪。壬辰，晉河南按察使，時兩河大祲，飢民黄江等行掠，正誼設策賑撫，單騎至賊營諭之，皆感泣歸命。乙未，升山東右布政使，校梓五經傍訓，尋轉四川左布政。時三殿灾，蜀中采木爲厲，正誼立折算、銷算法，鐫爲書，商民不困。既而知土官有亂萌，乃遍訪諸隘爲之圖，係以説。及楊應龍反，播州總督李化龍議撫，正誼曰："此益長其驕。"乃出向時圖説，指以正奇之法。化龍曰："不謂今日復見卧龍事！"悉諮之。及奏凱，化龍疏正誼功，升順天府尹。時蜀帑羨餘數萬金，吏以請，正誼正色却之。赴京，以蜀扇不工，罰及僚屬，正誼引罪，請寬僚屬，遂飄然歸。日與同志講學五峰林下，十年，壽八十。所著有《扆華堂集》。萬曆間，崇祀郡邑鄉賢。

——（光緒）《永康縣志》卷七《人物名臣》，載《中國地方志集成·浙江府縣志輯》，第47册，640~641頁

* （清）李汝爲修，潘樹棠纂：（光緒）《永康縣志》，載《中國地方志集成》編委會編：《中國地方志集成·浙江府縣志輯》，上海書店出版社，1993年。

（光緒）慈溪縣志 *

王綸，字汝言，成化二十年進士，除工部都水司主事，改禮部儀制司，轉主客司員外郎。鴻臚寺通事奏乞納草冠帶，極力阻之，轉儀制司郎中。各王府庶生男咸乞祿米，悉裁之以祖訓，且請修牒限年以受封，歲省百萬。播州宣慰楊愛恃恩援乞蟒龍玉帶，即其家《忠孝集》以折之。雍正《志》：楊愛妄言太祖時曾賜蟒玉，乞子孫一體服用，中貴李興爲之左右，綸憶其家《忠孝集》載先朝恩禮甚詳，閱視無有，與語塞，乃止。

——（光緒）《慈溪縣志》卷二十七《列傳四·明二》，載《中國地方志集成·浙江府縣志輯》，第 35 册，第 553 頁

姚鏌，字英之。……正德九年擢貴州按察使。墓志：甲戌，吏部舉故事方面官才望懋著者，賜燕帑，旌其賢，是歲得十有五人，副使三人，公其一也。升貴州按察司使，鎮守大璫。史泰憚公威名，戢斂其下。宣慰安萬鍾庭參股栗，前此未有，云凱離宣撫楊友、播州宣慰楊斌交惡，友死，子宏繼請罪於朝。公謂宜量授舊職，使撫所部。時不用公議，凱離怨憤，遂出兵攻破播州凡十餘年，卒如公策，而後定。

——（光緒）《慈溪縣志》卷二十七《列傳四·明二》，載《中國地方志集成·浙江府縣志輯》，第 35 册，第 558 頁

陳頤正，字觀甫，茂義子。……安氏奉八百金爲壽，抶其使却之。進布政司參政，移守新鎮。會播酋楊應龍兵起，頤正以婦嬰疾假歸，朝議以避難論調。明年大計，進貴州按察使，致仕歸，橐蕭然，不能搆廳事。家食二十年，長吏有疵政，則趨駕面正其過。嘗自贊云："無他腸，無逆履。服官三十年，不知有身；居鄉二十載，未嘗有已。載籍墳典供，

---

* （清）楊泰亨修，馮可鏞纂：（光緒）《慈溪縣志》，載《中國地方志集成》編委會編：《中國地方志集成·浙江府縣志輯》，上海書店出版社，1993 年。

吾求青山白雲爲吾侶。”時論許之。卒年八十有四。《兩浙名賢録》。

——（光緒）《慈溪縣志》卷二十八《列傳五·明三》，載《中國地方志集成·浙江府縣志輯》，第 35 册，596~597 頁

秦應鸞，字瑞之，《秦氏譜》號“獅岡”，姜應麟撰《秦録墓志》作“獅江”。録子。萬曆元年舉人，初授新喻縣教諭，闡明性理之學，遷知信豐縣。原作新豐，譌；据録墓志正。《秦氏譜》：以喻令潘寅故被議，左遷河南檢校，時信豐縣鐘不擊自鳴。至河南，上官重其才，且諗其被誣優禮之，歷署長葛、封邱、商水諸縣印。丁巳，用兩臺薦擢知池州青陽縣。丁内艱，服闋，補青陽縣，設法振饑，民蒙其惠，御下以嚴見憚，再遷馬湖府同知。預平播寇楊應龍之亂，應鸞《南征賦序》：播州之地，漢唐夜郎、牂牱等郡也，唐没於夷，歷宋元因之。洪武四年置爲宣慰司，仍統夷俗。迨楊應龍肆惡害民，播民何恩等奏聞於朝。天子下其事於川、貴兩省，撫臣奉明旨發，剿撫二議，議剿者十之九，議撫者十之一，而征播之議決。天子又特遣制臣來總其事，合川、貴、湖三省官兵剿之。酋首自焚，群黨悉擒，獻俘告廟，以彰大勛。余官馬湖貳守監，督軍務，親預其事，述而賦之。進吉府長史，終養歸。雍正《志》。

——（光緒）《慈溪縣志》卷二十九《列傳六·明四》，載《中國地方志集成·浙江府縣志輯》，第 35 册，第 601 頁

陳應式，字一甫。周匡書《陳溪谷自叙政略》後號“溪谷”，晚號“巫峰”。祖文譽爲吏，廉没無餘資，至應式，家徒四壁。舉萬曆十六年鄉試，署肅寧教諭，遷巫山知縣。巫故入蜀孔道，夫役供帳甚艱，應式一切裁省。有横索者，縛其奴置諸法，自是諸使入巫山界輒斂迹。榷税中使議以鐵鎖横江爲網盡計，應式以身抗之，議始寢。奉命采巨木，布衣芒屩，窮搜梅子坡、千丈岩諸處，一隸負折脚鐺斗餘，脱粟隨之，如期而辦。《自叙政略》：不數旬而木抵大江，或曰公勞甚，兩臺不日薦矣。余曰所不恤用民力者，惟王事故，奈何疲萬民博一薦哉。播之役督餉綦江，身先士卒，攀蘿捫葛，夜宿青燐白莽間，餉至懽騰壁壘，賊遂破。……

——（光緒）《慈溪縣志》卷二十九《列傳六·明四》，載《中國地方志集成·浙江府縣志輯》，第 35 册，第 605 頁

（光緒）餘姚縣志 *

史記勛，字稽叔，號忠嶼。八世祖孟通，明初舉耆儒。官乾州同知。曾祖鵷，廣信同知。父銓，全椒知縣。季父釗，隆慶五年進士，官編修。萬曆八年，册封楚藩，事竣，中途請告，聞張居正奪情，草疏將上，同官力阻乃止，杜門埽軌，無一書至政府。記勛早慧，從釗游業頓進，登萬曆十一年進士，授南刑部主事，歷郎中，遷湖廣德安知府。景藩在故承天，有采地數萬頃，德安居半，藩絶，悉歸州縣。及是上母弟潞藩請得之，中貴挾勢將逾額肆攘且重索，歷年官已徵租，士民惶懼。荆西道奉檄下，記勛覆之。記勛按籍履畝，銖粒無益，藩使訹之不爲動，卒如初籍，仍止與見，租事遂定。郡千户將席條鞭法漁于士伍，記勛版正其數請之，憲司斥千户，賦法如故。丁父艱，服闋，補四川，重慶宿奸斂迹，未兩月完積案八十餘事。巨室子某父卒，繼母逐之，記勛召其諸弟，諭以禮法，平其産，母子迄和。時播州宣慰楊應龍與黔中七姓夷爲仇，大吏失於措置，應龍益驕，漸懷不軌。記勛得其情，堅主剿，樞臣方厭兵，慮其梗，移知彰德。後五年，事大決裂，應龍自殺，人乃服記勛卓識。在彰德，歲歉請蠲賦萬金，易折漕粟數萬石，發贖鍰糴粟食餓者，境内饑而不害。孫鑛撰墓志銘，參《三祠傳輯》。

——（光緒）《餘姚縣志》卷二十三《列傳十三》，載《中國地方志集成·浙江府縣志輯》，第 36 册，第 857 頁

* （清）周炳麟修，邵友濂纂：（光緒）《餘姚縣志》，載《中國地方志集成》編委會編：《中國地方志集成·浙江府縣志輯》，上海書店出版社，1993 年。

（光緒）嘉興縣志 *

馬如麟，字昭文。嘉靖四十三年鄉舉，知巢縣，救荒多策，活飢民萬計。巢素苦潦，築圩障湖，號馬公圩。調穀城，擢鄖陽同知。時蜀有播之役，徵餉于鄖，軍興獨不乏。播平，推知雲南潯甸，致政歸。著作見藝文。袁《志》。

——（光緒）《嘉興縣志》卷二十一《列傳一》，載《中國地方志集成·浙江府縣志輯》，第 15 册，第 471 頁

常文烇，字叔明。曾祖龍宏〈弘〉治五年舉人，辰州推官，遷知壽州，有賢聲。文烇以秀水籍中隆慶四年鄉舉，授太倉州學正，充貴州鄉試，同考遷國子博士，歷南京大理寺正，出知楚雄府，儲穀備荒。值播州事起，調兵轉餉，著有勞績，卒于官。《徵獻録》《參司志》《常麟傳》。

——（光緒）《嘉興縣志》卷二十一《列傳一》，載《中國地方志集成·浙江府縣志輯》，第 15 册，473~474 頁

* （清）趙惟崳修，石中玉纂：（光緒）《嘉興縣志》，載《中國地方志集成》編委會編：《中國地方志集成·浙江府縣志輯》，上海書店出版社，1993 年。

（光緒）黄岩縣志 *

李匡，字存翼，號肅齋，西街人。宣德丁未進士，授太常博士，遷御史，彈劾無所避。奉敕録囚陝右所，平反數百人，已而代巡江右。時楊少保士奇柄國，其子稷暴横鄉里，匡按其不法事百餘，逮械詣京，人大快之。升四川按察副使，時播州苗賊作亂，委匡帶領官軍撫捕，克敵一十五次。景泰元年，以軍功升左僉都御史，巡撫四川。叙州夷蠻亂，焚劫九縣，全蜀騷擾，復領敕剿捕。而四川軍伍數少，匡乃召民間壯丁凡九千餘，教練操習，雜處部伍，號令嚴明，措置有方，屢戰屢捷，夷蠻始息。播州餘寇尚未盡滅，貴州總督王來咨請會兵攻草塘，期而進兵至，則來咨違期，匡被圍，乃堅守營寨，偃旗鼓息，刁斗五日，一戰而捷，尋罷歸。天順六年，兵部尚書馬昂奏保敕巡撫宣府，匡親歷邊陲，增寨堡，斥堠崇密，雞犬相聞，復勢要所侵屯田，備禦有方，邊事以寧。璽書褒美，賜白金文綺。八年，以疾致仕，卒於家，從祀鄉賢祠。舊《志》論曰：蓋聞李肅齋居鄉，最稱和易，有招之者率，不問其主，迺其按捕楊稷事凜凜乎文，紀公雅之風焉，所謂温而栗者，殆其人哉。《省志·武功》《府志》、舊《志》。

——（光緒）《黄岩縣志》卷十八《人物·宦業》，載《中國地方志集成·浙江府縣志輯》，第 51 册，第 344 頁

---

* （清）鄭錫滜、陳鐘英等修，王詠霓纂：（光緒）《黄岩縣志》，載《中國地方志集成》編委會編：《中國地方志集成·浙江府縣志輯》，上海書店出版社，1993 年。

（民國）德清縣新志*

胡心得，《續侯志》：號襟寰，字元静，移居塘棲之青林村，早慧，器識沈厚。嘉靖甲子舉人，乙丑進士，授部主事。庚午，出守廣川，時巨盗林道乾、賴元爵之亂，心得以計斃之，從容應接，勘定禍亂。有羊子輕裘緩帶風奏捷叙功，兩蒙賜帑。秋典試後，即丁内艱，服闋，補安慶府，循聲較著，撫按交薦，觀察徽寧。後以計誅崇仁功（見《侯志》），大用有期。會中蜚語有調，補留都之命。心得於楚、鄖，豐功偉績視金騰尤著。方其轄楚也，税使肆虐於域中，播酋跳梁於域外，賴其酬給因之，蜀氛立掃，不若鎮鄖，時安定也。

——（民國）《德清縣新志》卷八《人物》，載《中國地方志集成·浙江府縣志輯》，第28册，916~917頁

* 吴翯皋修，程森纂：（民國）《德清縣新志》，載《中國地方志集成》編委會編：《中國地方志集成·浙江府縣志輯》，上海書店出版社，1993年。

（民國）龍游縣志 *

徐大鵬，字翔雲，少負膂力，嗜酒任氣。聞朝廷令麻貴、劉綎將兵討倭，荷戟從之渡海，屢戰悉捷。播酋反，案：原文上有明年二字，不知何年，兹削去。朝令劉綎征蜀，大鵬爲前驅，直入婁山，平其地。尋又從熊文燦征鄭芝龍，芝龍降，以功授副總兵。

——（民國）《龍游縣志》卷十八《人物傳·明》，載《中國地方志集成·浙江府縣志輯》，第 57 册，第 283 頁

* 余紹宋纂修：（民國）《龍游縣志》，載《中國地方志集成》編委會編：《中國地方志集成·浙江府縣志輯》，上海書店出版社，1993 年。

（民國）蕭山縣志稿*

來三聘，字任卿，號熙庵。萬曆癸未進士，初令黄梅，郊行，大風揭輿蓋，遣伍伯以符捕風，俄而風捲其符入萬工池，探得一尸縛甓下。廣集匠，識甓主，得其奸狀伏法。將調合肥，父老乞留，竣履畝事，乃赴合肥。肥俗無麥，爲給種。乙丑内徵，補武選主事，遷職方郎。有武弁被誣，白其冤，歷祠祭郎，外轉參藩江右。明年，楊酉叛播州，調守川東。時賊破綦江，猖甚，三聘抵涪州，徵集兵餉，大爲攻具，而佯言招撫以懈其備。時直指年正少，同事者又忌三聘，微間之，直指怒劾三聘不諳兵事，改山東副使。尋加參政，備兵兖西，解散劇賊，撫賑流亡，威惠大著，晉按察使。時上方開泇河，三聘董其役，築小舍水滸，日坐息其中，工竣，遷江西右布政使。藏中故多羡金，三聘檢核封貯甚謹，一無所私，乞休歸，卒年七十有三。喜爲詩，著有《西軺漫稿》《薄游吟稿》，其祠部、南舟、豫章、蜀游、東游、南華等稿，朱彝尊《明詩總》著於録。

——（民國）《蕭山縣志稿》卷十五《人物·列傳二》，載《中國地方志集成·浙江府縣志輯》，第 11 册，第 592 頁

* 張宗海修，楊士龍纂：（民國）《蕭山縣志稿》，載《中國地方志集成》編委會編：《中國地方志集成·浙江府縣志輯》，上海書店出版社，1993 年。

（民國）平陽縣志*

陳寅，字賓暘。舊《志·武功》。其先世不知何許人，祖保兒，官金鄉衛中所百户，遂隸衛籍。舊《志·武職》。寅少負膂力，能尾拽奔馬以歸。舊《志》。萬曆初，襲百户，舊《志·武職》。用薦爲金盤把總，備倭海上，舊《志》。積功至督標左營游擊將軍。《明史·楊鎬傳》，又趙士楨《神器譜》。二十四年，邢玠總督薊遼，募兵浙中，《明史·朝鮮傳》。寅與右營游擊茅國器各以所部應。吴纂據《朝鮮傳》："茅國器統浙兵，破二寨"與本傳三寨係一事，知之。明年從經略楊鎬至朝鮮，倭渠清正據島山，築三寨自固。寅冒矢石麾死士突進，國器繼之，斬馘數百，連拔二寨，第三寨垂克，鎬以左恊副總兵李如梅未至，忌寅出其右，遽鳴金收軍。功不就，如梅尋敗潰，鎬徵還，從提督麻貴留王城。《明史》：楊鎬、李如梅、麻貴、朝鮮傳參。二十七年，師旋，擢貴州參將，舊《志》。進副總兵。據《李應祥傳》，升副將當在此時。播州土酋楊應龍屢叛，總督李化龍議大舉，二十八年，分八道進兵。《明史·李化龍傳》。時貴州總兵童元鎮以逗留被劾，謫爲事官，率土軍由烏江入，起故四川總兵李應祥代。元鎮統宣慰彭元瑞宣慰五字據《圖書集成·兵制部》引《明通紀》補。及寅等軍由興隆入，應祥未受事，寅等已連克數囤，拒賊四牌高囤下。别遣偏裨從間道搗龍水囤，他將蔡兆吉又自乾坪抵箐岡，過四牌賊渠謝朝俸營，其地四面峭壁深箐，前二關賊從高鼓譟，官軍殊死戰，俘朝俸妻子，乘勢抵疆界河畔。河名吴考補。會烏江敗聞，頓兵旬日，及應祥受任趣渡急，寅等乃取他道渡河，而潛爲浮橋濟師，諸軍渡，賊失險，乞降者相繼，惟黄灘關衆不下。七牌渠石勝俸爲璘擊敗，詣應祥降説曰："去黄灘三十里有三關，入播門户也，襲破之，黄灘孤，易拔。"應祥然之，令寅率精卒四千，偕勝俸夜抵關下，勝俸以數十騎賺開門，殲其戍卒，黄灘賊懼，寅督諸將渡小溪攻關前，勝俸由墳林暗渡襲關後，賊潰遁應祥入關，合諸道兵環攻。應龍自焚死。自元鎮被劾至此皆據《明史·李應祥傳》。寅留守播，吴補。叙功蔭一子本衛指揮。

---

* 符璋纂修：（民國）《平陽縣志》，民國十四年鉛印本。

三十三年擢總兵，掛征南將軍印，鎮雲南，賜蟒服、玉帶。舊《志》修。

——（民國）《平陽縣志》卷三十七《人物志六》，民國十四年鉛印本

陳寅傳

播州土酋楊應龍屢叛。吴《志稿》按《明史》，討楊應龍亦兩役，一在二十二年，一在二十七年，寅出興隆，克賊數囤，間道直搗龍水岡，則二十八年八道進征播州時事，見《李應祥傳》。舊《志》云：土司楊應龍叛，朝命劉綎總兵，寅副之，及征關白，亦以寅副。叙事前後倒誤，綎征播州與應祥所部各爲一軍，《李化龍傳》載有明文。朝鮮之役雖曾兼統副軍，然綎《本傳》云：明年二月抵朝鮮，楊鎬、李如梅已敗，則寅攻島山，綎尚未離鎮，所其不相值審矣，爲副之説亦以意附合，今悉從文訂正。

——（民國）《平陽縣志》卷六十二《考异下》，民國十四年鉛印本

（民國）平湖縣續志 *

徐之孟，萬曆二十六年，任永州府同知。征播酋，卒於軍。

——（民國）《平湖縣續志》，載《中國地方志集成·浙江府縣志輯》，第 20 册，第 760 頁

* 季新益，柯培鼎纂:（民國）《平湖縣續志》，載《中國地方志集成》編委會編:《中國地方志集成·浙江府縣志輯》，上海書店出版社，1993 年。

安　徽

（康熙）桐城縣志*

吴用先，字體中。萬曆間，北闈鄉試第五，壬辰進士。令臨川，均賦便民，匕懷其德，任七年，以卓政徵，擬諫垣不果，僅得户主政，旋改職方典，閩闈最稱得士。歷議曹，遷浙臬。爲政平恕任德，黜刑，謂冤則白之，當其罪可耳，何敵扑爲遂。歷浙左右藩，凡解公鏹令鐫官吏、名數、多寡，出納皆原錠，無一毫耗羨，治稱方面第一。擢都御史撫蜀，時播首亂，大將劉綎以議餉不進，用先躬先出師督綎合戰，戮力剿撫，數月蕩平。尋因病乞骸，上憫其勞，特賜考績予告。

——（康熙）《桐城縣志》卷四《人物·仕績》，載《中國地方志集成·安徽府縣志輯》，第12册，129~130頁

---

* （清）胡必選原本，王凝命增修：（康熙）《桐城縣志》，載《中國地方志集成》編委會編：《中國地方志集成·安徽府縣志輯》，鳳凰出版社，2010年。

（康熙）當塗縣志 *

倪伯麒，字少渠。中萬曆己卯科鄉試，邑令章嘉禎爲地方勞苦，麒彙章惠政，特走新安，乞文少司馬汪道昆，捐資立祠，其景仰高賢如此。久困公車，授建始縣。值播酋叛亂，督師李化龍徵廉幹吏隨征，通蜀省得七人，麒居首。歷行間三載，功績詳載《平播全書》。

——（康熙）《當塗縣志》卷二十《人物》，清代鈔本

* （清）王斗樞修，張畢宿纂：（康熙）《當塗縣志》，清代鈔本。

（康熙）休寧縣志 [*]

汪可進

字惟正，石田人，性仁厚執義，不爲世易。登進士，授石首令。會河决，載米賑瀕河諸民，全活萬計。旱禱即甘澍，火下拜立返風。權使煸□，引法折抑之，使欲持短長無所得。播賊叛，先事爲備，邑賴以安。未幾，河復决，轉南曹，趣治行第，爲留，塞决河，乃去，事具報功祠記。及任庾政，禁預借清改，折所括羨金悉歸公帑，竟以從事過瘁成疾，卒。

——（康熙）《休寧縣志》卷六《人物·宦業》，載《中國方志叢書·華中地方·安徽省》（第九〇號），第 2 册，843~844 頁

金繼震

字長卿，峽東人，進士，授北直濬令。下車值歲凶，即開倉賑，捐俸二百緡設糜，存活甚衆。潞王就國，道濬，議毁石梁通王舟，力持不。集二邑丁夫，疏小河以濟。改義烏令，會公署火，計獄中犯不避，將騈首死，因約縱歸自來，竟無負者。與郡理讞囚，雪七人冤，忤意不爲詘，擢南禮部主政。因在濬時與當道隙，爲所中，遷長沙郡，理啓藩王，歸民侵田，行縣抑税，璫使者仆其旗。王師討播，委給餉軍興不乏，江中丞奉命征苗，寄以戎行，俘酋吴國佐等，降其衆數千。捷聞，賜金半鎰，纍遷大理寺評事，晉刑部郎中。

——（康熙）《休寧縣志》卷六《人物·宦業》，載《中國方志叢書·華中地方·安徽省》（第九〇號），第 2 册，850~851 頁

---

* （清）廖騰煃修，汪晉徵纂：（康熙）《休寧縣志》，載黄成助：《中國方志叢書·華中地方·安徽省》（第九〇號），成文出版社有限公司，1970 年。

（康熙）廬江縣志 *

教諭

陳嘉言，陝西寧州人。歲貢，（嘉靖）二十七年任，升播州學正。

——（康熙）《廬江縣志》卷九《秩官·教諭十八》，清康熙三十七年刻本

*（清）吴賓彦修，王方岐纂：（康熙）《廬江縣志》，清康熙三十七年刻本。

（乾隆）當塗縣志 *

倪伯鯕，字少渠，萬曆己卯舉人。知建始，升知忠州，平播有功，升廣州府同知。三子俱有才名，長芳應，字士馨，丙午舉人，早逝，有《白紵山人稿》。次瑞應，季蕃應，俱別傳。芳應子漢儒，拔貢。

——（乾隆）《當塗縣志》卷十八《人物·宦績》，清乾隆十五年刊本

* （清）張海修，萬檣纂：（乾隆）《當塗縣志》，清乾隆十五年刊本。

（乾隆）霍山縣志 *

贈部督王芬墓，征播没於陣，其家招魂葬其衣冠。

——（乾隆）《霍山縣志》卷一《附邱壟》，載《故宫博物院藏稀見方志叢刊》，第21册，158~159頁

王進賢，以父芬征播功，蔭廬州千户。

——（乾隆）《霍山縣志》卷六《人物志·封蔭》，載《故宫博物院藏稀見方志叢刊》，第22册，第70頁

王芬，國祥子，父死難時方七歲，即撫戟長泣，有遠志，謂倭醜不足死也。長以例入成均，喜談兵，周知天下阨塞，以援朝鮮。應中丞萬公檄事，平授都司，復應調征播。勇敢當先，獨破三關，直逼賊巢穴，深入無援，中流矢戰殁。事聞，朝議，嘉其忠勇，贈都督，蔭一子，有《傳》見《藝文》。

——（乾隆）《霍山縣志》卷六《人物志·武勛》，載《故宫博物院藏稀見方志叢刊》，第22册，第75頁

贈都督僉事王芬靖蜀傳

黄道日合肥人

萬曆二十有八年，播州叛酋楊應龍將伏誅之前數十日，王將軍以乘勝逐賊死於陣，直指使聞，上悼其忠勇，贈將軍都督僉事，官其子，世襲千户，塑像廟，祀于婁山關，天下

* （清）甘山修，程在嶸纂：（乾隆）《霍山縣志》，載故宫博物院編：《故宫博物院藏稀見方志叢刊》，故宫出版社，2013年。

一時無不樂道王將軍事者。以賊之平，由將軍功先諸將，憫其死，更壯其死也。余忻爲之《傅》。

將軍王姓，諱芬，字子英，廬之霍山人。王氏山居，家故饒，其先世皆有英，各好交結，他方盗至往往相戒，不敢過其閭。隆慶間，有流賊數十突至霍，將軍父國祥持丈八矛奮往，盡殲焉，身亦被創，還至樹下，箕踞死。事聞，立廟，春秋以祀。將軍時甫數歲，勃勃欲踵父詣賊所觀鬥，父死而撫其矛以泣曰："嗟乎！吾父而脱當推轂，不當爲天子死封疆耶。"人以是覘其不凡。

及長而修髯，偉幹激昂，尤過其父，所與游必四方英邁跅跑士，始以貲入成均，率就賢豪談天下阨塞及兵家制勝之具，遇博士家有以世平尚文調之者，輒揶揄曰："惟以若文爲文，吾固知其必用武，世且需馬伏波，政恐不屬公等耳，亡何？"

倭警急，將軍謁，選當得兵馬指揮，以條陳備倭方略，爲職方楊公應聘，所知力言於銓部，遏其選，適萬中丞開府天津，得便宜置將，楊公獨薦將軍，中丞一見，大奇之，屬以招兵將軍，獨身歸，盡捐資募客及素所善四方死友若干人以往，實不損公帑一毫也。萬中丞、汪中丞二公共疏薦之，將軍遂落文階以坐營，署都指揮僉事，體統行事，垂發兵而東，倭凱奏至。

時播賊方横，將軍即自陳願附行陣，汪中丞復薦之，直指與本兵大協，遂晉都司，俾携所募入川。庚子二月，總制李公命統騎步六千，由江津一路進，專主一面，威名遽出諸將右，是以江津一路將軍得獨當之，爲諸將先，驅賊境簡台洞、黑洞等處，去江津四百里而遥，賊宿重兵數萬嚴爲備。二月己丑，將軍先攻簡臺，設奇破之，擒馘及墮崖谷死者甚衆，獲其中米穀牛、馬亡算。賊群呼將軍爲老虎，望風思遁，而破竹之形成矣。自是，乘勝破黑洞，擒斬止百餘而兵威益振。始賊之决于叛也，自恃險遠，安享其土者且八百餘年，度諸軍糧運不繼，無敢深入，又孰敢先入者？將軍奮勇先登，連破其門户必争之地，而我師糧道無梗，諸軍遂得長驅，直達婁山開、桑木崖。諸處賊謀以此益急，惟慮無足以當王將軍者，乃盡合其醜類父子親族分督之，誓决戰。

四月甲戌，諸兵分布據白石口，將軍奉總兵令最先往。是時，諸將多久在行間者，知賊旦夕且破，惟恐成功之速示人以易，皆不急進，而將軍每彈指出血，頗以此爲恨。又將軍新進，年少志獨，鋭聲獨猛，賊獨畏，上下推服獨重而同，事多不堪云。乙亥，奉令出，不無以言激之者。會日暮，將軍時食未半，遽弃曰："壯士臨陣，不死帶傷，古稱馬革裹尸，彼何人哉，言之不一而足！"于是率所部迅發，皆慷慨行泥淖中，無一人冀請援於幕府者。丙子，賊大至，兵交，賊皆知爲王將軍也，以故賊益衆，戰益力，而將軍勇益奮。自辰至午，賊數戰數却，衆睹將軍面色如丹，髯盡張，横槊大呼，目眥爲裂，所部無不一以當百，賊大敗，遁還青龍關，爲固守計。關尤其重兵處也，將軍勢不可止，顧謂家丁王默曰："吾至此不進，賊之新兵日益，以吾滅賊有期，何爲曠日持久，且大營在後，吾不忍其謂吾稍停俟援也，况以少擊衆，吾嘗屢勝之，是機不可失。"衆曰："諾。"遂竞進而賊據關守險，弩發如蝟毛，將軍馬先中流矢，次及身。默勇欲掖之，旋將軍墮馬，笑曰："吾不生還矣！"持弓射殺數人，矢盡復揮刀，與默俱躍而前，砍殺數十人，尚麾兵奮關而弩毒甚，死矣！默以身蔽將軍，亦中弩死。而守備楊招討與軍官許光禩、周應捷及壯士周應吉、劉寧、張化、韓逢時等百餘人痛將軍亡，皆力戰殺賊，傷重死焉。

是役也，大營去將軍戰所不十里，而聲援不接，亦若非偶然者。然將軍亡而賊之驍黨亦盡，勢因以不復振，大軍逶迤，由青龍入而獻俘有日，將軍不得獨專其功賞矣。時謂將軍氣不憤則戰不力，戰不力則賊不破，賊不破則師且老。故曰："各者相軋，有以相軋，則惟恐將軍之，或前速之，前而功成又惟恐將軍之不死，戰勝而驕，大抵皆然。偏師獨發，豈其之死而致生之？嗚呼！崔直指之白簡昭然矣！可盡付之天亡耶！"余嘗見將軍同事若端心邊守仁、黄科、程文藻、蔣曰敬、鄧子鷹、董良策輩，每語及將軍，未始不爲泣下沾襟，且云將軍之勇略如此，又不忍仁人也。故事軍中尚首功，所獲即良民，無不姑飲食，俟戰畢而斬以報級者。惟將軍耻爲此，所活甚夥，同儕莫不笑之，不屑也。

又蜀道糧運最艱，每一鍾費十數鍾，始至而當事不即入運，大率餒以死，獨將軍營納無停刻，運者皆不至殍，莫不籲天爲王將軍祝者。然而將軍竟不禄，且年止三十有七也。嗚呼烈矣！

將軍馭下，賞罰必而性廉頗，惡諸營。朘削死之日，全軍皆哭，即始忌之者，亦莫不爲之愀然，而許享之鄧子相，經紀其喪圖，還行八日夜始出賊境，然後知將軍深入也。子相，江西人，好談兵，極貧而以將軍之柩兩往返於蜀，崎嶇千萬里間若固然。人謂子相固奇士，而何將軍之得人之心又如此。將軍有子進賢，酷似將軍，足當蔭大將軍。後固知王氏祖孫父子稱世濟，且受上恩未艾也。

——（乾隆）《霍山縣志》卷八《藝文志·歷朝文》，載《故宫博物院藏稀見方志叢刊》，第 22 册，497~505 頁

（嘉慶）南陵縣志 *

（明）吴景，字伯陽，宏〈弘〉治丙辰進士。初授江西奉新令，歷任四川僉事，發奸摘伏，蜀稱神明。播州夷酋楊友自置所逃歸其侄，宣慰使楊斌奏欲逐之，鎮巡官委景勘處。景以國家於羈縻之屬，法不盡施，順其土俗，因其人情，苟無大害，任之可也，具實以取進止。

——（嘉慶）《南陵縣志》卷八《人物志·忠節九》，載《故宫博物院藏稀見方志叢刊》，第 32 册，第 16 頁

* （清）徐心田纂修：（嘉慶）《南陵縣志》，載故宫博物院編：《故宫博物院藏稀見方志叢刊》，故宫出版社，2013 年。

（嘉慶）涇縣志 *

王廷相，號中銥，監生，授沔陽州判。時播州作逆，督府疏以相監紀，汰大帥掠殺平人冒功之弊，全活無算。遷簡州州同，值年凶，多方賑濟。尋轉王官，進崇國左。長史賦，性嚴正，子姓不冠不敢見也。子雲龍，見《文苑傳》。雲龍子孫爵，國朝康熙癸丑選貢白水知縣，不事煩苛，有悃愊無華之風，亦工詩。順治《志》，錢、鄭二《志》。

——（嘉慶）《涇縣志》卷十七《人物·宦業》，載《中國地方志集成·安徽府縣志輯》，第 46 册， 356~357 頁

蕭芬，萬曆間以掾吏仕蘄州吏目，有蔡得充聚衆肆掠，芬領兵剿擒之。黄梅賊梅堂擁衆稱王，吴楚響應，芬守宿松界計擒之，殲其餘黨，捷聞上，重獎芬，而切責撫按，量移太寧簿。播寇楊應龍叛，督師邢玠知芬材，徵至軍前，芬單騎入賊營，諭以利害，遂降之。播平，題巴縣丞。未幾，楊酋復叛，欲取重慶，令無措乞歸，芬署任，轉運催遣，卓有程憲。寇滅，題升南川令，未任歸，卒于家。《皇明通紀》，錢、鄭二《志》。

——（嘉慶）《涇縣志》卷十八《人物·武功》，載《中國地方志集成·安徽府縣志輯》，第 46 册，第 388 頁

* （清）李德淦、周鶴立修，洪亮吉纂：（嘉慶）《涇縣志》，載《中國地方志集成》編委會編：《中國地方志集成·安徽府縣志輯》，鳳凰出版社，2010 年。

（嘉慶）宣城縣志 *

李遇文，字克顯，先世河間人，襲宣州衛指揮。處父母兄弟無間言，兩院以孝友薦，升崇明把總，轉瀏河游擊。時小琉球輸稅，大琉球者三十六人風潮飄至，把總陳嘉謨欲指爲倭，斬首報功，遇文止之曰："須召通事審實，不可啓釁屬國。"訊之果然，修船送歸。尋由嘉湖參將秝轉湖廣副總兵，同總兵陳璘征剿播酋楊應龍有功。

——（嘉慶）《宣城縣志》卷十七《武烈》，清嘉慶年間刻本

* （清）陳受培修，張燾纂：（嘉慶）《宣城縣志》，清嘉慶年間刻本。

（道光）續修桐城縣志 *

盛世承，字以烈，少司徒汝謙子。萬曆間進士，授户部主事，尋改兵部，遍歷四司凡部，尚書有大機務，咸倚之以决，出爲按察司副使，備兵大同。時邊事旁午，文牘填委，世承馭以鎮静。莅任五載，威信所至，西人慴服，貢市皆如約。轉陝西右布政，蘭州機户疲於貢絨，世承力蘇之。隨擢四川左布政，會有事於播，播平，又爲善後之策，蜀人賴之。病免，再起，以原官備兵陝西按行部中，墾河灘荒地至千餘頃，爲秦中世世利。病歸，再起光禄卿，璫禍削職。崇禎初，原官起用。卒年八十有八，里人立萬姓碑頌之。所著有詩文若干卷，子可藩。

——（道光）《續修桐城縣志》卷十二《人物志·官迹上》，載《中國地方志集成·安徽府縣志輯》，第 12 册， 453~454 頁

吴用先，字體中，萬曆間，北闈鄉試第五，壬辰進士。令臨川，均賦便民，民懷其德。任七年，以卓政徵，擬諫垣不果，僅得户主政，旋改職方典，閩闈最稱得士。歷議曹，遷浙臬，爲政平恕，任德黜刑，謂冤則白之，當其罪可耳，何敲扑爲遂。歷浙江右藩，凡解公鏹，令鐫官吏、名數、多寡，出納皆原錠，無一毫耗羨，治稱方面第一。擢都御史，撫蜀，時播酋亂，大將劉綎以議餉不進，用先躬先出師督綎合戰，戮力剿撫，數月蕩平。尋因病乞骸，上憫其勞，特賜考績予告。家居八年，起銀臺，晉少司空，時論推轂知兵，改樞貳總督薊遼，星馳莅事，建防禦十策，籌畫不遺餘力。會璫禍起，致政歸，卒於家。崇禎初，特賜贈蔭祭葬。用先少孤，育於祖，及長，孝養備至，撫教弟侄如嚴師。置義田，建宗祠，里人至今稱之。所著有《周易筏語》《寒玉山房等》集行世。

——（道光）《續修桐城縣志》卷十二《人物志·官迹上》，載《中國地方志集成·安徽府縣志輯》，第 12 册，第 454 頁

---

* （清）廖大聞等修，金鼎壽纂:（道光）《續修桐城縣志》，載《中國地方志集成》編委會編:《中國地方志集成·安徽府縣志輯》，鳳凰出版社， 2010 年。

（道光）阜陽縣志 *

劉公傳略 汪琬

公姓劉氏，諱廷傳，字惟中，潁川人。爲潁諸生，當明神宗末，知天下將亂，慨然以功名自許，所遇郡國豪杰，皆傾身與之交，得其驩心，諸慕氣節者争趨之。公爲人沉勇有智略，作詩歌不甚屬草，多雄杰感慨之語，尤喜談兵，與從弟廷石俱任俠，著聞河南北。楊應龍反播州，詔諸道兵西勦，隸潁道者不願行，將殺護行吏爲亂，公廉得其謀，具石酒彘肩，邀於郭門外十餘里。其魁數人久習公望，見公來，争下騎拜曰："公何以在此？" 公笑指所携曰："將與諸君别。" 於是雜坐，大觚注酒，拔佩刀割肉相飲啖。公徐起，言曰："國家多事，此壯士立功之秋也。諸君先某往，幸勿首鼠兩端，令四方笑吾潁無人。" 衆默然，良久乃曰："當如公言。" 公知衆意已動，遂曰："諸君亦念及妻孥乎？某在愼勿憂凍餒爲也。" 因手觚自引滿曰："保爲諸君身任之。" 衆感且服，皆泣謝曰："某等知公意，敢有异志？" 是日微公至，幾生變。

——（道光）《阜陽縣志》卷十八《藝文二·傳》，載《中國地方志集成·安徽府縣志輯》，第 23 册，321~322 頁

---

* （清）劉虎文、周天爵修，李復慶等纂：（道光）《阜陽縣志》，載《中國地方志集成》編委會編：《中國地方志集成·安徽府縣志輯》，鳳凰出版社，2010 年。

（道光）休寧縣志 *

金繼震，字長卿，峽東人。進士，授北直濬令。下車值歲凶，即開倉賑，捐俸設糜，存活甚衆。潞王就國，道濬，議毁石梁通王舟，力持不可。集二邑丁夫，疏小河以濟。改義烏令，會公署火，計獄中犯不避，將骈首死，因約縱歸自來，竟無負者。與郡理讞囚，雪七人冤，忤意不爲屈，擢南禮部主政。因在濬時與當道隙，爲所中，遷長沙郡，理啓藩王，歸民侵田，行縣抑税，瑺使者仆其旗。王師討播，委給餉軍興不乏，江中丞奉命征苗，寄以戎行，俘酋吴國佐等，降其衆數千。捷聞，賜金半鎰，纍遷大理寺評事，晉刑部郎中。奉敕欽恤山東遼左，釋冤繫，重辟四百八十二人。青州民彌禄，有從兄利其藏置毒酒中斃之，震行部，禄魂附母訴冤，廉得實立收抵罪。萊郡長年禦人貨，撾死卒伍。焦承忠魂附李庄媪以訴，爲之判决，魂散而媪蘇。或謂非恤臣事，震曰：奉命恤刑，恤死猶恤生也，竣事課第一。以護于相國喪，歸還故里，卒於家。康熙《志》。

——（道光）《休寧縣志》卷十三《人物·宦業》，載《中國地方志集成·安徽府縣志輯》，第 52 册，296~297 頁

---

* （清）何應松修，方崇鼎纂：（道光）《休寧縣志》，載《中國地方志集成》編委會編：《中國地方志集成·安徽府縣志輯》，鳳凰出版社，2010 年。

（光緒）霍山縣志*

王芬，國祥子，父死難時方七歲，即撫戟長泣，誓雪父仇。及長，納資入成均，喜譚兵，以援朝鮮積功至都司，死於播，朝議嘉其忠勇，贈都督，蔭一子。合肥黄道日《傳》：萬曆二十有八年，播州叛酋楊應龍將伏誅之前數日，王將軍以乘勝追賊，没於陣。皇上以將軍世濟忠勇，贈都督僉事，官其子，世襲千户，廟祀婁山關。天下一時無不樂道將軍事者。

將軍姓王，諱芬，字子英，廬之霍山人也。家故饒，世有英名，好交結。他方盗至，相戒不敢過其閭。隆慶間，有倭賊數十突至霍，將軍父國祥持矛奮往，殺數人，以身被重創死。將軍時甫數齡，勃勃欲踵父志，撫其矛泣曰："使吾父而脱當大任，不爲天子死封疆耶？"及長而修髯偉幹，激昂慷慨，所與游必四方英邁，時就賢豪訪天下厄塞及兵家制勝之要。

無何，倭警急，將軍謁選條陳備倭方略，爲職方楊公應聘，所知言於銓部，過其選，適萬中丞開府天津，得便宜置將，楊公獨薦將軍，中丞一見大奇之，屬以招兵。將軍隻身歸，捐資募客及素所善四方死友若干人往，不捐公帑一錢。萬、汪二公疏薦之，即以坐營署都指揮僉事，垂發兵而東，倭凱至。

當是時，播賊方横，將軍即自陳願附行陣，汪公復薦之。大師遂晉都司，俾携所募入川。庚子二月，總制李公命統步騎六千由江津路先進，專主一面，威名出諸將右。時賊踞簡台洞、黑洞等處，去江津四百里，嚴爲備。二月乙丑，將軍設奇攻，簡台破之，獲米穀、牛馬，擒馘及墮崖谷死者甚衆。賊群呼將軍爲老虎，望風遁，乘勝破黑洞。始賊之决於叛也，自恃險遠，安享其土者八百餘年，度諸軍無敢深入，獨將軍奮勇先登，連破門户必争之地，我師糧道無梗，遂長驅直達婁山關、桑木崖諸處，賊慮無足當將軍者，乃盡合其醜類父子親族分督之，誓死戰。

四月甲戌，諸軍分據白石口，將軍奉總兵令最先往，諸將在行間久，挾賊自重，唯恐功速成，又忌將軍年少，多擁兵不進。而將軍每彈指出血，當食，遽推案起曰："壯士臨陣不死，古稱馬革裹尸，伊何人哉！"於是幸所部往迅行泥淖中，無冀請援於幕府者。丙子，賊大至，兵交，賊皆知爲王將軍。自辰至午，死戰不退，而將軍氣益奮，髯盡張，横槊大呼，目眥爲裂，所部無不一當百，賊大敗，遁還青龍關。青龍關者，賊宿重兵處

---

* （清）秦達章修，何國佑、程秉祺纂：（光緒）《霍山縣志》，載《中國地方志集成》編委會編：《中國地方志集成·安徽府縣志輯》，鳳凰出版社，2010年。

也，將軍勢不可止，顧請家丁王默曰："以吾滅賊，何异疾風掃秋葉。"遂率衆競進，而賊據關守險，弩發如蝟毛，將軍身中流矢，默欲掖之，旋將軍墮馬，怒曰："吾不願生還矣！"仍揮刀，與默俱躍而前，斫殺數十人，而弩毒甚遂，隕於陣。默以身蔽將軍，亦死。其同時畢命者則守備楊招討、軍官許光襆、周應捷及壯士周廳吉、劉寀、張化、韓逢時等百餘。人皆感將軍忠義，故争先致死。是役也，將軍氣不奮，戰不力，必不能扼吭拊背，深逼賊巢，使諸將并力一心，則大功可立，奏將軍可不死，而竟以觀望猜忌委將軍於敵，致稽天誅豈不冤哉！

將軍心仁而性廉，惡諸將朘削，故馭下有節制。蜀道糧運艱險，運夫率餓斃，獨將軍收納無停刻一時，運者多食其福。死之日，全軍皆哭，時年三十七。江西鄧子相爲理其喪。子相家故貧，以歸將軍柩，兩往返於蜀不辭。將軍有子進賢，貌類父，足蔭將軍。

後副使何慶元詩：

王將軍，王將軍，生來好武更能文。

虎頭喜話封侯事，節烈豪華天下聞。

天柱雲灊臺月清，淮之水，西山發。

嵯峨激盪悍夫譥，最是鐘靈饒俠骨。

將軍弈世家此土，迺父如龍兄如虎。

慕義捐軀飛似熊，散財結客季心伍。

當年少小入成均，同舍人人得所親。

酒酣耳熱仰天嘯，説劍談兵若有神。

何當東海鬥鯨鯢，赤羽徵兵十道馳。

一朝從軍投筆去，丈夫豈肯顧妻兒。

盤龍深阻賊爲巢，馬依猛獷恣咆哮。

將軍自請綦江路，偏師轉搏作前茅。

一戰賊鋒摧，再戰賊氣潰。

简台黑洞元天險，移時破竹若飛灰。

將軍乘勝勢，遂爲深入計。

上將坐擁兵，誰能爲後繼。

逆賊乘高虎負穴，將軍仰攻氣不折。

髮上指兮色如丹，髯肆張兮眥盡裂。

短兵接兮鼓音衰，赤兔摧兮寶刀折。

天地亦慘容，壯士爲吐舌。

深箐流矢加，前營將星滅。

烏龍關上日光寒，照見征人一腔血。

嗟哉身死名不朽，群驍略盡將軍手。

大軍方軌不留行，割據千年爲我有。

君不見，西山半壁靖韜戈，炎荒遵義起絃歌。

游魂萬里歸未得，賞不酬勞可奈何。

嗚呼！賞不酬勞可奈何。

知府龔道純詩：

滇蜀今開新土地，誰驅戎馬闢先功。

可憐再世英雄血，染盡山頭九月楓。

司訓王德均詩：

赳赳兔桓桓熊，麻扎刀鐵花驄，

鼻尖火耳後風，振前茅殲狐叢，

虎鬚□竪猩袍紅，舞大刀仰而攻。

後援絶賈元戎，馬革裹墮成功。

千古恨貫長虹，是父子真孝忠。

霍嫖姚蔣毋同，吾作銘勒穹窿，志不朽曰王公。修舊《志》。

——（光緒）《霍山縣志》卷十《人物志·忠節》，載《中國地方志集成·安徽府縣志輯》，第13册，187~188頁

（民國）潛山縣志*

徐堯莘，字賓岳。萬曆丙戌進士，由户部主事出知永州，鞭朴不施，郡中大化。歷荆州知府，中官陳奉開礦沙市，掘冢瀦室，道路以目，莘約其騶從不得逞。大帥劉綎征播，調兵數省，途出於荆，民争避之，莘爲經紀信宿地，民獲安堵。神宗嘉其勞，賜以銀巵。歷廣東按察使、廣西布政司。《一統志》。

莘由荆州府升山東糧道，轉河南按察使，釐弊蘇民，遠近戴之。任廣東布政使時，會有延綏巡撫之推，因與直指不恊，不就推而歸，裝囊蕭然。卒年七十六，從祀鄉賢祠。舊《志》。

——（民國）《潛山縣志》卷十三《人物志·宦績》，載《中國地方志集成·安徽府縣志輯》，第17册，196~197頁

* 吴蘭生、王用霖修，劉廷鳳纂：（民國）《潛山縣志》，載《中國地方志集成》編委會編：《中國地方志集成·安徽府縣志輯》，鳳凰出版社，2010年。

河　南

（嘉靖）固始縣志 *

宋詹鈞

開慶乙未之夏，蜀重慶告急，宋太将往援。侯率所部獨進，進至叙州南平隆化縣界，遇游騎，接戰，無大勝負。日中，即以精騎數千至，侯之衆不滿千人，皆敢死士，馳突衝擊，力戰不少慴。遣卒詣太将求救，方引衆趣山顧望，竟不赴。侯弃所乘馬，立射，發無不斃，帥兵屢却。然以步敵騎，衆寡幾十倍，所殺已過當，而侯之兵死傷者十七八，矢貫侯臂，裂帛裹創，復戰，連中數十創，創甚矢盡。衆稍散，逸聚者猶數十人，傷重莫能軍。侯被執，帥壯其勇，期生之。侯大駡，求速死，亦不加害。翌日，帥親視其創，饋之食與藥，侯標去，弗受絡。置馬上載以行，八日不食。至播州土門，逼令招城中，不行，遇害。詳草廬吴澂墓表。

——（嘉靖）《固始縣志》卷七《人物志第七》，明嘉靖年間刻本

* （明）張梯修，葛臣纂：（嘉靖）《固始縣志》，明嘉靖年間刻本。

（順治）固始縣志 *

宋倉鈞

少負奇氣，由邊郡才技良家子選補軍職，隸武定軍，充總制官。寶祐間，蜀被兵，侯往來峽、渠、聞、達等州。捍禦用少擊衆，深入蠻徼，築建城堡，化服群僚，撫以恩信。開慶乙未之夏，蜀重慶告急，宋大將往援，侯率所部獨進，進至叙州、南平、隆化縣界，遇游騎，接戰，無大勝負。日中，以精騎數千至，侯之衆不滿千人，皆敢死士，馳突衝擊，力戰不少懾。遣卒詣大將求救，方引衆趨山顧望，竟不赴。侯弃所乘馬，立射，發無不斃，帥兵屢却。然以步敵騎，衆寡幾十倍。所殺已過當，而侯之兵死傷者十七八。矢貫侯臂，裂帛裹創，復戰，連中數十創，創甚。矢盡，衆稍散逸，聚者猶數十人，傷重莫能軍，侯被執，帥壯其勇，期生之。侯大駡，求速死，亦不加害。翌日，帥親視其創，饋之食與藥，侯摽出弗受。終置馬上載以行，八日不食。至播州土門，逼令招城中，不行，遇害。詳草廬吴徵《墓表》。

——（順治）《固始縣志》卷七《忠義》，清順治十七年刊本

* （清）包韺纂修：（順治）《固始縣志》，清順治十七年刊本。

（康熙）重修長垣縣志*

崔聞禮

御史景榮父。生平正誼儒者。居鄉，無他營，惟課農力本。萬曆癸巳以來，歲屢歉，公□捐竹，餘穀節次贍貧人，全活甚衆。侍御按蜀□軍征播，總兵劉綎密以玉帶一圍、黄金一百、白金五百壽，公峻拒不納。令侍御列白簡，無愧回知之畏焉。

——《重修長垣縣志》卷四《封贈》，明萬曆三十年刻、清康熙年間增補本

李化龍

字于田，幼穎悟絶人，號稱神童。弱冠舉進士，授嵩縣令，遷南工部，調南吏部，問曹，得肆力著作。久之，擢河南提學，衡鑑精敏，中州至今頌爲神明。既而督學，山左多士，悦服一如中州。尋，入爲太僕、通政。會推遼撫，公屢捷有功，晉少司馬，賜銀、幣有差。公念兩尊人，予告歸。未幾，播賊楊應能反，中外震動，就家拜公總督諸軍，賜上方劍，公□任，從容授方略。渡綦江，慷慨誓師。諸將感□，乃分部大將劉綎等，八路進兵，破三硐，降其部落，賊勢窘，而太公之計至，詔以墨經從事，治兵益急。時，賊避綎而走海龍囤自保，公密令别將出囤後，火其龍虎關。應龍投繯死，其妻子皆就禽，播地悉平，拓地二千里。條上安蜀十二事，皆報可。公乃疏求奔喪，凡八上，而後得归。除服，起爲總督河道。時黄河横决，公至，遍行淮徐，得泇河遺迹，乃上言開泇河。得旨，鳩工疏鑿，告厥成功，凡二百六十里，運航始通行無梗，至今賴之。繼丁太夫人艱，服闋，起兵部尚書，條議四十餘事，皆邦國大計。久之，卒於官。恩禮有加，謚曰襄毅。著有《撫遼奏稿》《平播全書》詩文稿。以開泇河專祀於其家。

——《重修長垣縣志》卷四《勛業》，明萬曆三十年刻、清康熙年間增補本

---

* （清）鮑憲檄修，宗琮增補：（康熙）《重修長垣縣志》，明萬曆三十年刻、清康熙年間增補本。

崔景榮

字振峰，萬曆癸未進士，授平陽推官，以治行，入爲侍御史。時青宫久虚，宦官張鯨怙寵構隙，舍皇長子别有所屬。御史何出光，疏論不報。公列鯨不法十二事上，始下鯨法司治罪。明年，遂定儲。差按甘肅，值洮河告警，公疏參弛備文武將吏，以爲和戎忘戰之戒，條上四議，皆中邊務機宜。再按楚，方罹水灾，題留事例銀三萬賑之。以病歸，起補河南道，疏救吏科林材包見捷等，極言□税不可開，内臣不可縱，人皆壯之。按四川，□□亂，正□上，起李公化龍討之，以公諳于軍機，與□公同里，可資謀斷，特賜璽書，畀監軍事。公□促李公同駐渝城，城去賊近，人皆震恐，公多方撫諭，始定。又持糾大帥劉綎等養寇罪狀，諸将股栗，咸出死力，遂破賊。復奏停四川行刑及采木、開礦之役，蜀益賴以安。

——（康熙）《重修長垣縣志》卷四《勛業》，明萬曆三十年刻、清康熙年間增補本

（康熙）林縣志 *

元

郭昂，字彦高，林州人。習刀槊，能挽强，稍通經、史，工詩。至元二年，上書言事，平章廉希憲材之，授山東統軍司知事，改經歷，轉沅州安撫司同知，佩金符，招降溪洞八十餘柵。播州張華聚衆容山，昂率兵屠之，山瑶、木猫、泣〈土〉僚諸洞盡降。

——（康熙）《林縣志》卷七《人物志·鄉賢》，清康熙三十四年刻本

李瑞

字輯夫，林縣人，户部主事畫子也。舉鄉試，授山東鄒平縣知縣。創建石城，清丈田土，士民戴德，入祀名宦。行取，擬授御史。時，當國者與巨璫馮保表裏爲奸，索賄，瑞不應，升太理寺評事，多所平反，全活甚衆。歷遷貴州忝議。值播酋叛，兩臺檄瑞至龍泉截戰，諭以朝廷威福。播酋就撫，遷雲南副使，訓練卒伍，蠻人畏懷。

——（康熙）《林縣志》卷七《人物志·鄉賢》，清康熙三十四年刻本

* （清）徐岱修，萬兆龍纂：（康熙）《林縣志》，清康熙三十四年刻本。

（乾隆）新鄉縣志 *

《居播吟》一卷　任昌期撰

昌期自爲小引：古播州，相傳非人所居，宦斯土者，往往皆不樂就。癸酉冬，余銓授遵，屬之綏陽，適當其地。雖耳聞是言，而究莫如所指意者。田疇瘠歟，人民險歟，苗彝雜歟，疑信久之。及下車後，果然風雅一道置諸高閣矣。復自慰曰："山水之緣，其何負于人哉？"爰歷游邑名勝，見柳子厚書院在焉，詢其故，皆云："以柳易播，事雖未行，而心已至。吾播獨高其義，遂搆堂而祠之。"余聽此不禁喟然而嘆，豈非非人所居之中，猶有可居者在乎？播雖邊隅，文教易入，簿書之餘，寧廢咏歌，故凡山川所歷，人事所接，歲序所值，輙敢效顰如嫫母，率其本質，忘其鄙陋，何計玉貌艷粧，過而姍笑哉！

——（乾隆）《新鄉縣志》卷二十三《藝文下》，清乾隆十二年石印本

萬曆五年操兵，祝容等應調討播州逆賊，得關聖神兵助，遂克之。

按：吴陳琰《曠園襍志》：承年王大参，號撝齋，任城步。峒苗楊應龍嘯聚千餘人，誓以七月七日侵城步。先是，王陰募鄉勇數百人，秘授計，屆期乘暮氣直搗巢穴。有左道演符咒，皆不驗，遂奔潰不二里，伏兵四起，生擒數百人。賊云空中有赤面長鬚大將，乘白馬，指揮神兵，八面旋繞，不得脱。旋問我軍，所見無异。公大驚悚，振旅歸，亟謁關帝祠，仰見帝面汗浹如雨，若甫釋甲狀。邑人作《平妖傳》及詩歌、傳奇紀事，苗患自此遂息。觀此益知□帝之神威赫濯，信而有徵矣。

——（乾隆）《新鄉縣志》卷二十八《拾遺志》，清乾隆十二年石印本

* （清）趙開元修，暢俊纂：（乾隆）《新鄉縣志》，清乾隆十二年石印本。

（乾隆）洛陽縣志 *

魏養蒙，萬曆丙戌進士，初授解州，擢刑部員外，爲湖廣參議，與湖帥陳璘合謀征播。軍中有犯律者，環甲露刃而前，養蒙迎之曰："欲劫尓帥乎？違法者，祸及累世。"衆悚然服罪。時楊應龍屯兵海龍囤，其高千仞，養蒙密令健卒緣木猱升，搗其穴，殲之。又征五靖苗，戮渠魁吴國佐。纍官兵部尚書，卒，予祭葬。

——（乾隆）《洛陽縣志》卷八《人物》，清乾隆十年刊本

* （清）龔崧林修，汪堅纂：（乾隆）《洛陽縣志》，清乾隆十年刊本。

（嘉慶）長垣縣志*

（萬曆）二十七年，三月己亥，前兵部侍郎李化龍總督川、湖、貴州軍務，討楊應龍。《明史·本紀》。

（萬曆）二十八年春，二月丙戌，李化龍帥師分八路進討播州。六月丁丑，克海龍囤，楊應龍自縊死，播州平。《明史·本紀》。

征楊應龍，以劉綎爲四川總兵官，以言官交劾，調南京右府僉書，綎即辭任。總督李化龍以平播非綎不可，固留之，力薦於朝。與諸將平賊，綎功爲多。綎德化龍，使使齎玉帶一、黄金百、白金千投化龍家，爲化龍父所叱，投巡按御史崔景榮家，亦如之。化龍、景榮并奏其事，詔革綎任，没其物於官。已録平播功，進左都督。《明史·劉綎傳》。

——（嘉慶）《長垣縣志》卷九《事紀書》，清嘉慶十五年刊本

（萬曆）二十七年三月，化龍起故官，總督湖廣、川、貴軍務兼巡撫四川，討播州叛臣楊應龍。應龍之先曰楊鑑，明初内附，授宣慰使。應龍性猜狠，嗜殺，數從征調，恃功驕蹇。知川兵脆弱，陰有據蜀志，間出剽州縣。嬖小妻田雌鳳，譖殺妻張氏，屠其家。用誅罰立威，所屬五司七姓不堪其虐，走貴州告變。巡撫葉夢熊疏請大征，詔不聽。逮繫重慶獄，應龍詭將兵征倭自效，得脱歸，復逮不出。四川巡撫王繼光發兵討，覆於白石。應龍諉罪諸苗，朝廷命邢玠總督，值東、西用兵，勢未能窮治，因招撫之。應龍益結生苗，奪五司七姓地，并湖、貴四十八屯以界之，歲出侵掠。是年二月，敗官軍於飛練堡，都司楊國柱、指揮李廷棟等皆死。已復破，殺綦江參將房嘉寵，游擊張良賢，投尸蔽江下。僞軍師孫時泰請直取重慶，擣成都，劫蜀王爲質。而應龍遷延，聲言争地界，冀曲赦如曩時。

化龍至成都，徵兵未至，亦謬爲好語縻之。帝聞綦江破，大怒，追褫前四川、貴州巡

---

* （清）李于垣修，楊元錫纂：（嘉慶）《長垣縣志》，清嘉慶十五年刊本。

撫譚希思、江東之職，而賜化龍劍，假便宜討賊。賊焚東坡爛橋，梗湖、貴，降又焚龍泉走。都司楊惟忠，化龍劾諸大帥不用命者。沈尚文逮治，童元鎮、劉綎皆革職，充爲事官。諸軍大集，化龍先檄水西兵三萬守貴州，斷招苗路。乃移重慶，大誓文武。明年二月，分八道進兵。川師四路，總兵官劉綎由綦江；總兵官馬孔英由南川；總兵官吴廣由合江；副將曹希彬受廣節制，由永寧。黔師三路，總兵官童元鎮由烏江；參將朱鶴齡受元鎮節制，統宣慰使安疆臣由沙溪；總兵官李應祥由興隆。楚師一路，分兩翼，總兵官陳璘由偏橋，副總兵陳良玭受璘節制，由龍泉。每路兵三萬，官兵三之，土司七之。貴州巡撫郭子章駐貴陽，湖廣巡撫支可大移沅州，化龍自將中軍策應。帝以楚地遼闊，又擢江鐸爲僉都御史、巡撫偏沅。湖廣設偏沅巡撫，自鐸始也。推官高折枝先以南川兵進據桑木鎮，綎復自綦江入。應龍以勁兵二萬屬其子朝棟，曰："爾破綦江，馳南川，盡焚積聚，彼無能爲也。"比抗諸路兵皆大敗，應龍頓足歎曰："吾不用時泰計，今死矣。"或言水西佐賊，化龍詰之。疆臣斬賊使，二氏交遂絶。烏江兵敗績，逮下元鎮於理，諸將益奮。綎先入婁山關，直抵海龍囤，璘、疆臣兵亦至。賊勢急，上囤死守。遣使詐降，化龍檄諸將，斬使焚書。以綎與應龍有舊，諭無通賊，綎械其人以自明。八路兵皆會圍下，築長圍困之，更番迭攻。六月，綎破土、月二城，應龍窘，與二妾俱縊。明晨，官軍入城，七子皆被執。詔磔應龍尸并子朝棟於市。

自出師至滅賊，凡百有十四日。播自唐乾符中入，楊氏，二十九世，八百餘年，至應龍而絶。以其地置遵義、平越二府，分屬川、貴。化龍初聞父喪，以金革起復，至是乞歸終制。……《明史·列傳》。

崔景榮，字自强，長垣人。萬曆十一年進士，授平陽府推官，擢御史，劾東廠太監張鯨罪。巡按甘肅、湖廣、河南，最後按四川，積臺資。十八年，播州亂，景榮監大帥劉綎、吴廣輩軍。綎馳金帛至景榮家，爲其父壽，景榮上疏劾之。播州平，或請以播北界安民，景榮不可。會總督李化龍憂去，景榮爲請蠲蜀一歲租，恤上東五路，罷礦使。化龍疏叙監軍功弗及，景榮已晉太僕少卿。三年，滿，擢右僉都御史。

——（嘉慶）《長垣縣志》卷十一《人物記》，清嘉慶十五年刊本

崔聞禮，尚書景榮父也，生平正誼自立，課農力本。萬曆癸巳以來，歲屢歉，捐穀贍貧，全活甚衆。景榮爲御史按蜀，征播，總兵劉綎密以玉帶一、黄金百、白金五百爲壽，聞禮峻拒不納，令景榮奏其事。舊《志》。

——（嘉慶）《長垣縣志》卷十一《人物記》，清嘉慶十五年刊本

萬曆二十九年，遣大名府知府羅應斗諭祭，封通議大夫、兵部右侍郎兼都察院右僉都御史。李楝曰："惟爾樹德鄉閭，完真邱壑，追逸民之高蹈，詒翼子之嘉謀，庭訓有嚴，克成大器，宣勞制閫，屢奏膚功，頃徂誅播之王師，至以墨衰而從事。念兹轉恤，惟爾教忠。特霈愍恩，宏超彝典。靈其不昧，歆此殊榮。"

——（嘉慶）《長垣縣志》卷十三《藝文録上·明諭祭文》，清嘉慶十五年刊本

平播全書序

明　張悌

萬曆二十有八年，御史大夫兼司馬督府李公帥師平播。已馳露布，獻俘闕下。天子嘉悦，令從公次第諸文武功及區晝善後事，咸備疏俱士〈上〉。諸大夫以公經略西南文告、檄、書與先後諸疏，皆足詔來祀、垂不朽也，以屬守南大参王君編次爲卷，凡十五。鍥成，謂不佞悌久在行間，與觀其盛，不可無言，以弁其端。悌也不類，曷足識公之大？獨念是書也。嗚，聖主中興之盛，録平蠻將吏之功，備矣。

出師才百十四日，闢兩郡二千里封疆，奏二百餘年所未得志於西南夷盛事。紀之太常，自有國家祚土分茅，彝典微矣。公也不自功，且無樂人鳴其功，亦何庸叙？唯是元機睿算，石晝淵猶，所繇速于底績，足以泣神鬼而舒宵旰者，有其本之文、檄不載也。悌曰："奉幄籌，不披吐萬一，以彰往鏡來，嗣兹何考焉？"

夫靈武之師，朔方以靖；元菟之捷，屬國以全。播不聞乎？而敢逆顔行，雖其井觀嵎負哉，然猾賊也。豈自紿若爾，固有所恃矣！今天下曷易言播也？《易》曰："高宗伐鬼方，三年克之。"以商道赫焉中興，舉一鬼國，尚淹三年，孔父所謂憊也。《史》稱楚頃襄王遣莊蹻略巴、黔，漢武帝遣唐蒙開夜郎。然蹻即王滇，自爲聲教；蒙入筰關，猶閉昆明。唐之南詔，乍臣乍叛，罷敝中國，蓋漢唐之盛已然矣。

楊端取播于南詔，而世守之，八百年來未以易也。無論宋、元，即我明運方開，皇稜大抗，百蠻君長，重足嚮風，日所出入之邦，靡不獻琛納賮。然傅潁川率二十四將軍南下善闡，其所削平，自叚明而外無聞焉。鎮黔馬都督燁威讋羅夷不獲，自完首領。正統間，麓川之役，用兵五十萬，三往十閱年，而思禄猶據孟養。嘉靖初，思、田之役，始剿終撫，而盧蘇竟逭天誅，令襄威閡，爲西南夷觀哂。播賊覘之所自逆也，白石口而後，震黔、楚，危三川，脱復滋蔓，諸蠻生心，滇南數千里，非國家有矣。此豈小故也哉？

公弱冠魁海内，振鐸梁魯稱絶唱，入貳冏政銀臺。旋以中丞節撫遼，至則有鎮武之捷，進貳司馬。於是，公文武兼才，爲世推轂，無兩矣。移養歸來，東山之望，勃勃中原。

以播之弗靖，西南鼎沸，天子采與望，特從田間起，公授總督川、湖、貴州節，得便宜行事，賜尚方劍，得穆以下不用命者，誅以徇。文武無大小遠近，惟部署；兵馬、錢糧、器械，惟調度。公迺提三尺，擁六傳，建三藩，節制於錦水之陽。賊揣且剿，又欲張威挾撫也，遂屠城戮將，渝州且空城以避，勢甚岌岌。公陽爲詰責緩之，而陰積糧治器，程量軍實，選將集兵，課期分路。計定方移節渝州，登壇誓師，八路徂征。時賊欲衝突乎，固未易矣。悌由洮河來，度棧閣，遵錦江，延見父老，旁及輿皁，言播甚悉，罔不人人難播也。謂婁山諸嶮，五丁莫開，海龍囤高，千仞難躋，似以徒費兵力，終歸一撫耳。悌曰："唯唯，否否！"及抵渝侍公，吉語日聞，捷音狎至。賊知名渠魁，非獻首轅門，則稽顙戲下。破關克峒，如振落發蒙，則何也？公膚敏豁達，急戎機，則倚馬數檄，坐策千里當窾會；披狐兔，則雕結跕躧，羿羅蠻長争前驅。先徵調，則秦、越、滇、廣、齊、魏、燕士奮戎行；治芻餉則舳艫銜尾絡繹肩馱效飛輓。犒卒伍，則牛、酒、魚、鹽、薪、蒸、糗、糒充宿飽；拯疾厄，則醫藥、湯散、金創、疫癘濟緩急；壯軍威，則五帥、二師，八路斬關揚羆虎；聯兵勢，則總一監司，歃血誓盟申要束。而又陷陳摧鋒縣〈懸〉重賞。破關克囤，崇世官。大將受餌褫厥職，貳師觀望責以死，中軍勒限取其頭。賞信若萬户及躬，罰必若三尺在頸。至於二帥壁後，閲月未拔，不難移前兵攻後，捐萬金使貪，所繇連拔二城，盡成俘馘。尚有逸於疏外者。總之，太虚無物，空洞有容，岩岩千仞不可攀，泱泱萬頃不可淆。轉圜善任，操縱有神，所以本也。

故自出師訖賊平，疏數十上，檄百千下，隔千里而面譚，洞幽微于觀火。軍法穰苴之嚴，綜理武鄉之密。宅心子儀之寬，決策晉公之斷，納降曹彬之仁，而文章肖謫仙，勛業紹衛公。又其家世淵源，由來者遠耶？昔淮陰謂漢高曰："臣多多益善！"又謂高帝："善將將！"

今播之役，兵逾二十萬，分之八路相雄，合之遞攻蓄鋭，繇斯以雄。即百萬可已，非多多益善耶？且也廟謩時下，動中機宜籌自中樞，妙協蓍蔡頗牧在禁，近夔龍，秉節鉞，以玆將將，何亂不平？國運中興，有以矣。

竊觀國家威靈，遠軼漢代。漢時丞相，多自列侯，出塞大馘，唾手萬户，流光史册，不謂濫觴。令甲文階，不侯茅土之爵，亦時有之。威寧等封，雖以殄寇靖遠，世祚寔自征蠻粤。考靖遠誓詞，思禄所服也，未幾輒渡金沙，以攻猛密，石爛江枯，問之水濱耳！自公平播，百蠻君長，狐兔含悲，鯨鯢不波，唐文綏之外，國宋斧畫之餘。邦無敢越志，詎直拓地二千里哉！傅穎川而後無功矣。成功之後，公欲然若無，屏居苫伏，深自摧剥，疆吏上重事，又憑牀裁定之。痛嚴懷慈，往往以皋魚之感發，悲愴之調至，令人不可讀。國爲奇勛，家爲死孝，公之謂矣。酬勩有無，奚知焉。第西南之人，謳唫肖象，引領國恩。我皇快于志而托重眷，留督府圖其難，爲封疆不朽，其不遜烈麓川也。明甚則開國山河，以慰西南半壁，爲公拭目之望也，不箎矣。若曰：師保我公，四世其同，睫前事也，何庸尸祝焉？昔周大夫爲宣王誅，玁狁而百蠻從，其《詩》曰："征伐玁狁，蠻荆來威。"公也以之。又曰："文武吉甫，萬邦爲憲。"以豫、齊、遼、蜀驗之。又曰："吉甫燕喜，既多受祉。"有我聖明在。

萬曆庚子，嘉平、四川等處提刑按察司按察使兼布政司參議管分守川東道事張悌謹序。

——（嘉慶）《長垣縣志》卷十三《藝文録上·平播全書序》，清嘉慶十五年刊本

此所謂洞徹無遺之識，員神不滯之才，非耶？是故其爲令，則澤浸嵩少之草木；其興文教，則河洛、齊魯之士斐然向風；其仗鉞遼左，則勒燕然之石；其受劍征播，則開夜郎之塗；其治河，則馮夷效靈天吴弭首。蓋于田識足以照幾，量足以持重，明足以辨物，方足以植則，宏足以得人性。兼群道體，被衆美，是以動與福會，言與妙合。自古及今，立功名者，不必能詩。能詩者，每以詩人終猥。云非窮不工若于田者，即未可謂聖人乎？豈非萃兩間之靈秀，應中興之輔揲者哉？識者實鮮，後進畏其才氣，或以爲今之詩人流俗，見其勛伐，以爲與世之所謂邊才等埒。余之交於于田久，深知之，故序其詩以及其人，後有君子必以余爲篤論也。

——（嘉慶）《長垣縣志》卷十三《藝文録上·李于田詩集序》，清嘉慶十五年刊本

（民國）新鄉縣續志 *

劉將軍論

衛大壯

將軍名綎，字省吾，都督顯子也。勇敢有父風，善用刀，以鑌鐵爲之，重百二十斤，馬上輪轉如飛。不唯驍勇，并且持重，萬曆諸將中無出其右者。竊謂中山開平，當不是過，且屢膺重寄，數被黜抑，卒不聞有怨言，抑又難矣。意其人必光明磊落，不屑瑣微，乃其後，竟以賄聞，多不相符。豈言之者過耶？其明於戰而暗於守耶？抑遇合之不幸也？惜哉！雖然平緬冠，平羅雄，平朝鮮，平播酋，平倭，平倮，大小數百戰，天下莫不知有劉大刀者，覆後邊事日非，舉朝爲之大悚。嗚呼！如劉將軍者，何可厚非也哉！

——（民國）《新鄉縣續志》卷四《藝文·文选》，民國十二年刊本

* 田芸生總編，韓邦孚監修：（民國）《新鄉縣續志》，民國十二年刊本。

（民國）林縣志 *

郭昂，字彦高，彰德林州人。習刀槊，能挽强，稍通經、史，尤工詩。至元二年，上書言事，平章廉希憲材之，授山東統軍司知事，尋改經歷，選襄陽總軍司，轉沅州安撫司同知，佩金符，招降溪洞八十餘寨。播州張華聚衆山谷，昂率兵屠之，山瑶、木猫、土僚諸洞盡降。

——（民國）《林縣志》卷十二《人物上·列傳一》，民國二十一年石印本

李書，字元素，號龍岡，孝子聰之子。嘉靖辛丑進士，授武進知縣。……子瑞，字輯夫，嘉靖辛酉舉人，授鄒平知縣。創建石城，清丈田土，士民戴德，入祀名宦。行取，擬授御史。時，執政與巨璫馮保表裏爲奸，索賄不應，改大理寺評事，多所平反。歷遷貴州參議，值播酋叛，台使檄瑞至龍泉截戰，諭以朝廷威福，播酋就撫，遷雲南副使。

——（民國）《林縣志》卷十二《人物上·列傳一》，民國二十一年石印本

* 王澤溥修，李見荃纂：（民國）《林縣志》，民國二十一年石印本。

（民國）洛寧縣志 *

叙功疏

張鳳翼

……臣從公定勘，以破群疑，以明實録，事該本部，覆奏聖旨，黔蜀功級，體勘既明，兩省有功員役，速與分別覆叙，通抄到部，送司案呈。到部看得水藺交訌，川黔荼毒，兵連九載，虐焰薰天，永寧爲要害之區，逆孽且眈眈虎視，迨伺播州已灰之燼，連烏撒蠢動之氛，得志海峒，遂傾巢壓境，謂永寧旦夕可下，長驅直搗，莫敢誰何。幸聖武弘昭，天威遠疊，桃紅壩之役，將士齊心，奮臂一呼，雷驚雷掃，遂使元凶授首，群醜并殲。十年狂突之犬羊，悉膏斧鉞。萬里孤懸之疆土，無改金湯。皇上特許，以爲西南第一功捷。煌煌天語，真足以鼓勞臣之氣，服壯士之心矣。除在内輔臣，聖明自有殊恩，外如原任户部尚書畢自嚴等，原任兵部尚書王永光等，原任兵科都給事中羅尚忠等，云云。又如見任總督朱燮元，宜加升蔭，以表殊勛。以蜀功言之，原任四川巡撫張論，謀運機先，功收事後，方飛檄驅車之曰，叛逆早已魂銷。迨建牙畫策之秋，反側因而志戢。應加升蔭，以示酬庸。云云。以黔功言之，原任貴州巡撫王瑊、原任貴州巡按傳宗龍等、監司張允登等、守令洪聲遠等、雜職平章等。云云。以購斬逆寅一案言之，如原任四川巡撫尹同皋、原任四川巡按陳睿謨。云云。臣等核叙至此，庶幾無遺無濫，或可副聖明懋賞酬庸之意矣。恭俟命下，將川貴總督少傅兼太子太傅兵部尚書朱燮元，加少師，蔭一子錦衣衛指揮僉事世襲，仍賞銀五十兩，大紅蟒衣一襲。原任贵州總督回籍楊述中等，云云。原任四川巡撫張論，加一級，於原任錦衣衛指揮同知世襲升一級指揮使，賞銀二十兩。崇禎七年六月具題奉聖旨。

——（民國）《洛寧縣志》卷六《藝文志》，民國六年鉛印本

---

* 賈毓鶚修，王鳳翔纂：（民國）《洛寧縣志》，民國六年鉛印本。

（民國）重修臨潁縣志 *

楊明，至元間，官播州宣撫司鈐轄，改深州吏目。性好學，見鄉間讀書子弟，懇懇慰勉。嘗以世之布施僧寺者爲非，因捐産作贍學地入本縣，以爲衆勸。祀鄉賢。

——（民國）《重修臨潁縣志》卷十《前哲·十一》，民國五年鉛印本

* 陳垣修，管大同纂：（民國）《重修臨潁縣志》，民國五年鉛印本。

山　西

（康熙）汾陽縣志 *

薛亨，字道行。陝西韓城人。隆慶辛未進士，由户部主事升山西提學僉事。以齋膳羡餘置學田，給貧士。歷遷四川參政，奉檄問播寇楊應龍，錮之。楊詭以征倭自贖，陰行金於亨。亨以聞兩臺，言寇反覆，宜早爲備。乃竟□法許之。後數年，播事潰裂，卒如其言。

——（康熙）《汾陽縣志》卷五《憲司》，清康熙六十年刻本

---

* （清）周超修、邢秉誠纂：（康熙）《汾陽縣志》，清康熙六十年刻本。

（民國）解縣志*

趙標，字準臺，欽湯長子。少英敏，年二十登第……楊應龍據播猖獗，當事諱言兵。標力陳當剿狀，疏十七上，卒能馘酋成功。賑飢民，減礦税。露章，劾中貴陳增，罪遷璽卿典，河南試稱得人，轉太常卿，以叙播功進級。

——（民國）《解縣志》卷六《名賢傳》，載《中國地方志集成·山西府縣志輯》，第58册，第103頁

*　徐嘉清修，曲道鋭纂：（民國）《解縣志》，載《中國地方志集成》編委會編：《中國地方志集成·山西府縣志輯》，鳳凰出版社，2005年。

（民國）新絳縣志 *

張與行，字淑用，號時奄，嘉靖甲子舉人。授容城知縣，升滄州行取，擢南京户部員外，轉本部郎中，遷慶陽知府，調重慶府，所至有惠政。會播酋楊應龍叛，與行議招撫，播人稔與行言不欺，願歸附。撫有日矣，當道忌其功，旋議加兵。播平，以計左，閑住。未幾詔階致仕，歷俸二十三年。

——（民國）《新絳縣志》卷四《名賢傳》，載《中國地方志集成·山西府縣志輯》，第 59 册，第 463 頁

* 徐昭儉修，楊兆泰纂：（民國）《新絳縣志》，載《中國地方志集成》編委會編：《中國地方志集成·山西府縣志輯》，鳳凰出版社，2005 年。

山　東

（萬曆）鉅野縣志*

諭都察院右副都御史宋滄敕

朕惟四川遠在西陲，近年以來地方多事，兵荒相仍，軍民困苦已極，是用憫恤，特命爾巡撫兼理松潘、安綿、建昌等處邊備。撫安軍民，總理糧餉，爾近能剿除逋寇，地方寧謐，朕甚爾嘉用，加爾職，仍令彼處巡撫，一應事宜，照舊施行。人民饑荒，設法賑濟。城池坍塌，督工修理。官軍閑逸，令以時操練。器械損壞，令量宜修補。如腹裏賊寇生發，即與巡按御史等官計議責委，分巡分守，兵備守備，官員量調，官軍民快，相機剿捕，毋致滋蔓，仍禁約所屬官吏，不許擾害。軍民其公産有爲者，以禮獎嘉。貪酷不職者，以法懲治。或有獄訟不平者，亦與辨理。凡有便于軍民者，俱聽從宜處置。事情重大者，具奏定奪。凡軍民一應機宜，悉聽便宜從事。參將、游擊而下，俱聽節制。仍往來有事，地方住劄，不許專住省城，自圖便安。其松潘、安綿等處，但有番賊，阻絶糧道，殺虜軍民，突入腹裏，搶掠居民，即督令參將、游擊等官，發兵剿捕遏絶，毋得坐視玩寇殃民，如違，爾即參奏拿問。其瀘、建昌并播州等處，邊計夷情，亦須用心督理，務在得宜，不許因而顧彼失此，及生事擾害，有失夷心。朕因爾素有才望，又盡心爲國，特兹簡用，爾宜體朝廷至意，照舊在彼虚心延訪，加意撫綏，展布猷爲，振揚威武，務使軍民樂業，地方安妥，以紓朕西顧之憂，毋或處置乖方，及因循怠緩，自貽咎責，爾其欽承之，毋忽故敕。

---

*　（明）吕鵬雲修，吕封齊纂：（萬曆）《鉅野縣志》，清代鈔本。

嘉靖十年十月二十六日敕命之寶

又敕：

四川地方被劇賊周天星等盤據，播鎮聚衆爲亂，燒劫兩省，荼毒一方。爾乃會同鎮巡、督同、三司等官，率馬步官軍，分哨進剿。不及三月，渠魁授首，前後斬獲首級千餘顆，生擒并俘獲男婦亦八百餘口。賊巢蕩平，地方寧謐，非爾督率有方，將士用命，何以有此捷。奏來聞功，勤可尚。特降敕獎升爾前職，并賜銀兩、綵幣以旌爾勞，其有功人員，待勘報至日，另行升賞。但恐遺孽猶存，貽害地方，尔尤當用心撫捕，務使餘黨盡平，以消後患。爾其欽承之，故敕。

嘉靖十一月十四日廣運之寶

——（萬曆）《鉅野縣志》卷八《雜志·誥敕》，清代鈔本

（崇禎）歷城縣志*

李化龍，北直大名人。萬曆間，督學試士。五日一案，寒士不羈旅，邸閱文，不代倩，評文曲，肖其人。發落時，掩卷逐名，細加品題，經識拔者，皆入彀。後以平播功，擢兵部尚書。

——（崇禎）《歷城縣志》卷六《職官志·名宦》，載《北京大學圖書館藏稀見方志叢刊》，第80册，第364頁

* （明）宋祖法等修，葉承宗等纂：（崇禎）《歷城縣志》，載北京大學圖書館編：《北京大學圖書館藏稀見方志叢刊》，國家圖書館出版社，2013年。

（康熙）益都縣志*

邢玠，字搢伯，號昆田。隆慶辛未進士。初□密雲縣，以卓异徵授御史，按甘肅，歷藩臬，多著武功。升大同巡撫，進南京兵部侍郎屬。楊應龍横播州，遣威望大臣勘之，廷推公，咎擬應龍辟罰贖金四萬兩，留質子，割五司，獻作惡首、從七十餘人，正法，設兵將於松坎、湄潭、龍泉，扼其項，皆縮束之。

——（康熙）《益都縣志》卷之七《事功》，清康熙十一年刊本

* （清）陳食花修，鍾鍔等纂：（康熙）《益都縣志》，清康熙十一年刊本。

（康熙）新城縣志 *

……乾少有膽略，雅善騎射……二十年，加布政使，已擢右僉都御史，巡撫宣府。二十八年，加兵部右侍郎，象乾駐鎮既久，諸部皆服其恩信。每見象乾，使者必問："那顔能啖□酪黄羊乎？"應曰："能。"率舉手稱嘆，故邊境以安。

其明年，轉左侍郎，總督川、湖、貴州軍務。是時，播州楊應龍方伏誅，詔改土司爲流官。當應龍之叛也，水西宣慰使安疆臣與楊氏有連，陽雖助兵討賊，而陰懷觀望。及應龍誅，其黨争匿水西謀變。象乾至，輒檄擒之。播與水西接境，自烏江北延袤六百餘里，皆播地也。及分地議起，疆臣欲據爲己有，故總督李化龍與巡撫郭子章之議不合，象乾仍執不予。中朝議老，交章論劾，以爲啓釁非是。象乾争益力，因繪烏江圖以進，并上疏極言疆臣不法，其略曰："臣惟西南土彝非塞□要荒者，此也，列聖授之衣冠，假之名號、土地，以供賦税、甲兵，以聽徵調，名雖彝，實與列郡無别。苟其方命，圮族未嘗不撻伐而揃薙之，如黔之田氏、蜀之安氏、薛氏、隴氏、楊氏是也。是以諸彝弭首帖耳，馴于大化。顧若疆臣荼毒西南，斯其漸亦難長矣。使臣而不言，异日必有以養亂罪臣者，臣而言之今日，必有以多事罪臣者。臣欲審處其一，寧言而受多事之罰。比年以來，節據烏蒙等五司并道將府縣，極訴疆臣爲患，告急之文，無日不至，夫諸彝之情急矣。而我不應是以繼之，以怨怨矣。而我猶不應其折而入于水西也，必然之勢也。以一水西抗令藐法，目無朝廷，使黔蜀畏之如虎，益以五府是陸水西地，括然安之，可幸無事。臣不謂然，五司籍雖隸蜀，所出者，黔之軍餉；所供者，黔之站馬也。無五司是無黔也，無黔則滇南之道不通，無五司，是亦無滇也。然猶得諉曰：'五司彝地彝人，相攻固其恒態。'若建武則極邊重鎮矣，永寧、烏撒衛城則蜀與滇、黔之門户矣。筠連則内地縣邑矣，叙州則提封千里，水陸交籥，漢彝雜錯，川南大郡矣。遵義則府治才立，瘡痍未復，尤陛下所欲撫摩而

---

* （清）崔懋修，嚴濂曾纂：（康熙）《新城縣志》，清康熙三十三年刊本。

嘆咻者矣。疆臣與其弟堯臣，今日攻建武，明日圍筠連，今日執叙州，明日入遵義，憑凌悖逆，虔劉我人民，戮辱我士女，剖孕婦之腹，斵死者之棺，慘毒之狀，蓋自昔所未有也。如鬥卦、土地、羅漢三營，非安静威信貳司之彝地，朝廷建武鎮之營壘也，堯臣復思竊據身，奪人之土地而不欲人之還其故土，有可不即，繩以三尺，已屬非法，動曰‘獻送’，是欲使朝廷之命官皆聽堯臣之奔走。内地之萬姓皆聽堯臣之魚肉也。豈朝廷威靈不能加一土命也？臣聞馭馬者，芻菽在前，鞭策在後，無鞭策則踶囓及之矣。養犬者，左持梁肉，右慘制挺，無制挺則搏噬及之矣此恩威并用之説也。朝廷於安氏毋乃用恩之過乎，欲占播土則于播土，欲邀諭祭則予諭祭，求無不獲，欲無不遂，無怪乎跋扈跳梁，而不知止也。臣謂其占播土也，是占諸土司之漸也，其占諸土司也，是犯内地之漸也。自三十年以至今日，陰凝冰堅其來詎一日之積乎？果其盡并五司，欲令三省安枕，臣恐其不能也。臣非故爲是激切之論也，蜀黔之間，兵皆脆弱，所恃者，諸土司兵耳。今疆臣一旦欲盡滅五司，是盡撤我藩籬也。昔也，以彝制彝。今也，以彝附彝。昔也，各自爲部。今也，合爲一部。所謂厝火積薪，而寢處其上者也。爲蜀慮者曰：‘大兵之後，如久病尪羸，不可復勞。’果如是也，必諱疾忌醫，而後不死乎？爲黔慮者曰：‘安氏於黔，如附頸之瘿。割瘿者，懼創其喉，兹則尤過計矣。’獨不曰：‘理其本，而標自定乎。’夫尊生者，願養安恬，所以固吾之元氣也。而疏瀹蕩滌，所以宜吾之神氣也。苟狃干養安之便，而厭夫疏蕩之苦，賜胄之間，必有壅淤隔閡而不通者，其害未始不可殺人。是故，束濕凝脂操切者，誠足以禍天下。而吹虀同塵姑息者，亦足以敗治理。疆臣既以驕恣扞法廟堂，又以姑息豢疆臣，將俟其貫盈，而始加誅焉，得毋傷用恩之□意乎，不如稍示裁□保而全之之爲便也。朝廷待安氏甚厚，如或天誘其衷，疆臣兄弟悔罪自新。使臣言不驗，是西南之福，臣之願也。脱也，天奪之嵬，怙惡不悛。异日廑陛下西顧之憂，毋謂臣今日不言也。”其後不數歲，水西果叛。

三十四年，以父艱去官。先是，長昂寇寧前，前總督蹇達革其額賞，子㹀皐大心愠愠，乃誅插漢諸部，聲犯薊門，於是，廷推總督，神宗記象乾姓名，曰：“是争水西地界者，可遣也。”即家起右副都御史、兵部左侍郎，總督薊遼軍務。

——（康熙）《新城縣志》卷七《人物志》，清康熙三十三年刊本

王與秄，字鳳里，太師象乾子。少爲諸生祭酒，工書能文。祖司徒，父司馬。公以遠大期之。以太師平播善後功，蔭錦衣衛指揮僉事，卒。性樂善好施，萬曆壬子，歲大饑，與秄日於邑南門施錢米，全活甚衆。至秋，病篤，方藥需紫河車，有民家婦方産，以胞來

獻,云:"吾家八口,皆賴公以有今日,聊以報德耳。"好行其德,煩如此。《家傳》節文。

——(康熙)《新城縣志》卷七《人物志》,清康熙三十三年刊本

三争水西疆界疏 王象乾

題爲:播界部文甚確,訛傳議論滋多,懇乞聖明蚤賜宸斷,以戢横彝,以全國體,并懇天恩,亟罷庸臣,别選才賢,以奠新疆事。

竊念臣本愚陋,謬膺善後之役,奉旨清界,致被人言,臣謹先後具疏繪圖,進呈御覽,臣方杜門待罪,候旨處分。於九月二十七日,又接南京工科給事中金士衡一本,爲督臣貪功啓釁,馭彝失策等事。臣再三讀之,其謂播地不當復,安疆臣征播首功,臣貪功啓釁,褻體損威皆諸臣所已言者,臣疏已詳,兹不敢再辯。其謂臣聽羅學茂之欺誑,臣自去年五月中,准部咨行文清界,而學茂今歲正月始來。告被水西統兵,先後劫殺多命,隨批司道會查,未報兹,亦無庸深辨。獨所云安疆臣積憤不平,變順爲逆,反戈内嚮,我則何詞,在士衡無非欲輯寧疆埸,以今方奉旨會勘,竊恐益長狡酋驕縱之心,臣於義不容默。默臣惟天下所最可患者。不在裔彝之盛强,而在於制馭之無當,一予一奪,馭彝之大權也。可予而予,可奪而奪,天子制命無二,人臣恪奉畫一,雖有悍彝,且將供令,恐後如其功罪不定,是非不明,予奪任情,一以姑息,從事未有不召之侮者也。臣請從士衡下令之説,詳其終始,而後發狡酋之情狀。

臣查得萬曆二十七年,准兵部咨該本部題爲《敬陳戡播等事》,奉聖旨:"楊應龍屢肆狂凶,負恩犯順,各土司但能奮身倡義,斬楊應龍首級來獻的,即許代其世職。若合謀成功,裂土酬賞,欽此。"又"爲軍務事,賞格内開,各土司但能忠義自奮共起滅賊者,播土許其瓜分。奉聖旨,這懸購賞格既酌議明白,俱依擬通行頒示,欽此"。此征播之初,懸賞待功,下令激勵諸土司之咨也,又"爲傳奉聖諭事内開。水西於五月二十八日,撤兵避嫌。播州地宜行督撫,議妥具奏,又爲播地蕩平等事内開。播州、永水彼此原有疆界,但犬羊彝性,侵削無當,合行督撫,逐一查勘,原係播州者歸我版圖,原係永水者,歸之奢、安二氏,立碑遵守,如有奸目,藉口瓜分,溷行争占,重加究治。土官知而故縱者,一并參處,各等因題,奉聖旨,依擬行,欽此"。此平播之後,塞倖杜萌下令申飭安氏之咨也。由前兩咨觀之,則瓜分世職,非爲安氏所以待有功也。由後兩咨觀之,則避嫌舊地明指,安氏非許其瓜分也。况乎一則曰:"播州地宜行督撫,議妥具奏。"一則曰:"播、水,原有疆界,播之舊地,合行督撫查勘,歸我版圖。"申飭至再,原未有水西侵地,在楊氏未滅之先者,可以無問之説。

臣仰遵明旨，憑據部咨，詢之土人，考之圖籍卷案，恭誦《大明一統志》之界限，爰質《貴州通志》之封疆，烏江以北地，播地也，人，播人也。歸我版圖，部咨俱在，於臣原非横索，疆臣有何積憤？夫憤心激於不平者也，几人情，賞不酬功，則憤生；罪不當辜，則憤生；奪其所固有，不與其所當有，則憤生。疆臣有一於是乎？臣歷查督撫諮文，監軍各道稟揭，姑無望其斬逆酋，已觀望逗遛，則非自奮通賄助賊；則非倡義烏江戕殺官軍，囤後送賊火藥；則非合謀滅賊，況夫捏報功級，冒領欽賞，欺君之罪，業已彰彰甚著，夫核其功，既不合於初令兩咨世襲瓜分之例，録其罪，又更浮於再令兩咨避嫌藉口之條。僅復其侵地，不追其既往，亦可謂治以不治矣。爲疆臣者，宜可以無憤矣，何積憤不平之云。夫疆臣不敢藉口瓜分，而代爲瓜分，疆臣不敢溷行争占，而導之溷占。不曰播地應議妥，應查勘，應歸我版圖，而冒焉分裂，以酬巧避貪功啓釁之名，以從衆人之議，於臣自爲計得矣。如明旨何？如部咨何？噫！從衆議，則地與之乎？不與之乎？不與輒又爲逆，將若何？婁山關以西全播之地，猶云魯與征播也，儻欲力扶其妻弟阿利，冒襲承寧全司之地，與之乎？不與之乎？不與輒又爲逆，將若何？臣竊謂，今日事惟當計是非，不當計强弱。酋雖强，未始不可以理讐酋之有功無功，有罪無罪。與播地之應分應復，雖酋亦自知之。酋如即逆，國有常刑，何遽患於無詞耶。臣聞權不可以假人，上假其一，下以爲百。予奪自上，則權重而體尊。要挾自下，則權輕而旁落。尺寸之地，誠無當於與圖之重輕，臣竊謂，際兹全盛之時，堂堂天朝，予奪大權，令蕞爾小酋，得以挾而阻撓之，國體攸關，非曰眇小不可不長念也。

方楊應龍之初發難也，黔中必欲繩之，川中必欲護之，十餘年間，議論不定，如道旁之室陰，疑冰堅卒成大患。使川中蚤爲懲創，一獄史是辦矣，懲而毖患，楊氏雖至今存可已，何至興師動衆，勞敝蜀黔，使八百年之播祀盡爲墟也。今之於安氏也亦然，乘兹天威震疊之日，百蠻落膽之時，釐我疆土，何煩用兵，兩省同心，片言間諭將聽，令之恐後正其界限，戢其逆萌，不獨爲新府，亦所以爲安氏。惟是持議必違明旨，遵明旨則必拂衆議，臣將何適之，從臣竊謂，清理之議，有所自出。臣身寄封疆，奉行者也，非主議者也。疆臣果首功耶。撤兵避嫌，不許瓜分有部咨在，其罪固不在臣也。疆臣非首功耶，藉口瓜分，從重究處，亦有部咨在，其事亦不在臣也。裂土酬賞，士衡果有確據耶？宜明白具疏請旨，更令與酋瓜分，亦難專責之臣也。今獨以貪功啓釁罪臣，臣誠未得共解矣，又云反戈内嚮，我則何詞，雖云遠慮，得無慮之過耶。臣聞國之利器不可以示人，我操其柄，而人莫測其端，苟倒而持之，未有不竊之以乘我者。夫土彝習我聲教，與外彝原自不同，即云犬羊异類，稍示寬假。臣謂有其意可也，遽慮彼之反戈，我之無詞。竊恐狡酋聞之，不知言官意，在輯寧疆埸，誤謂："左袒於彼，必曰我彝也，是明許我以逆也，我可以侵輿圖抗朝廷而罪又不在我也。" 倒太阿而授之，惟所欲爲而莫之，敢抗彝何厭之，有渭河、沙溪，猶可藉名，司驛也。儻欲固據栗木、張八册諸地，與之乎？不與之乎？不與輒欲爲逆，將若何？栗木、張八册之地猶云，竊占在前也，儻欲如其致書劉綎之初意，盡得婁山關以西，全播之不定使狡酋奸目乘隙窺覘，宜布流言，以亂縉紳之視聽，而後議論棼起矣。雖然訛言繁興，久之自定，恪遵明旨，以播之地歸我版圖，酋同無如我何矣。儻果爲逆，是蹈楊酋之緒也。噫！安氏之富貴極矣，朝廷待之不爲不厚矣，斷斷乎必不敢以千年之業，易此尺寸之土也。

臣於待罪乞休之日，當遠多言喜事之嫌，但臣濫以草茅，誤蒙簡任，銜命萬里，控制三垂，既不能宣布以德，馴兹悍彝，何敢以時值多言，曲爲規避。況既在地方一日，即有一日之責。臣今不爲題明，縱臣既去之後，新督臣任事之初，一或查勘，疆臣必將藉言積憤，劄兵要挾，啓釁之罪，仍將諉之於臣，臣非固爲是臆説也。臣今尚在地方，疆臣猶得而抑挫之，揶揄之。疆臣曰臣欲用兵矣，聞者不察，皆罪臣爲啓釁貪功。疆臣曰臣横索地矣，聞者不察，皆罪臣爲得隴望蜀。疆臣曰臣聽七姓羅學茂矣，聞者不察，皆罪臣爲聽用宵人。自臣清理之初，迄今年餘，竟不知臣聽用之兵何在也？臣所得之隴何在也？臣所聽之宵人何在也？哆侈鼓簧，流傳道路，使謀國者，紛如聚訟，籌邊者，凛若履冰，而疆臣方且旁觀竊笑，誇示諸彝，意洋洋自得。臣何足惜，獨令耳目要臣，皆爲酋所欺誑，是可爲長太息者也。疆臣凶暴横逆之惡狀，通賄助逆之實迹，皆確有的據，臣欲悉數而盡言之。聞者必以臣爲摭拾求勝，激怒疆臣，幸其叛逆，而又欲剿水西，收闢地之功也。竊恐月益日滋，養成驕横，且目國家爲無人，异日西南大患，從此始矣。

伏望我皇上特敕兵部，查取前項四諮文及《報捷》《核功》兩疏，逐一詳查，平播之後朝廷曾否下合播地？准令疆臣瓜分？疆臣果否首功？應否裂與播地？并查《大明一統志》，是否烏江爲界？沙溪是否北烏江？如渭河、沙溪、栗水、張八册，諸地在烏江之南？疆臣雖不變順爲逆，臣請甘認横索之罪。如部咨明，開水西避嫌，不許藉口瓜分播地，督撫查勘，歸我版圖，《一統志》載有烏江湍流汹悍，發源水西閫地，爲播、水之界，一一是的。疆臣仍爾，占據侵地，劄兵要挾，變順爲逆，反戈内嚮，應當作何究處，悉聽該部，從公議覆上，請恭候宸斷，庶便欽導會勘之日，使彼不敢復藉積憤之説，以挾勘官，而後疆界從兹可明矣。至如臣象乾，上負重托，下拂輿情，致滋論劾，實由自取。伏望亟賜罷斥，另選才賢，前來代任，以安愚分，以謝人言，臣無任，惶恐激切，俟命之至。

——（康熙）《新城縣志》卷十一《藝文志·奏疏》，清康熙三十三年刊本

經理牂牁奏議序

王汝訓聊城人，巡撫都御史

今天子神武，用大司馬河北李公平播彝，尋以憂去。已，詔少司馬，濟南王公移上谷，節總制三鎮，往經理其地。越四年，奏議几若干卷，諸牘附焉。稱牂牁者，以播故漢牂牁郡也，不佞汝調卒業嘆曰：“輯綏之功，何啻勘定哉。”當楊酋謀逆，上赫然命將李公提二十餘萬之衆，指顧廓清，如决癰于一旦。其功著，甫設郡縣，彝夏雜居，疆埸异議。公深謀徐計，如危病方蘇，調七劑以延命，勝其功均遠之乎，社稷臣也。公具兼才，名在北邊，業已振薄伐之威，用之撻制西南，孰不慴伏者。公謂播地新造，何舉以漢法治。吾其少覽文綱，初至吊死、問疾、賑灾、恤患，首請易置諸吏，分遣勞來深林密箐，各如其所自至。條奏善後諸疏，廷論咸推以爲得策；遺俘伺間囮，不遑先後。授首諸屬，彝首鼠顧，望群聚瓦解，莫不竦息奉約束矣。已繕城置屯，分田建學，暨歲餉、經賦，手畫授諸吏，次第上功幕府，大要規制，比内地。井井秩秩，咸當朝廷意指，蓋虚懷朗照，兼收衆策，而善劑其用。諸建自痛切妣至披露赤盡，上領心聽，納他鎮奏請，往往寢格，獨公疏朝入夕報，可無不嘔喻者，區區水西豈其藉之益吾幅員，日曉曉與安氏争尺寸之壤，蓋以國家括數省，財力、用兵僅得此土，使狡酋踞奪其半，而陰資之，以成啓疆之禍，弃吾赤子于徼外，國紀人心謂何善焉。公之言曰：“疆臣侵地，盡在輿圖，竊而據之，是盗臣也。因其據而徑與之，是賞盗也。”讀至此，孰不怒髮切齒者，彼其多方授結，動輒籍口挑禍，摇撼當事，故公之筭能，操其命于股掌，而不能必其不謡諑于衆多之口。疏凡數上，詔屢趣正播界，竟齟齬報罷，及公以憂代，謂諸藩臬大夫曰：“幸奉簡書，畢力經營，以告成事，吾歸矣。其未竟者，籍之以俟。”异日余束髮交公，習知公精白淵粹，臨大事屹然，斷山不可撓以利害，以故締造西南，動猷舄奕猶不嫌，自與屬意後事，爲國家畫百世之利。上嘉其功，進秩賜金，褒寵于疆埸，諸臣無兩。昔召穆公疆理淮彝，紹美祖烈，受策命以揚王休。公纍世著績，黔楚益茂，恢廓于今日，是編也。其以承家開國，表主知而光先業，與江漢并稱可也。已，又謂公曰：“李公今入領樞密，公且起而與之，同心輔政，明天子將洽文德而歌，天保之盛矣。”

——（康熙）《新城縣志》卷十三《藝文志·序》，清康熙三十三年刊本

（康熙）長山縣志 *

劉一相

字惟衡，號頊陽。登萬曆丁丑進士，授高平知縣。豪子弟恣横里中，前令不能詰，相一切按治以法，邑以大服。兩校鄉試，省元兩出其門，擢南京吏科給事中，力排張居正黨人，封事十數上，左遷陜西按察司僉事，分巡隴西，再謫茂山衛知事，稍遷稷山知縣，多惠政。擢南京兵部車駕司主事，前駕司倪涷立僱役法，人皆稱便，貂璫貪弁欲更之，相堅持不可，一時有倪翁劉父之歌。會播酋反，兵部侍郎邢玠奉詔督師，疏請相隨軍贊畫，相力主勦議，身入賊巢，諭以禍福，賊感悟，自擒首惡以獻，播酋平。遷刑部員外郎，轉郎中。久之，播酋以調馭失宜，復叛，詔相爲四川布政司參議，備兵叙、瀘，相捐金募兵五萬，自合江進討，屢著戰功，再叙播功，賜金，改貴陽參議，移守商洛，晋陜西按察司副使，清理軍屯。以母老，致仕歸。相爲政勤敏，務盡其職。在隴右時，凡有不便，輒裁去之。秦人賴焉，在稷而人爲立祠以祝。在駕部理船政，著《船政要覽》一書。後爲南樞，孫月峰嘆賞，惟以剛直不容于時，未竟其用，著有《燕喜堂文集》。子鴻訓，崇禎朝入相。

——（康熙）《長山縣志》卷之六《人物志·仕業》，清康熙五十五年刻本

樊世寧

字子泰。萬曆朝，中二科武舉，乙未成進士。除濟南衛鎮撫，改中平衛鎮撫，擢湖廣操捕都司。會播酋楊應龍、苗賊皮林作亂，制府檄，寧先定皮林。寧單騎至賊所，諭以朝廷禍福，解衣衣之，賊皆羅拜服罪。皮林既平，以功遷都指揮僉事，管本司屯局僉事。甲辰，又以平楚藩功，晋湖廣軍政都指揮使司都指揮使。寧沉凝好學，少習舉子，業雖歷戎職，未嘗一日去書，爲文雄奇，千言立就，有古儒將風焉。

——（康熙）《長山縣志》卷之六《人物志·武功》，清康熙五十五年刻本

---

* （清）孫衍纂修：（康熙）《長山縣志》，清康熙五十五年刻本。

（咸豐）金鄉縣志*

（明神宗萬曆）四十六年加天下田賦。先是已加川、湖及淮陽賦矣。至此復加派地畝，遼餉銀金鄉共加銀五千四百八十兩三分四釐九毫八絲七忽。

遼撫周永春疏：

爲遼左事勢危急，微臣誤蒙簡用，懇乞聖明，急飭當事大臣，速講足兵足餉長策，以大張神氣，早收桑榆事。

……今日調十而不得五，將來十且不得三矣。今之議餉者，以借貸扣減事例爲長策，明旨亦以委於邊計，有裨褒苔之矣，而未必然也。調兵十萬，馬匹稱是，人日食米若干，鹽菜若干，馬日飼草若干，豆若干，以月、以歲計之，共用米若千萬石，豆若千萬石，草若干萬束。以遼之現在本色計之，米、豆、草若干，援遼將士，總兵月給廩糧若干，副將若干，參游若干，備禦、千把總等若干，軍士本色折色兼支月費若干，查照征倭、征播事例，宜酌議加增若干。若有功將士，賞不逾時，陣亡軍丁，大加優恤，此又不可以額數限者也。

——（咸豐）《金鄉縣志》卷十一《事紀》，載《中國地方志集成·山東府縣志輯》，第79冊，第487頁

* （清）李壘纂修：（咸豐）《金鄉縣志》，載《中國地方志集成》編委會編：《中國地方志集成·山東府縣志輯》，鳳凰出版社，2004年。

（光緒）益都縣圖志*

邢玠，字搢伯，亦字昆田，曾祖端，祖聰，父鑌，并贈太子太保，兵部尚書。玠，隆慶五年進士，授密雲縣知縣，以卓异擢御史，巡按甘肅。萬曆五年，俺荅欲赴青海，玠疏陳利害甚悉。其後撦力克嗣封果有洮河之患，時謂玠有先見。還，當路修私憾，出爲河南僉事，調苑馬少卿，擢山西行太僕卿，歷升山西右布政使，引疾歸。旋起右僉都御史，巡撫大同，多武功。升南京兵部右侍郎，播州宣慰使楊應龍叛，敗官軍於白石。二十二年十月，轉玠左侍郎，總督川貴軍務，玠至蜀，乃檄諭應龍，謂當待以不死，應龍果面縛請罪，并縛獻黄元等十二人，案驗，抵應龍斬。論贖輸四萬金，留質子，割五司，又獻作惡首從，共七十餘人，斬於重慶市。屯兵於松坎、湄潭、龍泉，以扼其項背，約束之，加玠右都御史。……以舊《志》及《明史·播州宣慰司》《朝鮮》各列傳，李維楨撰《邢公按陝奏議序》修。

——（光緒）《益都縣圖志》卷三十六《人物志八·列傳》，載《中國地方志集成·山東府縣志輯》，第 33 册，第 505 頁

馮裕，字伯順，世籍臨朐。洪武初，曾祖思忠，戍遼，遂寄籍廣寧。裕少孤，育於從祖母池，池卒，爲持服三年。有司嘉其誼，薦之，不就。聞義州賀欽，倡明理學，往師事之，得其宗旨。成正德三年進士，授華亭縣知縣。縣人張文冕，官近侍，大璫劉瑾腹心也。以家托之，裕至官，守正無所徇庇，文冕怒嗾瑾，將逮繫之，裕不爲動。會瑾敗，乃已縣大水，下田多逋賦，裕令上田代輸其什之一。大吏坐裕加賦，百姓争奔走言其狀，乃得白。猶改知蕭縣，遷晋州知州。滹沱河自城北南徙，北地瘠而賦如故。裕爲更其額，民困以蘇。升南京户部員外郎，數忤中貴人意，中貴人欲伺間中之，終無所得。乃益重之，歎服，

---

* （清）張承燮修，法偉堂纂：（光緒）《益都縣圖志》，載《中國地方志集成》編委會編：《中國地方志集成·山東府縣志輯》，鳳凰出版社，2004 年。

再拜而去。稍遷郎中，擢平凉府知府，道過青州，省先人冢墓，乃還舊籍，而居益都焉。以後期改知石阡府，凱、播酋相攻，爲正疆界，計所殺傷，償之如其俗，遂不復爲亂。遷副使，治兵威，清土酋。龍里死其兄，侵之里，妻率衆與鬥，合兵數萬，遠近震恐，裕單車往諭，立即解散。苗犯程番，議者欲用師，裕不可，遣官撫之，皆聽命惟謹。致仕，歸與海岱耆宿結詩社，不治生産事。僦居府城者，十餘年，至不能酬其直，嘗謂希寵者，負君媚人者，負己謀身者，負人生平，蓋三無負焉。年六十七卒，鄉人稱爲間山先生。裕生於廣寧，嘗取其山以自號故也。子五人，幼子惟直諸生早卒，餘四子并知名於世。以舊《志》及李維楨撰《馮氏家傳》修。

——（光緒）《益都縣圖志》卷四十九《人物志二十一·外傳僑寓》，載《中國地方志集成·山東府縣志輯》，第 33 册，第 636 頁

馮琦，字用韞。李維楨《馮先生集序》曰："公方在娠，而夢韓魏公入室，因以爲名。"臨朐人，幼穎敏絶人。年十九，舉萬曆五年進士，改庶吉士，授編修，預修《會典》。成進侍講，充日講官，歷庶子，三王并封，議起移書王錫爵，力争之。書曰："伏見三王并封事，詔文深切，群臣引誼。"廷争群疑，必不可解，而所疑又不敢出於口，上心必不可回；而又不能以其心取信於天下，其所稱引以爲詞者，皆其意之所寄，而非其意也。相抗相激，恐遂成大禮之續，中間調停區畫惟老師在，而老師苦心亦復不白。數日以來，紛紛藉藉，不忍聽聞，門生在諸弟子中最少，最不肖，受知遇最深，欲效一得之愚，以佐末議，而未知所出。竊謂君父尊親，宫闈微曖，皆臣子所不忍疑，與不敢疑，然而終不能解者，何也，群臣屢請而屢格，明旨屢下而屢更，其更彌多，其詞彌順，而持之彌急，彌峻，類若有意爲之者，且夫長不立，以待中宫也，中宫恩寵賜予遠出貴妃下，即中宫之父，視貴妃父，恤典何如哉。遲遲於捐數百金，葬其已死之父，而虚東宫以待其未生之子。……罪播酋拒命。公謂討固宜顧，何用煩騷天下半第，先聲驟迫而多疑之行，自殲也。此其前後料敵制勝，出人意表，而洞局終始無不逾度。懸中者，其在吏部入。

——（光緒）《益都縣圖志》卷四十九《人物志二十一·外傳僑寓》，載《中國地方志集成·山東府縣志輯》，第 33 册，第 639 頁

（光緒）文登縣志*

又癸未春月游海龍囤記

昔宋熙寧，有常州太守，召赴闕。既陛見，上首問，“錫山去郡幾遠？”了不能對。上顧近臣曰：“爲守臣而不知境内山川，其爲政可料？”夫非徒欲守臣親細事也，蓋地方有厄塞，而我之修備因之。况承乏邊陲，尤不可以怠忽。

憶余出守牂牁，蓋今上十二年之孟陽也，舍舟過綦，即屬播地，大都皆飛岩斷演，叢篁茂菁。蜀道之難，莫最於此。所過有黄金坪、木蛟坡、石壺關、樓山關、雞爬關，真一夫當，百泥丸可封，何讓百二之雄耶！當時用兵數百萬，用餉數十萬，始得城其地而人民之。夫非恃此險哉？莅事之初，即代道斫狡夷，降將未就絲索，故不暇數山川而問形勝。未幾，即捧有署渝之檄，渝之諸大夫，首以海龍囤爲訊，蓋以遵實咽喉於渝，而海龍囤又實雄據於遵。楊酋有“養馬城中百萬雄兵争日月，海龍囤裏半朝天子鎮乾坤”之聯，志不在小。至今沴氣所種，人有殺心，調停失宜，動爲鄰壑，諸大夫之慮淵乎。迨一年回遵，果有民變，而郭叛一幺麽於劫獄屠令之後，即據養馬城以難我。幸内安外禦，始得肅如。然懲先毖後，又不可不相其勢，而自今圖之。時司李黄以代，察遠行不及追隨，因謀於同寅，楊司馬挑燈夜馳，歷三十里許，是爲海龍壩，一望平疇不啻，錦城之沃野，輿人曰：“是楊酋所恃，以養百萬雄兵者，爲之憮然。”

再十里，則入囤之别道矣。蒙蔭蔽日，喬木參天，左顧右盼，神情懍懍。見操斧斤者，日百手相續，曾不見損一毛。其烏彪文豹，巨蛇毒蟒，狺狺然，蠕蠕然，出没於絶壑崇巔之中者，幾令人不敢正視。爰有一物，形類猪而小，利刺周身，可以簪髻，獵人逐之，則發刺中人，觸之難救，是爲刺猪。蠢然之物，猶能蓄毒，欲於此處覓無懷氏之民、葛天氏之

---

* （清）李祖年修，于霖逢纂：（光緒）《文登縣志》，載《中國地方志集成》編委會編：《中國地方志集成·山東府縣志輯》，鳳凰出版社，2004 年。

民不其難與？又有一物非獸非禽，前生兩翼，可鼓而飛，後生兩足，可跂而走，脊毛如蒼狐，腋毛如紫貂，晝鳴者吉，夜鳴者凶甚，有指其名而呼之，而其人卒不起。鄉人諱其凶，而名之曰“催生”。研磨其爪掌，服之，難産者立娩。一物而有利有害，如此。未幾而喊聲四達山岳。助響有持嵆矛者，藥弩者，群逐一獸，高僅三尺，腰可數圍，朝夕以竹爲飧，數丈老笋，啖之立盡，嘗竊農人之犁鋤，啐啐碎之。如噉蔗梨，俗呼爲“貉”，背上有文如酒瓶，酩酊之後，藉之以寢，其醺立解，試之果然。土人又言，有九頭鳥，一鳴九聲，音韻各异，其一斷頭處血淋淋然，所滴之處，草木爲枯，或一年一過，或數年一過，終非吉祥善事。今年遵城之民，鑼鼓喧闐，有擊籤者，擊鐺者，無大無小，叫呼咢詻，令人驚悚，問之皆謂：“此鳥西歸，怖其倦飛而集吾地也。”然亦不數月，即有民變，夫豈誣哉。攬轡而前，山高林静，鶴唳猿啼，鶯鳴鳥語，嘈嘈雜雜，如簧如笙，而耳目又不覺爲之一爽潔矣。

循澗直前，水凡三十二折，販夫結筏，以貨木材，即其渡耳，夾水之山石皆鑿空。昔爲土司楊應龍之水關，謂：“豬其水，以滰半渡，必無一人可逃也。”左有養馬城，右有養雞城，磨石砯砌，廣可數里，正郭叛，欲雄據以抗我師者。不五里，即達囤口，兩旁峭矗如壁，如嶂巋巙嶷崿，飛鳥難登，狡兔不窟，阻其前者，爲鐵鑄關，行人皆弃車馬，王督師之築京觀在焉。

前二里則爲飛龍關，又前二里則爲飛虎關。凡鐵鑄關内之有旁蹊小道，此二關全足以束之。再上爲朝天關，左凌危巇，下臨絶壑，竟無路可通，回視諸山，則又爲雲爲仍矣，路以人力代天成，不啻五丁之鑿金牛。兀矸危磴，一步十息。而太平關即峙其前，石非礱不用，門有進必折，箕踞而前，是謂署之第一門。石壁封壘，巋然兩路，蓋從官之舍趾也。儀門、堂奥洞開，環拱、倉廒、繡舍屈曲，周衛烈焰之後，頽垣敗壁，猶峨峨可仰耳。乃周於前者，又嚴於後，三關嶄然，如鼎相望，一曰接龍，一曰萬安，一曰永壽，與前五關同一結搆，而更峻整。盡頭處盈盈若帶，又非檜楫松舟不能飛渡。

噫嘻！歷覽至此，似算無遺策矣，何天戈所指，如火烈烈，劉楊諸大將，前誘後攻，有如摧枯拉朽，請臣不能，請死不能，身爲戮而子爲孥，一場大業，燼滅烟銷，亦可哀哉。播自唐乾符中入楊氏，二十九世，八百餘年，至應龍而絶，以其地置遵義、平越二府，分屬川、貴。夫天下事惕於歉，而墮於恃。楊氏惟以險爲恃，是以禍延烝黎，殃及骨肉，嬰兒孕婦概被誅夷，五司七姓盡爲赭屠。上爍三光之精，下壅八風之和，殊不思人和既失，地利何有？而今之郭熊輩，猶欲踵其前趾，有不自促其算哉。然因是而思先事之防，非抉其畏壘，必不能弭。負固之心，非慎其住持，必不能清；匿奸之藪，非嚴責地保，時其偵探；

則此橫眉不逞之徒，薰染夷氣之衆，欲不乘暇伺變而生戎心，不可得矣。因以爲記。

崇禎癸未遵義府知府常三錫書於署之娛清軒。

按：《明史·神宗本紀》："萬曆二十五年，播州土司楊應龍叛。二十八年，總督李化龍帥師分八路進討。六月，克海龍囤，楊應龍自縊死，播州平。是記敘其地勢，可補《明史》之闕。"

——（光緒）《文登縣志》卷八上《人物一》，載《中國地方志集成·山東府縣志輯》，第54册，188~189頁

（宣統）聊城縣志*

南京刑部主事謝肇淛傅伯俊詩序

曩余，束髪游吳，吳之人才傅君伯俊不置也。越十年，仕齊，始獲與伯俊交詩筒酒，舩相往來無間，伯俊常覓余，言謂："後世誰復相知，定吾詩者，余謝不敏。"又六載，則殯宫之草宿矣。其子爾庚，復奉遺言，以請烏乎，延陵之劍，吾業已心許之，敢惜片言，以負良友於地下？輒凝涕而爲序。序曰：夫詩難言矣，非詩之難，而所爲詩者之難也。高者索之意象，以洩其發揚蹈厲之聲，是直爲雄耳。次則侔色揣稱，習爲妍華宛麗可憐之曲，又直爲靡耳。今宇内雞壇林立，不啻人靈虵，而家夜光。然於二者之中，未有能孑然自振者也，伯俊之詩，非必字諦晉而語宗唐也……方中使荼毒清源，當事者噤不敢發一語，伯俊獨颺言，廷争之守重慶時，播寇猖獗甚，衆爲股栗。君慨然叱馭往調，筴兵食，莫不中，度賊以就擒，山人墨客有敗君事者，衆尤之輒，夷然曰："貴而爲交者，爲賤也。吾寧失官，終不令有易交名。"蓋其生平志行，有大過人者，非獨僅以詩不朽也。造物見妒，齎志以没，悲夫！謝肇淛曰："夫士，有量容一世而不能容其身，才蓋天下，而天下莫能知其爲人。"余始不信，乃今於伯俊見之，以伯俊之才行翩翩，卓爾大雅，而猶不免消骨之口，世路於是爲不弘矣。

——（宣統）《聊城縣志》之《耆獻文徵》，載《中國地方志集成·山東府縣志輯》，第 82 册，245~246 頁

---

* （清）陳慶蕃修，葉錫麟纂：（宣統）《聊城縣志》，載《中國地方志集成》編委會編：《中國地方志集成·山東府縣志輯》，鳳凰出版社，2004 年。

（民國）臨清縣志 *

汪應泰，號和宇，第進士。初仕諸暨宰邑，多盜。應泰至，悉擒之，抵於法。調定海，歷升鳳翔知府。以總制李化龍，薦除松潘兵。備道協討播寇楊應龍，平之。致政，歸，恤孤救荒，鄉人頌德。

——（民國）《臨清縣志》卷十五《人物志·顯達》，載《中國地方志集成·山東府縣志輯》，第 95 册，第 277 頁

* 張自清修，張樹梅等纂：（民國）《臨清縣志》，載《中國地方志集成》編委會編：《中國地方志集成·山東府縣志輯》，鳳凰出版社，2004 年。

（民國）東明縣新志 *

王子柔，以字行籍。本長垣明太師大司馬李襄毅公化龍婦弟也。襄毅撫遼左，子柔以諸生，參幕府經權之際，舒展自如。數年，論幃幄功，補授職方主事，襄毅引疾歸，而子柔亦投劾去矣。萬曆二十五年，楊應龍反播州，川黔震動，廷推襄毅以兵部左侍郎，賜尚方劍，總督湖廣、川、貴軍務，討之。劉綎、童元震、鄧子龍，十二總兵官，均受調遣，而以子柔仍前官，督餉，駐重慶。因應咸宜，士卒用命，不百日而播平。會襄毅以憂去，代之者爲黔撫郭子章，善後區處，子柔之力爲多，卒改土歸流，以播州爲平越、遵義兩府，分屬川、貴。三十年，論平播功，化龍加少保，子柔亦以職方授後軍都督府指揮使。迨襄毅再出爲本兵，仍辟子柔往，以老病辭，弗行也。

黄中色，字美中，籍本長垣，以鄉貢進士。參太師大司馬李公化龍平播軍務。其劾劉綎，以用劉綎激童元震，以使之效力，謀多出於中色，事定論功，授贊畫主事。

——（民國）《東明縣新志》卷之十一《人物》，載《中國地方志集成·山東府縣志輯》，第 86 册，223~224 頁

* 任傳藻修，穆祥仲纂：（民國）《東明縣新志》，載《中國地方志集成》編委會編：《中國地方志集成·山東府縣志輯》，鳳凰出版社，2004 年。

北　京

（康熙）大興縣志*

王嘉謨，字伯俞，順天人，萬曆丙戌進士。授行人奉使，列籓饋，遺無所受。以才望選禮科給事中，疏請建太子；因灾變請上修省，糾參權璫田義八罪。侃侃直言，聲震一時。升陝西參議，調四川參政。平播酋之變，以終養告歸。生平好讀書，著有《薊丘集》四十卷。

——（康熙）《大興縣志》卷之五上《人物·人才考》，載《中國地方志集成·北京府縣志輯》，第 7 册，第 246 頁

* （清）張茂節修，李開泰纂：（康熙）《大興縣志》，載《中國地方志集成》編委會編：《中國地方志集成·北京府縣志輯》，上海書店出版社，2004 年。

（康熙）宛平縣志 *

明，王嘉謨，字伯俞，順天人，父應祥，以武舉官至署都督僉事。有善行。同巷有張翁者，疾革，語其子曰："吾觀里中爲善最篤者，莫如王千兵，吾將受生其家矣，汝欲見，盍訪之。"張翁逝，其子走叩都督家，公果生矣。

生而穎慧异常，成萬曆丙戌進士，授行人奉使，列藩饋，遺無所受，以才望選禮科給事中。侃侃偉議，一時稱"朝陽鳴鳳"。其疏之最有關係者，如請建太子，如因灾變請上修省，又如糾參收瑺田義八罪等奏，皆言人所不敢言，直聲遂震于天下。甲午典試，闈中闈未撤，升陜西參議，未上，改任河南，管河道。無幾，有播酋之變，總督李化龍疏請公，以參政管上川南道。寇平，升按察使，管川西道。以終養告歸，卒於家。

公生平好讀書，不妄交游，門庭閑寂，有若山林，所著有《薊丘集》四十卷，行于世。

——（康熙）《宛平縣志》第五卷《人物志下·人才》，載《中國地方志集成·北京府縣志輯》，第 5 册，119~120 頁

---

* （清）王養濂修，李開泰纂：（康熙）《宛平縣志》，載《中國地方志集成》編委會編：《中國地方志集成·北京府縣志輯》，上海書店出版社，2004 年。

甘　肅

（乾隆）鎮番縣志*

楊大烈，字静野，萬曆乙酉舉人，由河南商邱縣教諭歷升湖廣衡州府通判。大兵征四川播州，烈運糧，卒於軍，題贈卿銜。洛中人稱爲“河西楊夫子”。

——（乾隆）《鎮番縣志》之《人物志·選舉》，載《中國地方志集成·甘肅府縣志輯》，第43册，第85頁

* （清）張玿美修，曾鈞、魏奎光纂：（乾隆）《鎮番縣志》，載《中國地方志集成》編委會編：《中國地方志集成·甘肅府縣志輯》，鳳凰出版社，2008年。

（道光）鎮番縣志 *

楊大烈，字静野，萬曆十三年舉人，由河南商邱縣教諭歷升湖廣衡州府通判。從征四川，洞達戎機。後以運糧卒於軍，題贈卿銜。洛中人稱爲"河西楊夫子"。

——（道光）《鎮番縣志》卷九《人物列傳·名将》，載《中國地方志集成·甘肅府縣志輯》，第43册，第255頁

* （清）許協修，謝集成纂：（道光）《鎮番縣志》，載《中國地方志集成》編委會編：《中國地方志集成·甘肅府縣志輯》，鳳凰出版社，2008年。

（民國）民勤縣志 *

楊大烈，字静野，萬曆乙酉舉人。由河南商邱縣教諭歷升湖廣衡州府通判。大兵征四川播州，烈運粮，卒於軍，題贈鄉銜。河中人称“河西楊夫子”。

——（民國）《民勤縣志》之《人物志·选举》，載《中國地方志集成·甘肅府縣志輯》，第 49 册，第 336 頁

* 馬福祥修，王之臣等纂：（民國）《民勤縣志》，載《中國地方志集成》編委會編：《中國地方志集成·甘肅府縣志輯》，鳳凰出版社，2008 年。

傳記

楊氏家傳*

楊端，其先太原人，仕越之會稽，遂爲其郡望族。後寓家京兆。唐末南詔叛，陷播州，久弗能平。僖宗乾符三年，下詔募驍勇士將兵討之。端夢神人告曰："爾亟往，此功名機也。"端與舅氏謝將軍詣長安，上疏請行。上慰而遣之。行次蜀，蠻諜知之，斂退者半。乃詣瀘州合江，逕入白錦軍高遥山，據險立寨，結土豪臾、蔣、黄三氏，爲久駐計。蠻出寇，端出奇兵擊之，大敗。尋納款結盟而退。唐祚移於後梁，端感憤發疾而卒，子孫遂家於播。宋贈太師。太師生牧南，既嗣世，痛父業未成，九溪十八洞猶未服，日夜憂憤。其子部射逆其志，選練將卒，伐羅閩。時閩附南詔，部射深入，閩匿將士絶其後，部射力戰死。其子三公抱父尸不去，閩執之以歸。牧南卒，三公幽於閩半載，會阿永蠻酋長黑定與閩有連，語之曰："殺其父而囚其子，人弗爲也。盍歸諸？"閩不答。黑定怒，夜以一牝馬竊載與俱歸，且發兵納三公界上。三公遣衛兵檄召謝巡檢，謝帥夷僚逆之。會濟江，夷僚忽懷异志，引舟岸北，呼謝曰："爲我語若主，當免我科賦。否，則吾不以舟濟。"三公怒，瞋目視舟，嘘者三，舟奔而前，三公遂涉。夷僚争持牛釃酒爲謝。三公剪帛系僚頸，吸水噀之，帛成蛇形。僚伏地哀祈，誓輸賦不敢反。三公復噀之，帛如初。

三公生二子：寶、實。寶當立，自以才不逮，讓與實。實字真卿，聞宋太祖受命，即欲遣使者入貢，會小火楊及新添族作亂，實同謝巡檢討之，夜薄賊營，盡殲其衆。實傷流矢，病創而卒。實生昭，字子明，既嗣世，二弟先、蠛各擁强兵，先據白錦東遵義軍，號下州。蠛據白錦南近邑，號揚州。昭不能制。曾未幾何，蠛稱南衙將軍，舉兵攻先，且外結閩兵爲助。謝巡檢子都統，謂昭之子貴遷曰："蠛召仇讎而賊同氣，罪不容於死，盍討之？"遂大發兵，設三覆於高遥山，要其歸而擊之。閩大潰，赴水死者數千，蠛亡人閩。貴遷，太原人，與端爲同族。其父充廣，乃宋贈太師中書令業之曾孫，莫州刺史充本州防

---

* （明）宋濂撰：《楊氏家傳》，載宋濂著、黄靈庚校點：《宋濂全集》，人民文學出版社，2014 年。

禦使延朗之子。嘗持節廣西，與昭通譜。昭無子，充廣輟貴遷爲之後。自是守播者，皆業之子孫也。貴遷字升叔。慶曆、皇祐間，儂智高亂邕。貴遷曰："通夜郎，浮牂牁，出其不意擊之，漢制南粵之奇策也。吾當報國以自效。"即如瀘，次於南川，得暴疾，將還，其季父先使南川鉅族趙隆要殺之。官至武功大夫德州刺史。生三子：光震、光榮、光明。

光震，字長卿。瀘南夷羅乞弟叛，瀘遣使乞師，光震督兵行。時閩黨宋大郎與乞弟通，遏其歸道。光震與戰，連七日不决。遣帳卒王龍間道走播，趣謝都統濟師。謝至五婆山，見二酋縱騎橫槊馳騁，若指麾其衆。謝以勁弩射其一，應弦而斃。其一大憤，拔刀衝陣。謝砍傷其首，殺之，即宋兄弟也。二夷懼而退，因不能爲瀘患。光震官至從義郎沿邊都巡檢使。生五子：文廣、文真、文錫、文貴、文宣。

文廣，字敬德，少孤。仲父光榮潛謀篡立，衆弗與，光榮奔高州。欲藉蠻兵以危宗國。文廣與部將謝石近、謝成忠謀，奉書幣逆光榮以歸，事之如初。光榮復欲陰鴆文廣，文廣詭爲不知，愛敬日篤。黄標儀盜發光震墓，文廣捕斬之，事連其弟理郭。理郭奔高州蠻，謀作亂，會老鷹岩僚穆族亦叛。文廣命謝都統討夷之，斬理郭，戮穆僚，釋其黨七人。初，西平猺視諸蠻尤桀黠難制，文廣偕成忠夜入其柵擒獲之，尋數其罪貸焉。當文廣之時，蠻僚爲邊患，楊氏先世所不能縻結者，至是叛討服懷，無復携貳，封疆闢而户口增矣。年僅三十六而殞，君子惜之。官至武節大夫。生三子：惟聰、惟吉、惟信。

惟聰，字晦之，七歲而孤，育於母舅謝石近家。石近以主少衆貳，因奉光榮攝堡事。光榮立日久，益固位。惟聰既長，光榮深忌之，置毒魚中，欲加害。覺之，弗食。光榮復爲逆婦高州，給與俱，將殺於中途，謀洩，弗果行。光榮恚，籍播州二縣地千七百里往獻於朝，詔即其地建白錦堡，加光榮禮賓使。光榮還，惟聰率部佐出迎。光榮豫置毒於茗以俟，隸人誤進，光榮啜之，即斃。惟聰始親政。光榮弟光明懟惟聰，暮夜以兵劫之。惟聰出禦，光明敗奔蜀，訴于部使者李獻，誣惟聰謀不軌。獻入其辭，矯發南平諸寨兵入播。惟聰憤懣不自勝，大集兵拒戰，敗其師。事聞，詔奪獻官，進惟聰修武郎、左班殿直，賜金帶錦袍慰諭之。光明因亡入閩而死。居無何，惟吉復作亂，殺惟聰二子，衆怒，共誅之。惟聰深懲家難，禱於上下神祇，誓曰："世世子孫，不可以權假人。違此言者，天實殛之。"惟聰復生二子：選、迻。

選，字簡夫，始立，值徽、欽二帝播遷，高宗南渡。選慷慨負翼戴志，務農練兵，以待徵調。士大夫韙之。性嗜讀書，擇名師授子經。聞四方士有賢者，輒厚幣羅致之，歲以十百計。益士房禹卿來市馬，爲夷人所劫，轉鬻者至再。選購出之，遷於客館，給食與衣者數載。屬歲大比，選厚饋，遣徒衛送其還益，競登進士第。迻貳於選，謀入閩作亂。選邑邑喪明而終。官至武經郎。生十有三子,唯軫、軾最良。

軫,字德輿,美髯長身,狀貌瓌偉,剛果勇決,人服其能。嘗病舊堡隘陋,樂堡北二十里穆家川山水之佳,徙治之,是爲湘江。軫初無嗣,鞠軾子粲爲後,晚生三子:勛、㞦、鼎。以粲賢,遂不易初議。尤愛軾,尋授軾堡政,獨築室萬泉以終。軫畜一虎,馴服左右,常駕以出游,人异之。官至秉義郎。軾,字德載,沉静寬厚,孝友無間言。遇軫諸子,不翅若己出。初,先據下州,世治兵相攻,凡七傳至焕。軫之幕官猶泳從容白曰:"骨肉相殘,夷狄之俗也。上下楊,其初由一人而分,干戈日夜相尋,孰若講信修睦,復兄弟之親乎?"軾欣然曰:"吾有志久矣。子爲我往説之。"泳至下州,焕頓顙受命,遂盟而還。軾留意藝文,蜀士來依者愈衆,結廬割田,使安食之。由是蠻荒子弟多讀書攻文,土俗爲之大變。軾官至成忠郎,纍贈武節郎。

粲,字文卿,小字伯强。幼授《大學》,即掩卷歎曰:"此非一部行程曆乎?必涉歷之至,乃可爾。"長好鼓琴、投壺。粲母弟輝,有寵于父,幾奪其位。粲亦欲以位讓之,因猶泳言,得不廢。開僖三年,蜀帥吴曦叛,粲帥師赴援,會曦誅,不果。貢戰馬三百,黄白金鉅萬,且請因曦誅,大舉北伐,以雪先耻。上優詔答焉。嘉定十二年,復輸馬三百于蜀帥。蜀帥以聞,上益嘉定。南平夷穆永忠盗據公家田,粲曰:"穆不道,犯王略,吾爲藩臣,可緩其死焉耶?"帥衆討平之,斬永忠,歸其田南平。閩酋偉桂,弑父自立。粲聲罪致討,敗其衆於滇池,斬首數千級,闢地七百里,獲羊牛鎧仗各以千計。焕違盟,鈔掠界上。粲遣兵誅之,歸焕所掠地賦於珍州,下楊平,邊患遂熄。粲性孝友,安儉素,治政寬簡,民便之。復大修先廟,建學養士,作《家訓》十條,曰:"盡臣節,隆孝道,守箕裘,保疆土,從儉約,辨賢佞,務平恕,公好惡,去奢華,謹刑罰。"論者多之。楊氏居播十三傳,至粲始大,官終武翼大夫、纍贈右武大夫、吉州刺史、左衛大將軍、忠州防禦使,賜廟忠烈,封威毅侯。生三子:價、佐、佑。

价,字善父。英偉沉毅,自少不群。父没,以郡政畀其子文,專志養母。端平中,北兵犯蜀,圍青野原。价曰:"此主憂臣辱時也,其可後乎?"乃移檄蜀閫,請自效。制置使趙彦呐以聞,詔許之。馳馬渡劍,帥家世自膽之兵五千,戍蜀口。圍解,价功居多。詔授雄威都統制。未幾,復白錦堡爲播州,文領郡,价統兵如故。蜀警又急,詔价以雄威軍戍夔峽。价分署所部,屯瀘渝間,遣奇兵擊東,遂以捷多,遷武功大夫,閤門宣贊舍人。嘉熙初,制置使彭大雅鎮渝,檄价赴援。价督萬兵屯江南,通蜀聲勢,北兵不敢犯。孟珙宣撫荊湘,余玠制置西蜀,皆倚价爲重。上屢下詔褒美之。价指天誓曰:"所不盡忠節以報上者,有如皦日。"一日大飯群僧,价趺坐,誦佛書數語而終。价好學,善屬文。先是,設科取士未及播，价請諸於朝，而歲貢士三人雲。贈開府儀同三司、威武寧武忠正軍節度使，賜廟忠顯，封威靈英烈侯。

文，字全斌。紹定中，北兵始入劍。文日閲士卒爲備，蜀中避地者多歸之。嘉熙中，北兵窺江，彭大雅復來征師。價命裨將趙暹帥萬兵赴戰石洞峽，擊破之。以功轉武德郎、閤門祇侯。父卒，詔起文視事，進武功大夫、閤門宣贊舍人。文移書餘玠曰："比年北師如蹈無人之境者，由不能禦敵於門户故也。曷移鎮利、閬間、經理三關，爲久駐謀，此上計也。今縱未能大舉，擇諸路要險，建城壕以爲根柢，此中計也。下則保江自守，縱敵來去耳。况西番部落，以爲北所誘，勢必擾雪外以圖雲南，由雲南以并吞蠻部，闞邕廣，窺沅靖，則後門斡腹，深可憂也。"玠偉其論，競徇中計，後果如文言。淳祐八年，西帥俞興西征，發兵五千人與俱。大戰者三，皆捷。遷左衛大將軍。余玠北伐漢中，文命將趙寅會兵渝上，三次戰，又捷。十二年，北兵圍漢嘉。文使總管田萬帥兵五千，間道赴之，夜濟嘉江，屯萬山、必勝二堡。萬以勁弩射之，敵不能支，遂却。加右武大夫。寶祐二年，北兵由烏蒙渡馬湖，入宣化。宣撫使李曾伯來徵師。文弟大聲統兵行。大小九戰，又捷。轉左武大夫。五年，北兵循雲南將入播，文馳奏。詔節度使吕文德偕文入閫，諭群酋内屬。大酋勃先領衆降。六年，拜親衛大夫，以解漁城圍，剪烏江寇功，加忠州團練使。景定間，劉雄飛、夏貴守蜀，復江安州，餉禮義山戰，懸壺平，而播兵爲多。進中亮大夫、和州防禦使、播州沿邊安撫使、爵播川伯，食邑七百户。詔雄威將軍加"御前"二字以寵异之。歲賜鹽帛給邊用，著爲令。文留心文治，建孔子廟，以勵國民，民從其化。卒於咸淳元年，贈金州觀察使。元贈榮禄大夫、同知樞密院事、柱國，追封播國公，謚"崇德"。

生一子邦憲，字仲武，倜儻有大節，好書史，善騎射。始冠，授成忠郎、雄威軍副都統，通管州事。二年，閩大舉入寇，破立邊諸戍。邦憲出師拒之，閩敗却。尋潛渡烏江，步騎猝至，民大駭，邦憲部署諸將，令曰："必剪此寇而後朝食。"蠻聞，急引退，甫涉江，邦憲追擊，大敗閩衆于中流，斬首千級，擒其首羅汝歸。進武節大夫、沿邊安撫使。閩又悉兵寇下邑。邦憲覆敗之，獲酋長阿鲊，歷舉其罪狀而釋之。閩自是懼，不復出。拜利州觀察使，遷左金吾衛上將軍、安遠軍承宣使、牙牌節度使。至元十二年，宋平。元世祖遣使者詔邦憲内附，邦憲捧詔，三日哭，奉表以播州、珍州、南平軍三州之地降。十五年，入朝，詔襲守如故，拜龍虎衛上將軍，侍衛親軍都指揮使，紹慶、珍州、南平等處沿邊宣撫使、播州管内安撫使。播下邑黄平，壤近于荊地，荊之戍將欲奪而南，邦憲發其奸，請復歸南平。十八年，升宣慰使。十九年，閩叛，詔發諸道兵進討。師道播而人，邦憲給饋餉，命將卒與之俱，乃夷之。纍贈推忠效順功臣、銀青榮禄大夫、平章政事、柱國，追封播國公，謚“惠敏”。

生一子漢英，字熙載，五齡而孤。二十三年，其母貞順夫人田氏摯之朝京師。世祖摩其頂，熟視良久，諭宰臣曰：“是兒真國器也，宜以父爵錫之。”賜名賽因不花，授金虎符，龍虎衛上將軍，紹慶、珍州、南平等處沿邊宣慰使，播州軍民安撫使，賜金繒弓矢鞍勒，遣歸。二十四年，族黨構亂，殺貞順夫人。漢英衰絰入奏，上詔捕賊至益州，戮以徇。二十七年，詔郡縣上計，播之鄰境拒命，漢英即括户口、租税籍進。世祖大悦，加播州等處管軍萬户。二十八年，漢英入朝，奏罷順元宣慰司，升播州安撫司爲宣慰司，授漢英軍民宣撫使。會羅甸宣慰使斡羅思誘播下邑黄平諸寨酋，詐爲新辟地境土以獻。漢英奏復之。斡羅思恚不勝，誣言舊有雄威、鐘勝二軍，思播匿弗奏，請籍征交州。漢英抗言納土時，已隸别籍矣。御史臺審核上之，詔寢其事。俄拜漢英侍衛親軍都指揮使。成宗即位，漢英入朝者三。大德三年，詔賜漢英世守其土。漢英奏改南詔驛道，分定雲以東地隸播，西隸新部，減郡縣冗員，去屯丁糧三之一。民大便之。二年，蠻部桑柘亂，湖廣行省議用兵。漢英言賊勢力方盛，宜詔諭之。不聽，兵出，久無功。竟以漢英議，始相繼降。五年，右丞劉深討南詔，道出播，漢英輦軏運軍食無乏。六年，閩婦蛇節、宋隆濟叛，詔合湖廣、四川二省兵征之，命漢英以民兵從。甫出師，卒遇賊，漢英力戰，大軍繼之，降阿苴，拔乍籠。賊復合拒，竟大敗。縛蛇節，斬隆濟、阿女而平之。以功進資德大夫，賜玉帶、金鞍、弧矢。仁宗立，顧禮益厚，進勛上護軍，增贈金帛。延祐四年，黄平南蠻蘆犇叛，新部黎魯亦嘯劫聚亂。詔漢英宣撫之。二賊降，置戍而還。漢英爲政，急教化，大治泮宫，南北士來歸者衆，皆量才用之。喜讀濂洛書，爲詩文尚體要，著《明哲要覽》九十卷，《桃溪内外集》六十四卷。賜推誠秉義功臣、銀青榮禄大夫、平章政事、上柱國，追封播國公，謚“忠宣”。其妻田氏，亦善讀書，人以爲難能。無子，以弟播州招討安撫使如祖之子嘉貞嗣。

嘉貞，至治二年來朝，英宗賜名延禮不花。纍官資德大夫、湖廣行省左丞、沿邊宣慰宣撫使。嘉貞卒，子資德大夫、播州軍民宣撫宣慰都統都指揮使忠彦嗣。忠彦卒，子資德大夫、紹慶珍州南平等處沿邊宣慰使、播州軍民安撫使、侍衛親軍都指揮使元鼎嗣。元鼎卒，無子。田氏以如祖季子嘉儀大夫、湖廣行省參知政事、播州沿邊溪動招討使城之子鏗嗣。入我國朝，鏗遣使内附，授以播州宣慰使。實洪武初年雲。

史官曰：“播州本奏夜郎、且蘭西南隅故地，夷僚錯居，時出爲中國患。楊端藉唐之威靈，帥師深入，遂據其土。五傳至昭，胤子中斷，而貴遷以同姓來爲之後。又三傳至文廣，威讋德懷，而群蠻稽首聽命，益有光於前人。又三傳至選，留意禮文，尊賢下士，荒服子弟皆知向學，民風爲之一變。又二傳至粲，封疆始大，建學造士，立《家訓》十條以遺子孫。其子孫亦繩繩善繼，尊尚伊洛之學，言行相顧，一如鄒魯之俗。昔之争鬥敓攘之禍，亦幾乎熄矣。何其盛歟！嗚呼！楊氏以一姓相傳，據有土地人民，侈然如古之邦君。由唐曆五季，更宋，涉元，幾六百年。穹官峻爵，珪組照映，亦豈偶然之故哉？蓋蒙詩書之澤，涵儒惟深，頗如忠藎報君之道，或天有以相之歟？楊文公大年所行貴遷之先人誥辭，其中書令業，則曰：'向事僞主，當朕親征，爰屬危機，能傾丹款。'其莫州刺史延朗，則曰：'奮身軒陛，效命疆陲，均甘苦而得士心，袵金革而從王事。'以此觀之，其功在國家，澤被生民，可謂厚矣。奕世光榮而弗絶者，雖本於天，其亦有以也哉！其亦有以也哉！"

——《楊氏家傳》，載《宋濂全集》卷十八《傳三》，第 1 册，352~360 頁

全黔國故頌*

龔萬禄

《明史·忠義傳》:“龔萬禄,貴州人。目不知書,有膽志,膂力過人。從劉綎征楊應龍,先登海龍囤,署守備,戍建武所。”

——《全黔國故頌》卷十一《忠義·明》,載《黎庶昌全集》,第 3 册,第 1722 頁

* (清)黎庶昌:《全黔國故頌》,載(清)黎庶昌著,黎鐸、龍先緒點校:《黎庶昌全集》,上海古籍出版社,2015 年。

綜合類

太平御覽 *

播州

《十道志》曰:"播州,播川郡。秦夜郎縣之西南隅,惠王十四年欲得楚黔中地,以武關之外易之,今隸黔府,即總謂黔中地。漢武元鼎六年,平西南夷,置牂牁郡,其地屬焉,以且蘭有柉舡牂牁,因此立郡以名焉。貞觀九年,於北界置郎州,後省;十三年,又於其地置播州,以其地有播川因名焉。"

《漢書》曰:"唐蒙上書説武帝曰:'聞夜郎國有精兵可十餘萬,浮舟牂牁出其不意以制越,此一奇也。'"

——《太平御覽》卷一百七十一《州郡部十七》,第 1 册,第 836 頁

* (宋)李昉輯:《太平御覽》,影印涵芬樓本,中華書局,1960 年。

古今合璧事類備要前集 *

宣和元年，改樂夔路，化外廢二：思、播。宣和二年省并，思爲務川城，播爲播州城，府號郡名。

——《古今合璧事類備要前集》卷二《都邑门·侯藩》，載《中國歷史地理文獻輯刊》第八編，《類書類地理文獻集成》（四），第 40 册，第 362 頁

* （宋）謝維新撰：《古今合璧事類備要前集》，載李勇先主編：《中國歷史地理文獻輯刊》第八編，《類書類地理文獻集成》（四），上海交通大學出版社，2009 年。

群書考索 *

夔路化外

省二

思、播。宣和二年省并,思爲務川城,播爲播州城。

——《群書考索》卷六十,第 392 頁

* （宋）章如愚輯:《群書考索》,廣陵書社，2008 年。

新編事文類聚翰墨全書 *

播州軍民宣撫司:縣名。

蠻夷軍民長官:洪邊、麻峽等處,平溪、上塘、駝駱家等處,水車等處,石粉、羅家、永安等處,錫樂平等處,六洞、柔遠等處,白泥等處,南平、綦江等處,珍州、恩寧等處,水烟等處,秦洞、培洞等處,洞天觀等處,葛浪洲等處,寨垻、烟黎、焦溪等處,清江、中平、草塘等處,三江、望浦、恭溪、香洞、仁懷、古磁、倒祚等處。

副長官:烏江等處,水囮等處,平代、石月等處,本部、下垻、寨章、横坡、平地寨、寨勞、寨勇、本寨、本甲、上塘、塞垣、哮奔、平莫。

——《新編事文類聚翰墨全書》卷下《後乙集》,載《中國歷史地理文獻輯刊》第八編,《類書類地理文獻集成》(五),第 41 册,第 394 頁

* (元)劉應李輯:《新編事文類聚翰墨全書》,載李勇先主編:《中國歷史地理文獻輯刊》第八編,《類書類地理文獻集成》(五),上海交通大學出版社,2009 年。

潛確居類書 *

（明）國初置貴州宣撫司，隸四川，後升宣慰司都指揮司。永樂中討平叛酋，因設貴州布政司，置八府，而宣慰司改屬焉。其後以烏撒、都勻、普定、永寧等州衛并領之。至萬曆中，復平播州爲平越府，而疆域益廣矣。

——《潛確居類書》卷十《貴州》，載《中國歷史地理文獻輯刊》第八編，《類書類地理文獻集成》（十四），第 50 册，第 292 頁

龍嚴山。《一統志》："龍嚴山在播州宣慰使司，山多怪石。"

——《潛確居類書》卷十八《龍嚴山》，載《中國歷史地理文獻輯刊》第八編，《類書類地理文獻集成》（十四），第 50 册，第 478 頁

* （明）陳仁錫輯：《潛確居類書》，載李勇先主編：《中國歷史地理文獻輯刊》第八編，《類書類地理文獻集成》（十四），上海交通大學出版社，2009 年。

三才圖會*

平越之州一，爲黄平；縣四，爲湄潭，爲餘慶，爲甕安，爲龍泉。萬曆時，平播後建。

——《三才圖會》地理卷二《貴州輿圖》，上册，第150頁

平越之長官司一，爲楊義，其地古蠻夷名黎蛾里寨，其山曰杉木箐。楊義。其川曰馬場江。平播后改爲府州縣。

——《三才圖會》地理卷二《貴州輿圖》，上册，第151頁

* （明）王圻輯、王思義校：《三才圖會》，據上海圖书館藏明萬曆王思義校正本影印，上海古籍出版社，1988年。

圖書編 *

貴州夷考

……今播州有楊愛,凱黎有楊友,酉陽保靖有彭世麒等諸人。斯言苟聞於朝,朝廷下片紙於楊愛諸人,使各自爲戰,分安氏之所有,蓋朝令而夕無安氏矣。

——《圖書編》卷四十八,第 3 册,第 154 頁

* (明)章潢撰:《圖書編》,上海古籍出版社, 1992 年。

强識略 *

本朝置三司,并治於成都,則行都司分治建昌以控制邊境云。嘉靖中改龍州宣撫司爲龍安府,設流官。按:四川西南輿區,上則松茂、建昌蕃夷時肆侵暴;下則播酋、石砫土司互爲劫掠。控制消彌,非一朝可圖者也。

——《强識略》卷四《四川》,載《中國歷史地理文獻輯刊》第八編,《類書類地理文獻集成》(七),第 43 册,第 97 頁

* (明)吴楚材輯:《强識略》,載李勇先主編:《中國歷史地理文獻輯刊》第八編,《類書類地理文獻集成》(七),上海交通大學出版社,2009 年。

國朝典彙*

遵義府。元爲播州安撫司。洪武四年改宣慰司，萬曆三十年平播後改爲府。

——《國朝典彙》卷八十八《方典》，載《中國歷史地理文獻輯刊》第八編，《類書類地理文獻集成》（十七），第53册，第304頁

* （明）徐學聚輯：《國朝典彙》，載李勇先主編：《中國歷史地理文獻輯刊》第八編，《類書類地理文獻集成》（十七），上海交通大學出版社，2009年。

博物典彙*

楊應龍反時，亦嘗勾引關外生苗助亂。

——《博物典彙》卷二十，載《中國歷史地理文獻輯刊》第八編，《類書類地理文獻集成》（十六），第52册，第40頁

* （明）黄道周撰：《博物典彙》，載李勇先主編：《中國歷史地理文獻輯刊》第八編，《類書類地理文獻集成》（十六），上海交通大學出版社，2009年。

三才廣志 *

(元)宣撫司六:廣南西道、麗江路、順元管處、播州、思州,以上隸湖廣省。敘南等處,以上隸四川省。

——《三才廣志》地理卷一百三十二《守鎮》,載《中國歷史地理文獻輯刊》第八編,《類書類地理文獻集成》(六),第42冊,第553頁

* (明)吴琉輯:《三才廣志》,載李勇先主編:《中國歷史地理文獻輯刊》第八編,《類書類地理文獻集成》(六),上海交通大學出版社,2009年。

文集

字溪集 *

嘗聞不備不虞，不可以師萬一。敵人知我沿江守備嚴固，計必斡腹。若圖斡腹，必於瀘、叙，徑攻田、楊，田、楊萬一不支，則其路可通辰、靖等州，出我之背以闖朝廷之後户。宜力諭思、播深警防度，訓練甲兵，扼控險要，須日如寇至，不可以道里險隘、山林深遠，肆意自安。敵知思、播有備，必不敢縋兵虎穴，而我無後顧之憂矣。

——《字溪集》卷一《上宣諭余樵隱書》，載《文淵閣四庫全書》第1183册，第260頁

* （宋）陽枋撰：《字溪集》，載《文淵閣四庫全書》，臺北商務印書館，1986年。

可齋續稿*

邊報事宜乞加備奏

照對蜀自鄰釁,備在西邊。猶以敵入之多岐,嘗苦兵力之不足。臣到蜀之初,今春即得瀘南帥司言:"敵在雲南,頗迫敘州,長寧以裏,諸蠻汹汹來告邊。"臣雖以爲慮,中朝尚以爲疑。自今九月下旬,敘州横江之外,忽有警報,莫知何路。同時,黎州申到,謂敵已破烏蒙,以地理而參之,恐敵哨之出此。本司已隨宜調遣防托,見之申明。今月初二日,又據長寧備吕告蠻申到事宜,具言敵自八月透入近蕃,以兵往援,戰勝俘獲。敵已穿出敘州小江蠻地,若然則與敘州所報事情已自略同,已在申外,臣竊照敵人今已深入夷腹,繞出蜀背,舊惟扼馬湖以備北。今乃越川江而在南。目前以蠻能抵敵,猶恐輕哨之未敢進。向後若敵知蹊徑,安保大勢之不繼來?雖曰賊謀恐在諸蠻,然於漢地亦有往轍。己亥,敵哨皆到長寧、南平、施、黔。謹按六合掌運圖,和州亦有印本。敵人今在敘、寧相對,若其取蠻路,則吕告之下過阿永蠻,即羅氏,即播州界,由此而通思,通沅、靖。若其出漢地則長寧,之東即是南平,由此而之涪、夔,之黔、施,接澧、峽。兩道之所出,重山大林,雖尚隔涉,天其佑順,雖未必至此,然敵騎之所嚮,猶鼠穴之難窒。寧過於備,而不可無備者最是。敵若往蠻地,羅氏、思、播諸處猶各有兵力自保其境。若出漢地,則夔路、江南邊蠻諸郡,昔所弗備,俱無兵屯。人知戰出蠻地爲憂,而不知出漢地亦可憂也。蜀兵盡在江北,諸城與敵對壘,撤前籬備後户且不可,而況諸蠻之地又在境外乎?今日之事,惟有朝廷作規畫,當視如頭然之急,毋使至唇亡而憂。速調重兵一項,多萬人,少數千。命大將屯蜀地。蜀閫不敢預,却聽夔路策應司調用,持重養鋭,視敵所嚮。若果出蠻地,則俟思、播有急,便道出思、播境,與楊、田輩葉力扼之險要;倘或出漢地,則夔、

---

* (宋)李曾伯撰:《可齋續稿》,載《四庫提要著録叢書》編纂委員會編:《四庫提要著録叢書·集部》,北京出版社,2010年。

涪、施、黔間盡可據險防禦。敵若知我有備，却未必敢入，此萬全之策也。

乞調重兵應援奏

臣十月初三日，以敵自蠻中迫叙州漢地嘗具奏聞。自後南北兩地邊報日急，已節次具申樞密院。今自十月二十四日以來，南則敵騎透出叙州慶符縣，本司所調都統張實尚在清平洞下與敵相拒。今月十一日午，據叙州烽火告警，是賊又出江前。

貼黄

竊照己亥援蜀督府調兵三萬，余玠用蜀。十年壬子歲，賊兵一入即告朝廷，乞調吕文德以二萬兵援蜀。時蜀事未甚急也，然蜀兵之不足于用于此已可見。舊歲去相以文臣援蜀，命武臣權荆，皆謂倒著棋子。今乞陛下宣諭宰輔，視蜀當如救焚溺，以重兵大將趲向緊地。前者慮敵出思、播，故備沅、靖。今斡腹之敵既出蜀道，目前思、播却寬，欲乞急調備沅、靖之兵以備夔、蜀，庶無透漏荊境。若敵不出於夔、蜀，而仍出思、播，進前控扼，亦一便也。伏乞斷自聖衷，早賜處分施行。

——《可齋續稿》後卷三《奏申》，載《四庫提要著録叢書·集部》，第 58 册，535~536 頁

回宣諭闕閣長二月六日兩次聖旨奏

恭准聖旨宣諭，田應寅所陳可行，以大理敵狡穴并力驅之，名義甚正。……但詳應寅之議，欲得制、蜀、思、播共出兵三萬。雖曰欲各取某路而入，其實同取烏蒙一道而南，是乃唐韋皋遣人出南詔之路。有此兵力，有此糧餉，又有此三萬人，方可用其説。然勝負猶未可逾度，此荊、蜀事也。陛下必已與荊、蜀二閫圖回審度，臣不敢妄議其中一項，欲別遣兵一萬戍廣西陽爲守備，陰圖夾擊，若荆、蜀進兵，亦令間道相應此，則廣右地分。陛下所以俯加諮訪俾令條進者必以此，臣雖文吏，不能親履行陣。癸卯，在淮嘗遣文德出河南，周岊擣膠西，各不過三千人。辛亥，復襄屢遣偏師如温和、馬榮、閻忠輩各不過千百人，攻撓敵壘，直至商號、嵩裕等處屢能挫其奸謀，先發以制，其入皆勝，而未嘗衄彼敵虎狼也。忱難與之當正正之陣，乘其罅隙，出其不料，彼以冬入，我以暑攻，此策固亦足起人意。但廣右之路自邕至大理謝濟，昔徑凡六十程道里，既非素諳蠻傜，且多間隔，只作萬人兩月糧餉，合計一萬五千石。兵卒既不可以自齎夫，運則未免於倍給，樵蘇後爨，即士有飢色，必有此兵，有此糧，有此將帥，有此夫役屯之境，上乃可俟報而進，若欲責廣中事力，則未易辦此也。而況嶺蜀皆與大理接境，地之相去奚啻六千里。謝濟自邕往六十程，韓鉷行自蜀往四十程，且以此計約上項里數。師期相應要亦難準，此又不可不審議者，更

乞陛下深入聖筭。臣邊吏惟知恭奉以聽指縱,臣恭讀聖訓,再竭愚思,竊惟越數千里以攻人,兵法所戒,用寡猶可,用衆恐難,臣憤邊患之憑陵,慮斡腹之侵食。乙卯春,在蜀常有此心,曾命俞大忠往語其父興,密選精兵三千人,多給資糧,令自擇器甲,許以重賞,命一驍將董之取沈黎,出大渡,俾之取便擇間,徑搗苴咩。俞興父子已從臣意,願爲效力,亦既密作區處矣。繼因蜀士略聞此説,譁然有辭,以經營分表見議。時臣與蜀相、蜀閫共事,亦中畏,遂輟令,皆可覆也。倘爲此舉,自沈黎而往,比之荆、渝、思、播,出師道路固邇,比之南邊則尤捷然,此亦正如博弈,豈敢謂必勝。而擲兵一出境,便當置成敗於度外,成則如馬降之於木機能,否則如李陵之於匈奴;成則固可以遠振國威,否則亦不至大損元氣,當時亦只慮此將才爲難耳。機會一失,徒言何及。玆因聖問俯逮并敢僭布,或可尚備采擇,伏乞睿照。

——《可齋續稿》後卷五《回宣諭關閣長二月六日兩次聖旨奏》,載《四庫提要著録叢書·集部》,第 58 册, 566~567 頁

四明文獻集 *

楊邦憲特授親衛大夫利州觀察使依舊知播州兼御前諸軍都統制誥

敕:聽鼓鼙而思帥,孰濟時艱;修戈矛以同仇,載嘉義概。爰趣援師之至,誕錫褒律之榮。具官某植志忠純,秉心洪毅。臨機料敵,識明金版之六弢;御衆牧人,威憺玉關之萬里。奕世固封疆之守,一忱堅節義之閑。憤蛇豕之肆凶,合熊羆而奮勇。朕每食不忘於钜鹿,爾惟志常馳於伊吾。獎率勁兵,捍衛多難。真卿未識,獨倡平原之盟;竇融來朝,宜錫河西之詔。恩加增秩,檄召勤王。陟親衛之崇階,峻廉車之殊渥。天助者順,亟其戎乘之行;師克在和,則有秉鉞之命。可。邦憲世襲播州十八世,宋内附,遂請降。世祖下璽書撫諭,授龍虎衛上將軍、侍衛親軍都指揮使、播州安撫使。子孫相繼襲,寵錫尤厚。

——《四明文獻集》卷五《楊邦憲特授親衛大夫利州觀察使依舊知播州兼御前諸軍都統制誥》,載《四庫提要著録叢書·集部》,第 59 册, 483~484 頁

* (宋)王應麟撰,(明)鄭真、陳朝輔輯:《四明文獻集》,載《四庫提要著録叢書》編纂委員會:《四庫提要著録叢書·集部》,北京出版社, 2010 年。

柳待制文集 *

送播州楊宣慰還鎮

播南裔土亦分茅，四海祥風共一陶。萬舞在廷隆宴饗，景鐘著代表勛勞。星文下與龜旍直，山色遥連虎節高。今日九州承慎德，不將异物貴奇獒。

——《柳待制文集》卷五《律詩七言·送播州楊宣慰還鎮》，載《原國立北平圖書館甲庫善本叢書》，第687册，第1006頁

* （元）柳貫撰：《柳待制文集》，載中國國家圖書館編：《原國立北平圖書館甲庫善本叢書》，國家圖書館出版社，2013年。

姚文公牧庵集 *

中書左丞李忠宣公行狀

（至元）十五年，重慶之圍再合。逾月，即下紹慶、南平、夔、施、思、播，諸山壁水栅隨之皆下，而東樞府猶故將也。

十七年，詔公（李德輝）與南省參政程某即其地，聽思、播湖南所訟鎮遠、黄平田。會西南夷羅氏鬼國叛，别詔雲南、湖廣、四川合兵三萬人誅之。前茅及境矣，公曰："蠻夷無親，爲俗吝貪，始由邊將撫之失策，積怨以叛。好事之臣請加兵誅，旁諸小夷汹懼相擅，繼叛者必衆，恐非直三萬人能歲月平也。吾賴天子仁聖，馳一介之使招之，可坐俟其來，豈必煩兵！"不及以聞，遣安珪止三道兵，張孝思諭鬼國降。其酋阿察熟公名，問曰："是活合州李公耶？其人明信可恃。"即日受命，身至播州降，語且泣曰："吾屬百萬人，非公惠活，寧鬥死不降。"事畢，驛聞，上爲之開可。改鬼國爲順元路，以其弟阿哩爲宣撫使。其年，王相府罷，十一月二十一日始至黄平。是夜也，星如斗，賈館垣外，公弗善也。歎曰："他日嘗夢主烏江，今播水適名烏江，與是星皆吾死徵也夫！吾嘗誦馬伏波老當益壯之言，而奇曹武惠爲將不殺，得今活羅鬼，馬革裹尸歸，何憾！"二十七日卒。後七日，資政大夫、中書左丞、安西行中書省之命下。蠻夷望轊車爲位祭，且哭者動百千人。途所經，男女空家咨嗟聚觀。合州安撫使立衰绖，率吏民迎哭，傾振山谷，爲發百人護喪，達興遠。上聞而悼之，贈光禄大夫、中書右丞，謚"忠宣公"，賜錢二千緡具葬，先妃嗣王遣前僉書王相府事孛羅賻，錢五百緡具奠。明年，僉播州安撫使事何彦抗章請即州治之東爲廟，制曰可。薨年六十二。

——《姚文公牧庵集》，載《北京圖書館古籍珍本叢刊·集部》，第 92 册，33~34 頁

* （元）姚燧:《姚文公牧庵集》，載北京圖書館古籍出版編輯組編:《北京圖書館古籍珍本叢刊·集部》，書目文獻出版社，1998 年。

清容居士集*

播州宣撫楊資德

掌式傳無敵，崇儀續上多。精思書竹帛，英譽蓋山河。絶北驚遠海，投南鎮太和。襲封緺滿篋，錫誥錦成窠。皎皎明玕樹，亭亭碧玉柯。之無文裸認，宫羽短褵哦。魏帝奇何并，唐皇悦李過。幼成端有種，帝鑒的無頗。玉帳龍韜秘，青箱鳳篆摩。教民風偃草，撫俗水旋渦。斥境嚴銅柱，征戎指錟戈。雅游春結佩，小隊曉鳴珂。士飽歌於蒿，軍懽釂叵羅。追亡窮古澗，濟勝極幽蘿。寸地歸王化，群蠻守詔科。細氈侔密纊，善馬敵名駞。客有依劉感，人傳嗣産歌。氣融汶領雪，量納蜀江波。葛相功猶在，韋王事若何。雲仍賢莫比，君長禮無苛。閉户時披褐，看山暫脱靴。填詞鶯囀切，促軫雁聲搓。芝嶺圖空想，桃源境類訛。盛年真國器，妙質竟山阿。世德蟬聯備，家聲驥子峨。播州彌震耀，峴石詎沈磨。

——《清容居士集》卷十四《絶句》，第 2 册，第 409 頁

資德大夫，紹慶、珍州、南平沿邊宣慰使，播州安撫使，侍衛親軍都指揮使，上護軍楊漢英，贈推忠效順功臣、銀青榮禄大夫、平章政事柱國，封播國公，謚“忠宣”。

繼世立諸侯，審象賢之有托；推恩保四海，在追遠以彌加。有懷藎臣，庸厚恤典。具官某，著德遐域，效誠先朝。聰敏得於襁抱之初，發于天性；稚弱置於扈從之側，斷自宸衷。用能絶黨殊鄰，投戈納款；尺寸天地，負版奉圖。先國後己之慮深，尊主庇民之績著。闡學效文翁之化，好賢師鄭武之風。雅量鎮浮，方櫜弓而箙矢。澄懷味道，時緩帶以輕裘。出門興折軸之悲，行壘應流星之兆。何以勸善，必也正名。循故壤以加勛，衍圭田而封土。青綬崇副相之貴，衮衣嚴辨章之稱。噫！忠孝傳家于以顯，昭事厥辟之實；殁存錫命所宜推，圖任舊人之終。精爽有知，欽承無斁。可。

* （元）袁桷撰：《清容居士集》，浙江古籍出版社，2015 年。

妻田氏遵義郡夫人加播國太夫人

婦人中饋,歌《采蘋》則謹其承先;大夫遠行,誦《殷靁》則審其勸義。禮有準則,行無過逾。具官某妻田氏:嬪高門之勛庸,受外氏之經籍。曹大家之《女誡》,奉上克謙;魏夫人之僊書,教兒能學。念王事靡監之際,知女子有行之宜。夙夜傳恭,寒暑循度。噫!從夫以貴,今已位於小君,勉子惟忠,益有光於先正。茂膺异渥,式介長年。可。

——《清容居士集》卷三十六《外制》,第 4 册, 874~875 頁

黄宗道播州楊氏女

長頭黑髮垂玄雲,矯矯馬首雙手分。彫弓寶刀左右挾,欲領鐵騎趨昆侖。前關濤湧如壞牆,後寨百溜奔溪篁。群蠻簇唇争叫囂,云是楊家女子功最高。旋如長蛇轉空洞,快若俊鶻凌風飄。還家膏沐帶簪珥,父母見之眼垂泪。君不聞木蘭女兒著金鎧,年少從軍顔不改。一朝脱役歸故鄉,樂府相傳至今在。

——《清容居士集》卷四十五《題跋》,第 4 册,第 1055 頁

書姚牧庵贈播州楊安撫漢英樂府

大德末年,桷以史屬預修《成宗實録》,于時承旨姚先生實領史事,見其塗抹詳定,若不經意,而一受潤色,即粲然班馬并。此殆其天資學力相須以成者。思播楊侯朝覲本末,見於太史,先生執筆尤致意焉。惟昔楊侯以中原大族,世領夔府羈縻之州,當蜀破時,一時名士咸往依之,故其文獻承接,的有源委。聚書訓子,益振起光采。推姚公不妄許與之心,是所謂立賢無方,則凡司文衡、取士類,於是有考。侯之子頤正君來都,温慎儒雅,與之論前朝事,悉纚纚不絶。示姚公所贈樂府,因書以歸之。

——《清容居士集》卷四十九《題跋》,第 4 册,第 1141 頁

書楊安撫訓子詩後

魯周公傳三十四世,夫子紀二百四十二年之行事,所不忍言。是則伯禽以後,爲無聞矣。家訓之嚴,莫盛於顔柳,若包孝肅、司馬文正庭誥儼在,至諸孫而靡傳。“君子之澤,五世而斬”,夫豈徒言哉?

播州楊忠宣公,其子襲爵,作詩訓示。韋玄成之詩有曰:“於戲後人,惟肅惟謹。無忝顯祖,以蕃漢室。”公之詩有焉。今宣撫君盛年,執講問學,日積金玉,厥躬以承休譽,克昭乃顯祖,視魯公世家,實爲有光。尚勉之哉!則忠宣公實永不朽矣。

——《清容居士集》卷四十九《題跋》,第 4 册, 1142~1143 頁

揭傒斯全集 *

送播州楊宣慰歸藩

祗奉綸音去夜郎，恭陳壤奠出明光。嘉名宣賜黄麾外，大宴恩陪玉座傍。天仗影移低日月，宫懸聲動下鸞皇。三呼拜舞君王德，永共藩臣守四方。

雙旌遥指洞庭西，十乘聯翩度五溪。龍虎親軍兼使節，犬狼諸僚入封提。光昭廟祏恩波遠，風動藩維禮秩躋。北望五雲高魏闕，亦知憂顧在黔黎。

——《揭傒斯诗集》卷五《送播州楊宣慰歸藩》，載《揭傒斯全集》，第49頁

* （元）揭傒斯撰，李夢生校：《揭傒斯全集》，上海古籍出版社，2012年。

國朝文類 *

播州楊邦憲贈謚制　王構

朕惟牂牁重鎮，介巴渝之間，世其守者曰楊氏，自唐涉宋，代不乏人。嚮者憲審於去就，挈版圖内附，世祖皇帝實寵嘉之。逮朕纂服，嗣子漢英率先群牧述職來庭，以父歿未謚，乞褒贈夫爵以馭其貴。謚以成其美治，古之道也，况先朝屏翰之臣，邈在一方，而能綏輯其民，不失常業。餉兵增戍、屢效忠勤如邦憲者，不以易名可乎。於戲據德，論功惟彝章之具舉。有子承考，尚奕世之彌光。可贈某官，謚“敏惠”。

——《國朝文類》卷十二《制·播州楊邦憲贈謚制》，載《中華再造善本·金元編·集部》，第 6 册，第 9 頁

烏撒、烏蒙、東川芒部

大德五年，右丞劉深奉命征八百媳婦，征順元遞運人馬。土官宋隆濟、蛇節等拒命作亂，朝廷起湖廣、河南、四川三省兵，與田、楊二氏軍馬，會雲南省兵收捕。于是烏撒土官宣慰使普利總管那由，與東川芒部乘釁俱叛，其接羅羅斯及武定、威楚、曲靖、仁德、普安、臨安、廣西諸土族，皆以朝廷遠征供輸煩勞爲辭，携貳反。……三月六日，賊逼雅州邛部州甚急，陜西省遣右丞脱歡禦之。八日，奉旨：“也速解䚟兒充陜西省平章政事，汪阿塔赤充参知政事，也速忽都魯充湖廣参政，與平章劉二拔都等進征叛蠻。闊里吉思爲湖廣平章，與左丞散竹䚟、陜西楊参政給軍。凡有軍事，聽也速䚟兒、劉二拔都兩人節制。其小有增損，軍馬、支給、錢粮并便宜行事。”四月二日，那由普利逼烏撒、烏蒙，宣慰使兼管軍萬户阿都台弃城去。時陜西調軍二千人，會合收捕，三百人守播州小溪，以遏烏

* （元）蘇天爵編：《國朝文類》，載中華再造善本工程編纂出版委員會編：《中華再造善本·金元編·集部》，國家圖書館出版社，2006 年。

撒蠻充斥之路。雲南省調軍三千人屯陸梁州,五百人駐西曲靖、東望水西,一千人於霑益州接烏撒地要害鎮守,二千人護中慶。而梁王又有兵五千人,劉二拔都、劉深、田、楊等兵,方捕斬順元叛蠻,未能會合也。速兒與雲南兵共進,悉次第討平之。

——《國朝文類》卷四十一《雜著·招捕》,載《中華再造善本·金元編·集部》,第21 册，45~46 頁

八番順元諸蠻又名亦奚不薛

……（大德）四年正月,猫桑柘遣所部文何持竹契、長刀及方物來降。播州宣慰司以爲蠻苟逃禽戮,然亦須招安。既而黄平府亦上言,桑柘附近之重奥、必際、都陣、仡佬、必梅等二十二寨刻契來降。七月,桑柘蠻及思官賊楊金匣、播州楊金萬、必梅寨主娘報等三百餘寨皆降。

——《國朝文類》卷四十一《雜著·招捕》,載《中華再造善本·金元編·集部》,第21 册，48~49 頁

宋隆濟

大德五年,雍真葛蠻土官宋隆濟叛……十一月,詔:"宋隆濟妄説驚擾事端,糾合蛇節及羅鬼酋長阿容等,相扇作亂。特遣湖廣行省平章政事劉二拔都、指揮使也先忽都魯,率兵及思播宣慰賽因不花等士兵,與四川、雲南省分道并進。"

——《國朝文類》卷四十一《雜著·招捕》,載《中華再造善本·金元編·集部》,第21 册，49~51 頁

思播

至元十四年六月,思州思景賢、播州楊邦憲兩安撫使降。邦憲在宋爲牙牌節度使正,任安遠軍承宣使,左金吾衛上將軍,知播州事,御前雄威將軍都統制,紹慶、珍州、南平安撫使節制,屯駐鎮戍軍馬,朝廷授以龍虎衛上將軍,侍衛親軍都指揮使,紹慶、珍州、南平等處沿邊宣撫使,兼播州管内安撫使,佩虎符。……至治二年四月,播州上言招降洞蠻地心寨官蘆崩信備大晏、大關寨王安吉力、上洛磨寨羅傲水、洞八寨官黎上錢厮亮、大小苔架寨官黎桑皮歪蘆客錢等。

——《國朝文類》卷四十一《雜著·招捕》,載《中華再造善本·金元編·集部》,第21 册,第 53 頁

中書左丞李忠宣公行狀　姚遂

明年（至元十四年），詔以不花與公（李德輝）代爲西川副樞公兼王相。大軍既發，公留成都供億食，纔支半月賦粟。繼之官船不足，括商民船千艘，日夜督運。其年復瀘州。

十五年，重慶之圍再合。逾月，即下紹興、南平、夔、施、思、播，諸山壁水栅隨之皆下，而東樞府猶故將也……十七年，詔公與南省参政程某即其地，聽思、播、湖南所訟鎮遠、黄平田。會西南夷羅氏鬼國叛，别詔雲南、湖南、四川合兵三萬人誅之。前茅及境矣，公曰："蠻夷無親，爲俗吝貪，始由邊將撫之失策，積怨以叛。好事之臣請加兵誅，旁諸小夷洶懼相擅，繼叛者必衆，恐非直三萬人能歲月平也。吾賴天子仁聖，馳一介之使招之，可坐俟其徠，豈必煩兵！"不及以聞，遣安珪止三道兵，張孝思諭鬼國降。其酋阿察熟公名，問曰："是活合州李公耶？其人明信可恃。"即日受命，身至播州降，語且泣曰："吾屬百萬人，非公惠活，寧鬥死不降。"事畢，驛聞，上爲之開可，改鬼國爲順元路，以其弟阿哩爲宣撫使。其年，王相府罷，十一月二十一日始至黄平。是夜也，星如斗，霣館垣外，公弗善也，歎曰："他日嘗夢主烏江，今播水適名烏江，與是星皆吾死徵也。夫吾嘗誦馬伏波老當益壯之言，而奇曹武惠爲將不殺，得今活羅鬼，馬革裹尸歸，何憾！"二十七日卒。後七日，資政大夫、中書左丞、安西行中書省之命下。蠻夷望轜車爲位祭，且哭者動百千人。塗所經，男女空家，咨嗟聚觀合之。安撫使立衰绖，率吏民迎哭，傾振山谷，爲發百人護喪，達興遠。上聞而悼之，贈光禄大夫、中書右丞，謚"忠宣公"，賜錢二千緡具葬，先妃嗣王遣前僉書王相府事孛羅賻錢五百緡具奠。明年，僉播州安撫司事何彦抗章請即州治之東爲廟，制曰可。薨年六十二。

——《國朝文類》卷四十九《行狀·中書左丞李忠宣公行狀》，載《中華再造善本·金元編·集部》，第 25 册，1~8 頁

皇明經世文編*

急除權宦以禦大亂疏除權宦禦大亂

……四川夔保藍五等盜賊之起，由劉瑾之革撫民。播州安寧、夭苗等蠻賊之起，由劉瑾之庇楊友及剥削匱竭之致。

——《皇明經世文編》卷八十六《林貞肅公集疏》，載《四庫禁毀書叢刊·集部》，第23冊，第195頁

與安宣慰討賊書上司討賊

……安氏之禍必自斯言始矣。使君與宋氏同守土，而使君爲之長，地方變亂，皆守土者之罪。使君能獨委之宋氏乎？夫連地千里，孰與中土之一大郡？擁衆四十八萬，孰與中土之一都司？深坑絶坉，安氏有之。然如安氏者，環四面而居以百數也。今播州有楊愛，愷黎有楊友，西陽、保靖有彭世麒等諸人，斯言苟聞於朝，朝廷下片紙於楊愛諸人，使各自爲戰，共分安氏之所有。

——《皇明經世文編》卷一百三十二《王文成公集》，載《四庫禁毀書叢刊·集部》，第24冊，4~5頁

爲撫處夷情以安地方疏芒部隴氏

……各隣境土官見芒部改流而各抱不平，又謂土人終憚流官管束，臣等伏願陛下先降敕一道，賫彼鎮巡，令其傳論四川永寧、烏蒙、烏撒、東川、播州及貴州水西各土官衙門，賜之定命。若日我祖宗庸建，爾各土官衙門原許世襲，今後除爾叛逆，劫殺我中國地

---

* （明）陳子龍等輯:《皇明經世文編》，載《四庫禁毀書叢刊》編纂委員會編:《四庫禁毀書叢刊·集部》，北京出版社，1997年。

方，自干族滅之外，其餘爭襲仇殺等項，不聽撫處。或經征剿者，即于原土官房族或頭目有功之人，聽爾土民所願，仍授土官職事，并不改設流官，以安其心。然后責委四川鎮巡官將芒部府舊印并鎮雄府新印，皆拘送布政司收貯。

——《皇明經世文編》卷一百三十五《胡端敏公奏議》，載《四庫禁毀書叢刊·集部》，第 24 册，55~56 頁

靖番蜀番

……考之洪武六年以來，平蜀之後，即定西番北路，置松潘等處軍民指揮使司。南路設疊溪守禦軍民千户所，附近番族皆設衙門隸之，安撫司五、長官司二十二，各降印信，立酋長爲土官，以世掌之。每寨復設牌頭寨首一人，使督納各衛所青稞差役，所以羈縻制馭，實中國之藩籬也。爲之守臣者，能由是善馭之，雖至今無虞，可也。奈何任匪其人，處其失道，致諸番不靖，至今爲梗。邇者雖稱兵致討，小有斬獲，而我士馬物故亦過半矣。所存不能直其所傷，所得不能補其所亡，可不爲太息忽。爲今之計，莫若先自爲備，使我糧餉充足，士馬精强，威足以懾，誠足以感，然後略其小過，與之更始，招致各司酋長，明以信誓，定爲約束，亂撫輯番人之本。量復青稞之税，以存事大之體，仍於一月之内，令其酋長謁見守臣一次，即以茶鹽量爲給賞，彼利其物，我利其安，羈縻之術，無過於此。復於封疆交接之所，置立限界，使彼此不能侵奪，違者以約束治罪。夫好安惡擾，人之情也，彼雖戎狄，亦人耳。其安利於己者，彼之情亦悦之，又安有不從者哉？不然，使其頑黠不服，則我既有備，以兵則强，以守則固，亦無患於彼矣。大抵天下之事，廢於推避，壞於姑息，不以國事自任者，推避者也。以小害不足爲慮者，姑息者也。今之松茂之患，其所以致之者，此二端已。及今不爲經久之圖，則侵擾日促於邊疆，而狂寇或起於肘腋。不止關堡不守，南路不通而已矣。《易》曰："履霜堅冰至。" 其是之謂與。

——《皇明經世文編》卷一百五十《王氏家藏文集》，載《四庫禁毀書叢刊·集部》，第 24 册，第 202 頁

制夷蜀夷

蜀之南鄙者，皆蠻夷也。越巂即邛都，黎州即筰都，播州即夜郎，酉陽即牂牁。漢唐以來皆置郡縣，我朝以夷制夷，皆設土官，兼以軍衛，實華民之藩幹也。

——《皇明經世文編》卷一百五十《王氏家藏文集》，載《四庫禁毀書叢刊·集部》，第 24 册，第 202 頁

議處地方事宜疏貴州地方事宜

……

一、謹察邊防，以杜後患。切照貴州地方思南、烏撒、永寧、都勻等府衛所，與四川烏撒府，永寧、播州宣撫司，廣西南丹、泗城，雲南霑益等州，湖廣鎮筸地方密邇，雖設有土官，而迹多凶驁。雖僅供糧馬，而大半生苗。訪得土官及守禦軍職軍人，溺近忘遠，或與外境土官、土人結親往來，及通彼處苗人，耕種買賣。久而啓釁煽禍，以致拽兵仇殺，殘害地方。軍民肝腦塗地，征諸往事，當思預防，合無議行，廣西、雲南、四川、湖廣撫按官及臣等各轉行該，道守巡官嚴加禁約鄰近貴州地方土官，今後再不許與貴州衛所軍官、軍人、土官往來結親，耕種買賣，引惹釁端，拽兵仇害。已往者或令改正，或絶往來，以後有犯，引惹釁端，貽害甚者，鞫問是實，比依境内奸細走透消息於外境，律論以斬罪。遠方多玩法，此例不可不録。其土官有犯，各從重參奏，處治施行，庶法令嚴明，防邊可固，而將來構煽之禍可消矣。

——《皇明經世文編》卷之一百七十三《徐司馬奏疏》，載《四庫禁毀書叢刊·集部》，第 24 册，480~481 頁

四川圖序

……烏撒、芒部即鎮雄府。諸夷四軍民府。雖犬牙形格，仰我鼻息，然内相黨結，數啓兵釁，且於敘、敘州。瀘瀘州。有唇齒之重，要在因俗撫綏，携其私黨而已。乃若碉門地名天全，六番招討司治此。之臂視諸番播州宣慰司。之富藏，四省播州地方與湖、廣、雲、貴俱鄰接。殆與蜀相爲盛衰者焉。建昌六衛僻處西徼，自爲粤區，民夷安業，非所憂矣。

——《皇明經世文編》卷之一百八十二《桂文襄公奏疏》，載《四庫禁毀書叢刊·集部》，第 24 册，577~578 頁

貴州圖序

貴州，古西南夷羅施鬼國地，地里蠻夷，并同滇境，而山箐峭深，地瘠寡利，夷性猾詐，殆有甚焉。故泗城州廣西土官衙門。恣其狼吞伺竊外户，則守在永寧州名。芒部今鎮雄府。盤據廣土，蹲伏北藩，則憂先畢節。若思南、石阡、銅仁數郡，界在鎮、筸，鎮遠、筸子坪俱長官司，隸湖廣。西、播、酉陽宣慰司、播州宣慰司，俱隸四川。夷、峒之間，鴟張豕突，諸夷常突出數郡寇掠。貽患寔深。况地雜東川、烏蒙諸部，俱四川軍民府。師旅繹騷，每與川湖四川、湖廣。同其灾害。而軍民歲計，又大半仰給於二省，兵荒交值，時有弗繼之憂。且水西、

普安、凱里俱土官地方。諸酋，富甲他夷，地連肘腋，逞奸首禍，患豈一朝。故知梟獍之資，不忘格鬥，而争疆奪職，乃其兵端焉。然夷虜自相剪伐，貴在因俗，以時撫定，不足煩國家力也。

——《皇明經世文編》卷之一百八十二《桂文襄公奏疏》，載《四庫禁毀書叢刊·集部》，第 24 册，579~580 頁

土官志土官

土官，故隸吏部驗封。洪武三十年，凡掌土官者，改隸兵部。洪武中，土官無子弟，其婿與妻皆襲。永樂中，襲替人文出十年者亦聽。然皆萬里赴闕，或獻馬方物，請命最謹。天順八年三月，上西宫徽號，始許土官繳呈勘奏與冠裳，於是介使未將，威福自恣，雖托羈縻之名，竟開驕悍之漸。成化十五年，又有納穀備賑之令，則經制日卑，規取愈陋。孝宗末年，發憤釐革，至正德，旋復隳廢。嘉靖九年，今皇帝斟酌情理，曲爲條約，稍復祖宗之舊。今考府、州、縣，正貳、幕屬、巡檢、驛傳，凡三百六十，隸驗封；宣慰、宣撫、按討、安撫長官，凡一百三十二，隸武選。隸驗封者，皆領布政司；武選所隸，或領都指揮使司。文武相繼，機權攸寓，細大相關，掌股易運。數年來鎮撫、巡部諸臣建白日煩，紛更已甚，聰明自用，而憲典稍遺矣。雲南本徼外地，國初元孽竊據，戊申開基，尚阻聲教。王禕秉義捐軀。傅友德、沐氏父子兄弟，威戢惠戢。梅思祖、張紞繼膺藩屏，平徭均賦，疆土稍開。顧其人慓悍，不得已因俗爲政，官其酋領，稍示安輯。元江、永寧、鎮沅、孟良、景東最强獷，鎮南、蒙化、順寧、霑益差小。然皆向背靡常，調濟爲難，諸甸約攝騰衝，諸羅窺竊尋靖，蓋自麓川虚耗中土，孟養曲徇奸夷，正統迄今，益復反復。况投宦非人，刓法好貨。湖南、滇北將有梗隔之憂，至求馬湖、建昌、川陸逵道，計亦晚矣。貴州本西夷羅施鬼國，國初靄翠、宋欽歸附，仍其世官。山峭地瘠，夷情猾詐，分隸川、湖、雲南。永樂癸巳，始立三司。當時顧成威懷有方，稍稱馴順，顧其壤地聯絡，衝胸掣肘，自泗城北窺永寧、芒部，南擾畢節，西播外突，普凱内潰，交讒搆亂，喜禍佳兵，每一梗阻，滇南中斷，乃知分割三隸，疆域相牽，不可謂非策也。湖廣土官，皆據湖南、古巫、黔中地，中錯辰常，外聯川貴，溪峒嶮深，難擾易亂。彭氏富强，雄脅諸司，自宋迄今，搆結滋廣，驕横益堅。國家稍有征誅，輒議調發，所過殘破，慘于劇盗，官司莫敢誰何。嘉靖中，王守仁討岑氏時，湖臯僉事汪溱統馭嚴飭，頗稱戢斂，以故順靖之禍，不獨湘楚。永寶之憂，豈直苗夷也？廣西當嶺角右偏，土瘠民獷，視東道特异，諸夷窟穴，盤繞其間，左黔右鬱，荔浦東西，殘破不可言，大藤峽深險尤甚。成化中，誅鋤極慘，近復跨江倚山，出没剽奪，田寧、梧藤諸孱

卒，竟不能扼制。桂林之北，六峒爲孽，則北連武崗；柳慶之西，八寨尚存，則東通懷遠。府江上下，半爲夷巢，寇竊無虚日矣。至今江右岑氏，猛賊雖誅，餘孽尚在。王盧再叛，思田更强。姚鏌剿則黷兵，守仁撫則納侮，恐數年之間，復煩經略爾！四川山包劍棧，水鎖瞿硤，襟帶擁束，足稱天險。惟烏蠻阻其東南，蔓繞西抵番族，欲其馴順，是在調擾。龍州爲松番咽喉，每遮我餉道。烏蒙、烏撒、芒部諸府，雖仰我鼻息，顧其内黨日堅，數啓隙亂，唇齒之勢，彼得挾而擾我。叙、瀘之間，宜有機權，携其醜類，若在碉門，遠引諸番。播州旁通西省，所謂與蜀盛衰者也。論曰：明興平定四海，凡夷、僚、蠻、僰、瑶、僮之地，西起巴東、牂牁，抵湘、楚，包絡湖、嶺，東折而南，南盡海上，又東跨百粤三江。大者兼擄連城，細者保恃深箐。雖稍奉約束，要在羈縻而已。然兵力稍健，乍叛乍歸，苟功率過濫，附懷失策，雄圖自縮，狡窟益深矣。况地廣官高，擅利習兵，生齒益繁，財貨益廣，詐以謀成，罪以功解，種憂釀禍，蔑玩中土，未可謂無虞也。嗟乎！夏典要荒，周官蕃鎮，大抵因民順俗，横海伏波，逾湟絶嶺，輿地漸開，化理終塞，乃知天德無私，王道有量。闢國陋于綏人，曲防窘于曠度。苟醜類自獲飽暖，中華不患荼毒，吾又何求焉？惟夫吏好蓄積，政多解弛，或遠嫌自潔，或求勝喜功，於是侵警日聞，師徒數起，網漏綱頽，夷夏并困。兹欲收總長策，用圖久安，必定畫疆理，則隣族靡争；預陳嫡孽，則宗庶自定。世及之際，以時核聞；錢穀之輸，一切報罷。而又飭武備于節帥，修文德于廟堂，猾亂之憂，斯其鮮矣。

——《皇明經世文編》卷二百十八《鄭端簡公文集》，載《四庫禁毁書叢刊·集部》，第 25 册，299~301 頁

上巡撫陳公書治黔宜嚴

陳公者，貴州巡撫陳克宅也。

下官無狀，承乏兹土，吏治民風，蘼牿涉獵，竊抱隱憂，欲獻過計，言之則似迂愚，不言則失智者未明之睹。蹇且病訥，孤憤之懷，誰與抒者，顧明公往矣，用是忘疏謬而論記也。下官所憂，非爲二三小吏，幾微墨守、負課程、慢期會也，迺所憂則長慮一方積弱之弊，爲梗難支爾！今之爲貴州者，類曰羈縻而治，此非高明、識治體長者言也。迺今所患，正坐此耳！夫羈縻之令，先王所以待夷狄也，貢賦不徵其國，朝聘不列其君，是以來則修委積之餼，去則申疆圉之守，視若牛馬然，令勿踶觸而已。若夫要、荒之服，時享而歲貢者，已有文告之辭、征伐之典治之，加夷狄一等矣，况不爲要荒者乎？貴州雖絶遠，給繇入税，與内地無异，青褐之使，交轂而馳，非要荒之服也，奈何欲以夷狄之法待之哉？善乎諸葛亮之治蜀也，曰：南中反覆，非振法不可。其時若馬忠之守牂牁，李恢之

參帷幄，皆以威稜誅鋤豪猾，故夜郎終孔明之世，不敢稱叛。近事若馬燁、顧晟，太祖時，馬燁鎮守貴州，所謂馬□王也，爲夷婦奢香所潛死。亦以殺伐震懾八番，八番之民祠而頌德，至今不廢，未嘗以嚴仇二公也，豈非真高明、識治體長者哉！今夫御馴駟者，垂其韄的；駃騠之騎，則重勒而複靷。中州之民，譬則馴駟也；邊陲則駃騠之騎也，垂韄以控駃騠之騎，鮮不摧輈而覆軌矣。夫貴州右引巴岷，左屬象郡，南扼昆明之吭以蔽湖襄，四面阻險，百夷盤據，官吏出入，非兵衛不敢輒行。鳥道崛鬱，溪谷間之毒草蒙密，炎蒸歊臭。曾無尋丈之地，馳可肩儗，卒有椎埋胠篋之奸，呼嘯跛扈，非可走尺檄而械致也。又多縵土，灌以流泉，沃而敏樹，故四方流冗亡賴匿命。此焉逋藪，慮不爲土著而胥宇者，故其心易動，緩之則烏集，急之則麏駭，非有邑里名數，按比伍而尋躡也。宣慰安撫長官諸司，裂壤而守，各私其家，豪舉鼎立，幽明之課，不登天府，故婪虣者無懲，非若中州之吏憚繩墨，競業檢束也。夫以孔棘之地，雜以易動之民，統以無嚴黜陟之官，而部刺、長吏，猶欲一切寬假，冀其苟安，胡可得也？是以魋結之酋，睢盱自恣，加以逋逃點桀，嗾弄其間，箝制官府，一有按驗，輒揚幟而號曰：“吏激我變。”其倒行逆施之事，胡可長也。國初戍卒二十萬，今物故去者，十八九矣，其一二存者，又直以給負擔、掫徼之役，供行李往來，非能彀甲而馳，擊刺素練也。指揮使而下，又率選耎雜伍庸隸，曾無諳韜略、緩急可倚者也。夫以緩急無益之將，帥不練之兵，强而使之，雖五尺之童，知其難矣。是以一有征剿，必藉土兵。我軍既單，土兵益橫，始非厚賞，不足以賈其行，幸而凱旋，雖鹵獲載途，莫敢詰問。何也？我固無以加之也。其積弱之形，非旦夕矣。蘇洵有言：“近之可憂，未若遠之可憂也。”故先王慎擇遠方之吏，迺今藩臬郡守，主上賴以宣威德而靖遠人者也。其所推用，大半以失職左遷之人，取具名數，若下官者，固已擯而量移者也。彼其處心積慮，寧復有遠圖哉！計日而居，遷延得代，幸頃刻脱去而已。休明之世，豈乏人而使之，獨於一方靳惜，何也？將以惡地難治乎？則不當以不齒掄擇之人，據盤錯之任。若以爲易也，則廟謨已舛，甚非所以戢外而寧内也。土官之家，率詬□淫虐，無廉耻顧愛，威之則帖服，優之則傲慢上侵，譬諸小人，未可以慈仁導化也。今法令曰：土官非徒以上，不得參提。長吏奉行，憚于條奏，雖受賕、枉法者，亦以笞杖出之，益以驕玩。今縱不能褫爵削地，與流官比，獨不能假律令以屈辱，當且薄責，消其桀驁之心乎？釋此不行，而姑息因仍，是隳法而惠惡也。人亦有言：“覆宗萌于睚眦，奪璽起于穿窬。”言治盜不可不蚤也。往者阿黑變于尾洒，阿旁蹶于清平，乜富陸梁于平浪，當其初直，眇少鼠竊，爾失而弗治，遂至煩師，數年而克。故欲地方無變，莫若重購盜之令，懸百金而購一盜，貪利忘死者，孰不趨之，捐不出萬金，而諸寨名捕之賊，次第可磔矣。若發覺而逮鞫者，勿令亟配，姑禁錮考掠，以詰黨與，縱未能盡除，亦且屏迹他所。今之治盜者，無論殺傷，第隨俗講解，以牛馬爲償，百一致法，重不過充徒而已，彼亦何憚而不爲也。夫上之所用，既非其人，下之所以制馭者，又復失體，是以法度日弛，威稜弗張，奸宄公行，逆節比起，大抵皆羈縻之説壞之也。故曰："仁者不廢法而施恩，智者不遺遠而察近，勇者不牽議而愒日。"蓋法廢則長奸，恩不可得而普也；遺遠則憂迨，内不可得而敉也；牽議則生疑，事不可得而舉也。失斯三者，里胥不可以治五家之市，而況千遠方易亂之民乎？夫貴州之患，最大而可憂者，莫如水西，頃有爲水西之謠者曰："貴州區區，揮沫可濡。"其誖謾不道，一至於此，尚可高拱而羈縻哉？若其比周之雄，聲勢相倚者，則西有芒部，南有播州，北有酉陽，此三四酋帥，慮無不欲屠剪頡頏，厚自封殖者。迺者安氏擁兵不調，播州不服節制，芒部、烏蒙仇殺不可居解，酉陽侵烏羅、奪麻免之地，幸而國家全盛，猶以文移服屬，脱一方有鋒鏑之警，此輩尚肯帖然俯首而已哉？積弱如此，而議者猶欲以羈縻臨之，此下官所以日夕疚心，强聒而不舍者也。然治土官，固宜不廢羈縻之法。夫法當飭始，禍貴塞源，今者始已蠱，而源已潰矣。非卓犖明達之才，不可責以善後之治也。明公立節慷慨，時論所歸，誠能采不諱之言，畫永安之策，剗積弱之弊，折不軌之萌，即使下官永滯炎徼，十年不調，所以報主恩而酬壯志者，亦不虛矣。伏乞裁察，無任拳拳！

——《皇明經世文編》卷二百五十七《田叔禾集》，載《四庫禁毀書叢刊·集部》，第 26 册，41~43 頁

特建總督重臣疏川湖總督

題爲懇乞天恩特建總督重臣以爲邊方長久計事：

切照貴州地方，與湖廣、四川、雲南、廣西諸省邊界地方，疆土參錯，寨落交雜，争鬥頻生，奸宄疊作，邊圉之患，無歲無之。所以然者，蓋緣轄属各异，事體不一，各懷彼此之心，競圖利害之便，互相推托，養成患害，貽毒生靈，虧損王化。臣自入境以來，詢求利病，而闔省士民謂宜建設總督以專西南之閫，重以事權，責以經略，長久之術，莫大於是。臣請言其利害之故，陛下幸垂聽焉。貴州之在國初，本三省之遠地也，至永樂十二年始置都、布、按三司以扼西南之吭，軍民衙門大抵皆分属二省，以示犬牙相制之意，甚善計也。但百年之後，時异勢殊，脉絡闊隔，威信閡滯，於是貴州遂稱難治矣。何以言之，邊情夷患，動必牽連，約會則不及，獨任則不可，此制馭之難一也。兩省之間，牽制文法，意見异同，謀猷互异，此體統之難二也。武弁夷酋，動分彼此，名雖兼制，不受約束，此任使之難三也。紛争奏訴，必經會勘，文移往返，壅滯積年，此勘斷之難四也。貴州錢

粮多額川湖，連年拖欠，動以萬計，此催徵之難五也。每遇有警，調用軍夷，或托他故，動相妨病，此調度之難六也。鈐属既别，期會自疏，地方事情，多不互報，此經略之難七也。有此七者，則雖有雄略之士，其能展布行事矣乎？此威信之所以未廣，疆宇之所以未寧也。若使總督重臣，合諸省要害之地而并制之，則統涣合離，任專責重，事無掣肘，勢如使臂，利害萃于一巳，既不敢萌擇利之心，事權捴于一人，亦不至重輿尸之弊。無事則重鎮綏撫，以安一方之民；有警則合師征討，以消諸省之患。積以歲年，疆埸可定，此臣之所謂長久之計者也。况今日銅平、鎮筸之苗，其患孔棘，邇者伏望嚴旨，責成兩省撫鎮官，以期蕩埽之績。皇言震赫，疆圉之臣，戮力奉行之不暇，臣固知賊不足平矣。然以事勢度之，合討之有功，終不若統帥之便利也，何者？責分則人心難一，地遠則聲援難通，緩急之情异，則紀律難齊，虛實之勢殊，則機權難酌，不必彼此异同，可以敗筭。未有不一事權而能成功者，然使廢置摻縱不得自由，則名爲統帥，其實與諸鎮頡頏耳，亦何用哉！至於進止先後，亦足潰成，自古以來，未有主帥不一，可以成功干閫外者。就使同心共事，卒奏戎勛，亦必老師費財，坐遲歲月，其與專閫用兵，難易自别，臣故曰：合討之有功，不若統帥之便利也。是捴督之建，在今日征討之役，尤若不可已者，此臣之所以昧死而有是陳也。臣又見得先後諸臣建議，亦多有及此者，然皆議於二省巡撫之外，别設大臣以制諸苗，此亦救時之權，未爲不可也。臣則以爲職守雖專，政體滋病，愈相頡頏，轉益紛紜，又况西南隱患，不止銅鎮爲然。孰非版章，皆當豫彌。故臣愚計，切以爲宜如兩廣、汀、贛事例，將貴州并川、湖、雲、廣邊界地方，特設部院重臣一員，專一捴理夷情軍務。即今銅平、鎮筸有事，暫于沅州駐劄，以便調度。以後地方寧静，仍回貴州坐鎮，其貴州巡撫、都御史仍行裁省，以捴督兼理，則叛苗劇患，既有所責成，以伸薄伐之威。而諸夷隱虞亦有所委属，以任經略之寄，安邊全策，無以逾此。至於應行事宜，臣愚亦嘗切計，敢并條陳，以俟采擇，一曰議轄属。查得貴州相隣地方，如湖廣、湖北道所属辰、常、靖三府州，永順、保靖二宣慰司，并境内各衛所司，俱係切近蠟爾山苗患之地；四川川東、川南二道所属酉陽、平茶、邑梅等司，俱係見調兵戍守衙門，播州、永寧二司，烏撒、烏蒙、東川、銅雄四府，錢粮俱在貴州輸納；雲南安普道所属曲靖府，與廣西南丹、泗城二州地土相連，不時争仇，以上各守巡兵備参守并文武土、流官，俱合聽捴督衙門節制。二曰議事柄。切照前項地方，多係貴州巡撫衙門兼制，但其事柄太輕，以故難於行事。切以爲捴督重臣體統既尊，事權宜重，請凡節制衙門官員，皆得舉劾奬飭如例，流官給由與土官襲替，俱要呈詳核久，然後起送。其調度兵粮違誤者，聽以軍法處治，庶以鼓舞諸司，奔走群属。三曰議錢粮。照得總督既建，必有錢穀以備資餉，除貴州全省照舊聽其經費外，乞將辰、常、靖三處存留錢粮并税課等項，議留以備軍需，仍候捴督重臣至鎮之日，會同撫按會計數目，以爲永制；其湖廣額解貴州錢粮，亦於三處坐派，以便催徵。四曰議體統。照得湖北地方切爾苗患，最爲要地，若湖廣衙門仍復牽制，未免卒難舉事，請凡一應地方兵粮事務，俱聽捴督衙門裁斷而行，各省官不必以文法掣撓，庶可展布以迄成功。如蒙聖明，俯念邊方，遠覽英斷，特敕吏部詳議建設，仍簡命才望素著、諳悉夷情重臣一員前來莅事，則豈特邊人受寧謐之福，而國家一體，輿圖亦永終亡敝矣。

——《皇明經世文編》卷二百八十六《蕭同野集》，載《四庫禁毀書叢刊·集部》，第 26 册，344~346 頁

問貴州建總督重臣

問貴州自入疆理，即建藩置吏，如中土制，非若前代以夷禮治之也，以百餘年控制之功，宜若可以載平而無事矣。然而棼結之勢，每煩經略，威信之施，動有閡滯，是又何也？意者疆理之法，猶有所闕乎？命吏之戾公選乎？土酋之狎常法乎？武備猶疏乎？招集未廣乎？然以所聞者言之，則疆理已詳，而不治之患，在制而不在政，四者似非其要也。夫急病者攻于謀，切灾者審于術，凡爾多土，所以爲其地計者，必有定説矣。試言經遠握要之略謂何，執事者將采焉。

聖人之治，天下其始也；正之疆理以定其勢，其次也；立之規制以維其勢，其終也。一之統紀以聯其勢，夫辨分域、增式廓，所以正疆理也；置牧長、樹官秩，所以立規制也；建連率，重事柄，所以一統紀也。夫王者之肇造也，以斥地爲功，故首之以正疆理。疆理正矣，非文武錯置以蔽之，牧長屹立以鎮之，則無以弼成王制，故次之以立規制。規制立矣，而岳牧、連率之不立，則勢分于衆建，機眩于輿尸，其何以率功，故以一統紀終焉。斯固先王不易之定制也。夫國家之撫有貴州，其所以疆理之者亦既久，而規制亦既密矣。然卒未迄于小康者，此其故可知矣。非法之不足以定，而機之不足以維也，患其統紀之未一而已。何以言之？夫貴州，古鬼方之域也。自國初經理西南，即入疆宇，其始也。猶以要荒治之，樹其酋長，使自鎮撫，略其文法，以示羈縻。蓋即禹貢五百里要服，而益稷所稱，外薄四海，咸建五長之義也。其詳内略外之勢，不得不然者，及其既也，聲教訖矣，王業固矣，三苗既丕叙矣。乃置吏建藩，使并之十二省之列，蓋即虞典所稱"肇十有二州，而以冀青分幽并營之義也"。因時至治之道，不得不然者也。夫古也，弼成五服，至于五十耳！而今也，環僰甸之域，而版章之，其勢可謂定矣。而况方圖之内，規畫明備，有藩臬以撫率之，有郡縣以綏柔之，有學校以化導之，其所以揆文教者，猶夫制也；有

都司以控馭之，有衛所以參制之，有堡戍以列守之，其所以奮武衛者，猶夫制也。則所以維之者，可謂固矣。夫勢定矣，規制固矣，然而未至于卒定者，此則愚所謂勢分于衆建，機眩于輿尸之故也。愚請得而備言之，夫貴之未列爲藩也，則三省之裔壤也；其後割而置藩矣，然猶慮其卒無以馭之也。故貴州之壤，土大率與三省之地相錯揉，自今言之，西則四川烏蒙、芒部諸郡，南則廣之泗城、雲之曲靖，東則湖廣辰沅、鎮筸等處，非則播州邑茶諸酋，其土田則錯畎也，其辯落則錯置也，其夷民則錯處也，所謂犬牙相制之國也，迺今則有可議者矣。僨事者指此以避辜，懷奸者藉此以匿黨，質成者假此以瀆辭，逋亡者幸此以罷追，下督責之令，則以鄰爲解，而寇無窮獮之威，董征斂之常，則以勢自分，而賦鮮上供之實，是昔之所以犬牙相制者，適足爲奸人私便之資也，又况持論者懷异同之心，當事者競利害之便，機以牽制而搖筭以紛紜而失，此一方膏肓之疾，有識之士所以扼腕而私爲之計者也。愚故曰：患在統紀之未一而已。夫今之爲貴州計者，大率有四，曰：擇牧長、申威法、飭武備、廣招集，四者而已。其曰擇牧長者，蓋以吏必遷謫而後除，資必下品而後授，予之太輕，待之太薄，厭其地者無固心，限於格者無鋭志，故必易法而後可，此即所謂任官惟賢才，而立政夷微盧烝三亳阪尹，庶常吉士之意也，亦一良策也。其曰申威法者，蓋以土酋之積驕召釁養寇欺公，用之則懷貳志，治之則法輕而無所懲，故必繩之以重法，此即所謂刑亂國用重典，而牧誓及庸蜀、羌髳、微盧、彭濮人予其誓之意也，亦一良策也。其曰飭武備者，蓋以銅平諸隘，戍兵單弱，宜及未期置堡增衛，此即費誓峙乃楨幹之意也，亦一良策也。其曰廣招集者，蓋欲招失業之民，畀开之不耕之地，非特藉以蕃庶，亦可因之捍蔽，此即多士尚寧幹止之意也，亦一良策也。四者之策，施之今日，固足以安民而定壤矣。然以貴州大勢觀之，則所謂救時補敝之方，非經遠握要之略也。所謂經遠握要之略，奈何曰建重臣以一其統紀而已，夫貴州非無重臣也，責任未專，事柄未一，雖有治軍之命，而無專制之權。雖有兼屬之文，而無受約之實，此其統紀未一，豈能成功于萬里之外哉？謹按有虞之世，有岳牧以柔遠，其職爲勩重，其權爲最一，故能蠻夷率服，則以統紀一之故也。切以謂今之計，莫若仿兩廣五嶺之制，特建重臣，專制其事，而凡川、湖、雲、廣之裔地，皆得以役使之。而又開府上流，扼其要塞，則所謂經遠握要之略，無以易於此矣。此非愚之好爲紛更，顧以爲今日之疆理定矣、規制備矣，所以議論多而成功少者，則以衆建潰成，輿尸敗筭故也。又况官不改制，籍不更圖，既無變法，亦無耗財，不過稍稍申飭，以通其變焉耳！此固所謂申畫郊圻，慎固封守之意，而非紛更之謂也，則何必泥于舊章，而安于不變爲哉？今之議者，類曰要荒之地，先王以不治治之而已。嗚呼！此殆非達變之論也。書曰"道有升降，政由俗革"，言達變之謂也。

夫所謂不治者，禮讓不加，正朔不及之國也。今貴州置吏建藩，無异中州之制，奈何復以是爲解乎？此愚一統紀之説，固所謂俗革之政，而勢不得不然者也。况先王之盛者莫如舜，舜之治有苗也，至于重臣如禹益者莅之，一乃心力以治戎事，三旬而後班師，乃誕敷文德焉。是故因威以樹恩，則恩始固。以文而飭武，則武益章，此有虞經略西南之遺迹也，未嘗以不治治之也，故愚以謂建重臣之説雖聖人復起不能易矣。

——《皇明經世文編》卷二百八十六《蕭同野集》，載《四庫禁毁書叢刊·集部》，第 26 冊，348~350 頁

雜記

川貴土司，首安氏、次楊氏，皆以兵力盛强，蓄積富厚相雄長，諸土司皆憚之。安氏在嘉隆間，小有反側，朝廷下詔切責，第令服罪削職，取覊縻而已。惟楊氏世稱恭順，而應龍稍桀黠，自其祖父時頗招納内地游俠，及犯罪逋竄者，爲之羽翼腹心，凡七家，皆有室廬田産，長子孫成大姓。應龍心惡之，既襲職，皆擯不用，更虐使之，或加誅戮，七姓咸怨，率逃入五司中，五司故隸播州，而諸長官怨應龍特甚。七姓者，復從中慫恿，乃數奏應龍罪惡，部覆行兩臺會勘，兩臺所委府佐及兩司首領，皆以土官爲奇貨，多所需索，數以計困之。嘗期以某日入境候勘，應龍如期至，委官故遷延不行，度應龍且去則猝至，以跋扈不服罪之，必得重賄乃已。以故應龍每赴勘，若就刑僇。然兩省有徵調，朝奉檄而夕發兵，毋敢後時，未有不臣之迹也。時貴州撫臣喜事者，入五司膚愬，欲用兵，偕按臣以疏請，余力止之，謂應龍雖殘虐但，行于所部，未有逆節于朝廷，祖宗朝從來覊縻，不以漢法治也。部中遂寢其奏久之，蜀撫以他事檄召應龍，下之獄。獄吏卒備加窘辱，取索不訾，應龍大恚恨。會東征事起，石司馬請釋應龍，令帥所部兵立功自贖。既而罷之，撫臣復召應龍就獄，辭不至，乃遣兵深入逮捕，應龍據險拒敵，殺傷官兵甚衆，尋攻破綦江，勢甚猖獗。詔發三省兵，及調旁近土司討之，復添設撫臣，開府辰沅，加蜀撫總督軍務，逾年遂平播州，設遵義府。然三省財力耗費以巨億計，楚蜀之間，繹騷甚矣。向使委官不索賂，應龍不繫獄，調必赴、召必來，何至稱兵叛逆乎？挑釁起禍，必有任其責者，故好事喜功、窮兵殫財非國家之利己，事可永鑒也。

——《皇明經世文編》卷三百八十一《申文定公集》，載《四庫禁毁書叢刊·集部》，第 27 冊，731~732 頁

初報河東大捷疏討平松番

案照松番據險逞凶，軍民横被虔劉之慘，致廑皇上綸音申諭，而本兵因以議覆責成，令巡撫、總兵及司道等官相機撫剿。臣已督行兵巡各道多方招撫而負固如初，始一面差官分調土兵，復一面牌行各道，令通事譯諭爲惡諸番，果能擒斬真正渠魁以贖罪，及傾心送質投降者，俱許待以不死，仍照格給賞，無非冀其悔悟改圖，而使我無廢法，則犬羊之性，亦不妨馭若犬羊也。乃番蠻豈直，罔遵益爲糾聚數千餘衆，倚山找架七稍炮，於正月中旬，連攻滿江關，將關内官營房屋盡數擊殘衝毁。固守則粮糗不繼，坐斃可虞；交鋒則多寡相懸，聲援更絶。少延時日，亦幾陷關城矣。……游擊周于德領播州宣慰楊應龍土兵七千，劄營於鑼鍋嶺等處，以搗其前；游擊邊之垣領酉陽宣撫冉維屏土兵五千，劄營於地名蕎壩腦，以攻其後；参將朱文達則領平茶土官楊光祖、楊正崇并天全土兵共四千五百有奇，於地名茨溝劄營，拊其要脊而擊之，俱聽總鎮監軍道居中提調令。

——《皇明經世文編》卷三百九十《徐司馬督撫平羌奏議》，載《四庫禁毁書叢刊·集部》，第28册，第80頁

題國用匱乏有由疏國用匱乏之由

……征播之費用過銀一百二十二萬七千餘兩。

——《皇明經世文編》卷四百十一《趙思農奏議》，載《四庫禁毁書叢刊·集部》，第28册，第325頁

遵例盤庫敬報空虚之狀仰乞聖鑒亟圖長策以濟國用疏府庫空虚

……播州之役，費餉銀二百餘萬。

——《皇明經世文編》卷四百十二《曹給諫奏疏》，載《四庫禁毁書叢刊·集部》，第28册，第331頁

疏　郭子章

議處驛遞疏貴州驛遞

看得貴州一線之路，以通滇蜀，通蜀諸驛，專屬之水西料理；通滇諸驛，派之各土司走遞，此在平居無事日，猶仰藉於夷司也。今年飛練之役，驛馬殘于鋒鏑，馬户因之逃亡，而近播各土司盡爲播賊虔劉，彼自救死不暇，奚暇爲驛遞奔走，就其中黄平、平越二驛尤甚。自六月以來，臣等屢檄驛傳、道，多方設處，終莫能濟，欲問土司則無官可尋，欲

問馬户則無家可提，欲責之衛官彼武弁未領錢糧，欲責之驛丞彼貧官何能賠賍，以故往來二驛者，非雇募以去，則徒步以走，此猶往來官司之苦也。至于羽檄交加，兵符更調，軍興之徵解，器械之馳遞，行至二驛，袖手縮武而不能前，幾何不敗公事而誤軍機也？據該道議欲借濟於各省，臣等看得近黔鄰封，惟楚、滇二省，楚地用兵在湖北，而湖南一帶驛遞稍逸；雲南解餉入黔在安普，而洱海金滄一帶，驛遞稍逸。臣意於二省稍逸驛遞，每驛借馬一匹，約三十匹，内湖南十五匹，洱海金滄十五匹，或解馬或解銀，分屬平越、黄平二驛，共濟時艱，以滅强寇，俟寇平而止。其餘别驛，苟可支持者，無得援此爲例。夫黔今日如多病人也，帑藏空虚，疾在腠理；强寇侵軼，疾在寒暑；驛遞不通，疾在血脉；均之不可無醫藥者，故不敢避瑣屑，爲皇上陳之。

——《皇明經世文編》卷四百十九《郭青螺文集》，載《四庫禁毁書叢刊·集部》，第28册，第408頁

播平善後事宜疏區畫播地

臣近閲邸報，内開山西道監察御史李時華，題爲二省干戈幸戢，萬年計畫宜周，恭陳一二膚見，以備善後采擇事，内開條議十款，就中强半多言黔事，就經備行布按二司監軍紀功守巡各道會議詳報前來，除兵部九款，已經奉旨者，臣等悉心奉行外，所有未盡事宜，該臣會同總督、都御史李化龍，看得播州善後事宜統言播事，兵部釐爲十款，析言黔事，李御史列爲十條，詳哉乎其言之矣。當局者迷，觀局者智，臣愚迷於局，似亦可以無言，顧計者取多，謀者從可。聖明稽於衆，或不嫌於互發，謹以膚見釐爲十二條，如或葑菲可采，乞敕下兵部再加從長酌議，覆請施行。

計開：

一議改設郡縣，看得播州之地，東西相距二千餘里，南北相距四百餘里，雖云憝國，亦係樂土。今議改流東西，可設二府，每府可設二三縣。播境原屬四川，與貴州鄰，二省界限，原自分明，至論建置大概，臣意自沙溪以至白泥，當以烏江爲界，設一府于白田壩，而真州、蔞山、松坎等處，可爲三縣，黄平在元已爲府矣，當設一府於黄平，而徐慶、白泥二司可爲一縣，甕水、重安二司可爲一縣，此沙溪至白泥一帶建置之大概也。自白泥渡江至婺川縣，以三渡、板角、苦竹三關爲界，其中漢、夷田土錯雜，惟湄潭可縣、龍泉可縣，龍泉土官安民志陣亡，其子尚幼，其印已失，其土地已爲楊酋踐躪，合無將龍泉改建一縣，增築城郭，而以安民志之子世爲土縣丞，以爲死義者之勸，其祖職長官，世爲土主簿，此則思石一帶建置之大較也。至於衛所，似可無設。衛所積弊，有害無益，故改流建置，不

同□□□之初。先年石阡、思南、思州、龍安、馬湖俱係改流，并未設衛，豈不謂養軍不若養兵，贍紈綺之世胄，孰若贍矛戈之勁卒乎哉？惟設二道一參，以彈壓于中，每二縣設一守備，以防禦於外，則西南半壁可恃無恐。若興學校、築城池、設公署、建驛遞、度土田，勢當次第修舉，而爲費不貲。若仍屬於蜀，則黔中無所事事。若分屬於黔，貧黔物力難支，似當於剩餉内動支，完日核算。第播州之名，其來已久，"播"之爲字，番之有才者也。以故應龍阻兵，崛強獷戾，竭四方之力，僅乃克之。夫南越破而聞喜建，吕嘉得而獲嘉名。龍州平改爲龍安，九絲夷更名建武，即播州納土於宋亦改名遵義，計廟堂當有定謨，而播之爲名，似當更易，伏乞聖裁。

一議遴選將吏。時亂則急武庫，所乏者孫吴、韓彭之流；時平則急歲星，所乏者龔黄、卓魯之徒。顧絳灌無文，隋陸不武，兼才之難，自昔歎之矣。夜郎既平，守巡、守令固一路之歲星也，而才不易得，事不易理。辟草萊剪榛棘，則創始之難；復版圖、充户口，則稽閱之難；度土田、起賦税，則核實之難；安反側、歸鴻雁，則安輯之難；比什伍、編保甲，則聯屬之難；四鄰多悍、五司多戾，則駕馭之難；道路多警、山箐多梗，則芟夷之難；路室未除、候館未建，則往來之難；相陰陽、揣高卑，則城池築鑿之難；計徒庸、慮餱糧，則衙署工作之難；講聖諭、行鄉約，則教化開導之難。敘撫御雜事，亦簡潔有文華。淮西既平，留裴度爲彰義節度使，下令惟禁盗賊鬥殺，餘皆不問，蔡人始知生民之樂。淄青既平，命楊於陵按圖籍，視土地遠邇，計士馬衆寬，分李師道地爲三道。幽燕未平，藝祖出地圖示趙普，問進取之策，曰："曹翰可取可守。"而終議曰："翰死，孰可代？"國朝，交州既平，以黄福守之則治。及黄福去，而交州始亂。由是觀之，取播易，守播難。臣竊意以爲文臣中，必如裴度、楊於陵、黄福之治蔡、齊、交州，而後播可守也。武臣中必如曹翰之安燕雲，而後播可守也。或令總督自擇守巡參備，守巡自擇郡守，郡守自擇縣令，如其效朝廷不難深信而久任之，破格而超遷之以酬其勞。不效則連坐之以繩其闇，惟聖明廟廊下部而遴選焉。伏乞聖裁。

一議五司改流。夫五司之毒於楊應龍也久矣，夷其丘隴，妻其婦女，奪其官職，焚其室廬，殺其父子兄弟，其形之奏牘，止爲報仇。欲改土爲流，非一日矣。朝廷合三省之力，費數百萬金錢，豈獨爲五司復仇計哉。亦欲計安地方，爲百年長慮耳。若復立五司，於蜀無損，於黔大不便。黔中一線之路，四顧皆苗，即五司之地也，頃屬於播淪于异域。下衛走馬抗頑不上，驛遞之困實由于此。今乘此時郡縣之，則廓清線路，通爲孔道，郡縣歲入，不累驛馬。用夏變夷，千載一時。若復立其後，則黔封疆之狹猶故，黔驛遞之罷猶故，是何愛黔，不如愛五司也。夫五司與應龍一類也。昔也，應龍强而五司弱，則五司以窮歸我，應龍以索五司之故，東寇西擾，業已貽害邊民；今也，應龍滅而五司復强夷狄之性，决不安静，播滅而五司强，此自然之勢故當先事爲處置之計。復有如應龍者出，弱肉强食，又將擾我邊民，何也？虎狼不可以爲鄰，蛇蝮不可與共床也。且當日起，釁實在五司，上貽害國家，費數百萬金錢，下貽害三省，虔劉數十萬百姓，中貽害將官殺戮百員，而彼安然如故，襲職享祉。凡我被害邊民之子孫，其又誰與之，恐其搆禍猶未彌也。查得鎮遠、龍安、新貴改流，其土官俱改文銜，即不失朝廷興滅繼絶之意，又不釀异日以强凌弱之禍，原任宣慰同知，當改爲府土同知；原任安撫，當改爲州土同知；原任正長官，當改爲土縣丞，副長官當改爲土主簿。一切俸薪儀節，在府以鎮遠、龍安爲例，在縣以新貴爲例，若土官從逆者如楊正邊之類，正當絶其爵土，而以傍枝入繼者，又當改爲土巡簡，庶幾，夷漢相安，邊圉允乂矣。伏乞聖裁。

一議清查黄册。楊酋逐五司，刈七姓，即以其田分給苗賊，令自耕種，錢糧不輸，黄册不造，而其老册在四川布政司册庫，猶可覆視也。今既郡縣其地，則當清查田土。楊氏即滅，播官播民猶有存者，欲不給還之，則丘壑在目，彼猶有辭，欲一一還之，則册籍無憑，恐售其欺。臣意當檄四川布政司，將播州歷年黄册另貯固封，毋令吏書改换，庶田畝之地名可尋，秋糧之多寡可稽，軍田、民田、夷田、漢田不相溷淆，欲稍給舊民，則册可憑。若册無姓名，或有姓名而人被殘刈者，其田入官以爲公田，留作養兵之費。此亦蕭何入秦收圖籍意也，惜當時播州一破，其州册盡毁於兵耳。伏乞聖裁。

一議更易轄屬。楚黔接壤，撫屬錯綜。如黎平府永從縣近楚之沅州，去黔千五百里，而反遥屬於黔。平清偏鎮四衛近黔之鎮遠，去楚二千餘里，而反遥屬於楚。即云犬牙相制翻成，彼此推諉，頃者酋犯偏橋，而楚不能救，比者苗犯黎平，而黔不能救，即黔有播患，而黎平永從，無一夫一粒之助，非不欲救助也，鞭之長不及馬腹勢也。合無以黎平一府永從一縣，改隸湖廣；鎮遠、偏橋、平溪、清浪四衛改隸貴州；文武官軍俸糧、歲費公用，悉仍其舊，則軍民合爲一家，上下不相秦越，即有寇警，誰能諉之。伏乞聖裁。

一議裁將留兵。頃者，播患方殷，黔之將不得不增；今日，逆寇蕩平，黔之將不得不減。清浪參將原屬於楚，非黔專官，無容議矣；黔中、下、右衛，無一重將，何以彈壓，則興隆參將，似不當裁；都清守備，當仍其舊；龍泉既有守備，則婺川參將、石阡都司應裁；壩陽、普安、迤西三處既有守備，則畢節參將應裁；省城既有游擊，則守城守備當裁。播賊雖平，苗寇未剪，總兵標下留兵一千三百爲二營；興隆參將部下留兵一千二百，内分其半爲一營守興隆，隸參將部下，分其半爲一營守平越，隸都清守備部下，以爲下衛之保障；壩陽兵三百，分其半移隸安莊；貴陽留兵一千，分爲二營，以爲省會之爪牙；第養兵三千五百餘名,每年約費三萬五千餘金。貴州無從出辦,相應於剩餉内暫支,俟二三年後地方大寧,徐徐議撤。至於總兵駐劄,昔在銅仁,以故沈尚文之杜門,童元鎮之托身,視爲兔窟,眇若越人,節經兵部題準駐劄貴陽。夫非於銅仁疏而貴陽親也。貴陽近播而銅仁去播遠也,總兵官似當仍駐貴陽,待年餘大定之後,以春夏駐貴陽,秋冬駐銅仁,永爲定例,無許偏安一隅。伏乞聖裁。

一議四川協濟。黔省土瘠民貧,不及中州一大縣,其歲供之費,往往取給於楚蜀之協濟。查四川烏撒、鎮雄、東川、烏蒙等四府,每年協濟貴州本色糧一萬四千三百二十四石,折色糧銀三千一百兩。查每年解納,不及十分之三。播州協濟糧銀,每年三千一百六十四兩七錢,楊酋拒命,逋負不納,自萬曆十八年至二十七年,未完銀約二萬九千八百三十餘兩。酉陽每年協濟銀七百兩,自萬曆十九年起,至二十七年,共欠二千九百六十餘兩,徒負協濟之名,無益軍興之實。此在無事日猶不可,况今逆酋甫定,地方多難之時乎。秖緣四府、酉陽襲職不由貴州。涣然不相統轄。土官以襲職奏題爲撫按。即錢糧逋負,既無可罰之俸,又無可降之官,駕馭之權,其餘所求于文職者亦少。至于屢催屢負,未可如何。以臣之愚,四府、酉陽,即不能割隸貴州。至其襲職起復,四川撫按會同貴州撫按批允而後襲,則彼猶有所畏憚此一策也。不然,請乞嚴旨,責成四川布政司立法嚴催,催完總解,載入職掌,無得秦越相視,又一策也。不然,請責烏撒同知、東川烏蒙通判,駐鎮本府。督催四府協濟,請責重慶府管糧府佐。督催酉陽協濟,其給由升遷。四川撫按會同貴州撫按考核,視協濟之完欠爲殿最,必完及分數,批允乃許離任,又一策也。伏乞聖裁。

一議楚中協濟。黔中軍餉,仰給楚中、湖南一道。所轄長、衡二府州縣,每年協濟貴州糧銀三萬七百二十兩零,遞年遞負,不以時納。自萬曆十四年起至二十七年止,共拖欠銀五萬三千六百五十兩零,而長沙府屬逋欠尤甚,良由貴州撫臣兼制止及湖北不及湖南印糧官吏。自以非屬,怠玩成風,雖考成每年查參,不過徒飭虚文,即完欠之數,催促逾年,而文始至,極重者止於罰俸而止,彼何所憚,而汲汲完异屬之餉耶。今楊酋甫定,黔餉一空,合無將湖南一道屬,亦隸貴州撫臣節制,其印糧官給由升遷,照依湖北例,具文於貴州撫臣,考核錢糧有無完欠,方許給由離任。夫常德去長沙只尺耳,常德可屬又何惜一長沙,若長沙不屬貴州節制,則拖欠之餉終無完日,貴州之軍終無飽時,其爲關係,良非淺細。伏乞聖裁。

一議驛傳協濟。貴州四面省夷,中路一線,實滇南出入門户也。官司無論方面,即倉驛之升遷,皆馳驛也;土司無論進表,即貢馬之差遣,皆馳驛也;鄉官無論方面部臣,即教官舉貢會試入京，皆馳驛也。蓋以極貧極乏之區，當極苦極煩之差。臣日夕掛號，堆案盈几，欲裁之，則行路嗟怨；欲給之，則夫馬逃亡；欲處置之，則帑藏空乏。衛官貧而不能賠，急之則閉户；驛官卑而不能支，急之則逸去。查得貴州之驛，舊例俱輪土司走馬，至于下衛，則播州五司居其半。自播酋弄兵，五司出亡，平越興隆、黄平之馬，一匹不到。今播雖已滅，五司猶未返舊疆，驛馬之困猶然如故。頃臣不得已，疏請于上，借滇、楚稍閑驛分，各馬十五匹，分發平興，共濟時艱，至今俱未解到。黔中以貧故，累及二省甚多，此亦必不可得之數也。臣查得黔中道路，黔之往來居十之四，滇之往來居十之五，楚蜀之往來居十之一，每年雲南止協濟一千五百兩，遇入覲年加一千兩，似覺太少，合無每年加增一千五百兩，入覲年再增一千兩，如數依期解黔，分給各驛。俟五司改流之日，錢糧上納不乏，仍將滇銀照依原額。臣又查得，黔中原無水路，至于滇遠始有小江，可通輕舠逕至辰沅、常德，《會典》載鎮遠、清浪俱名水馬驛，良有深意，合無鎮遠、清浪多造小船，一切過往如御扛齎奏及部院方面，仍從陸路外。自有司以下至二省會試舉人，即有真正勘合牌票，亦給船隻，則平清各州諸驛又得少蘇。伏乞聖裁。

一議增設駐鎮。看得黔地多陋習而無善俗。則以上下諸衛未設流官，以武弁馭悍卒。狠者如虎馭羊，弱者如猫同鼠，如之何其不多盗也。往年曾設都匀府推官，駐鎮新添矣；貴陽府通判，駐鎮畢節矣；邇年增設貴陽府同知，駐鎮興隆矣。倘再增設鎮遠府推官一員，駐鎮偏橋；都匀府同知一員，駐鎮平越。一衛之屯糧歲用，責之收支；一方之詞訟刑獄，責之問訊；一驛之馬匹館銀，責之料理；文武官評，責之填報；士習民風，責之表率；夷行苗俗，責之化誨。衙署不必建置，取之本衛之公館；俸薪不必編派，取之各屬之缺官；僕從不必雇募，取之衛所之戍卒；無更弦易轍之煩，而有用夏變夷之實，黔之黎庶尚亦有利哉。伏乞聖裁。

一議賑恤殘民。楊酋煽亂，流毒三省，黔屬只尺，尤切剥膚。兩年之間，一犯偏橋，再犯黄平，三犯飛練，四犯東坡而下六衛殘，五犯龍泉而思石毁，六犯河渡而貴陽震。其未犯地方，大兵經過，荆棘叢生；轉輸糧餉，則有運夫之苦；防守城池，則有保兵之役。男停其耜，女空其柚；驛遞蕭條，道路丘墟；小寇竊發，餓莩盈野；陰雨連月，禾稼不登。邇者大兵甫定，瘡痍未起，若不重加周恤，則死者之寃氣彌天，生者之號泣塞路，恐播之餘黨一呼而號召之，在在皆賊也。爲今日計，止有議蠲、議賑二事，然貴州錢糧堇堇亡幾何。一議蠲則衛所官軍。勢必枵腹待哺，惟有賑恤一款，似當急議而倉庫已竭，無從發棠。合無於剩餉内存留若干，行守巡各道，責成賢有司，查核罹害之輕重，流離之多寡，定爲賑濟之差等，庶恩周蔀屋，民不流離。伏乞聖裁。

一議增築外城。貴州在昔爲荒服,至元始立爲順元路,初屬四川,改屬湖廣,又改屬雲南,原非重鎮,即設城郭,不名金湯。本朝始立爲貴州布政司,屹然與楚、蜀、滇雁行矣。第地方既偏,人民未轃,國初建城率因元舊而城址狹隘,牆垣卑薄,因陋就簡,攀援可登。二百餘年以來,北關生齒,既繁且稠,與城中埒。頃者楊曾聲言渡江,直走貴陽,關外居民,奔沓入城,填滿城闉,寄住街市,無屋可貯,無址可屋。當時士民,即有增築外城之呈,顧時倥傯不暇議工,又乏金錢,誰與爲資。及今賊既滅矣,燕雀處堂,亦呴呴然樂矣。臣聞存者非存,在于慮亡;樂者非樂,在于慮殃。貴州本苗夷四戰之地,非百年無事之國,稽之史册,聞之父老,未有五十年不用兵者。今播州即平,皮林未剿;東坡雖通,九股尚存,倘復有楊酋者出而後爲之所,則晚矣。臣游淮揚,官吴越,淮安、楊州、廣州、餘姚俱因倭亂之後增築外城,倭無所掠,遂不敢近。若貴陽得援此例,築一外城,内固舊堞,外增新壘,即有烽燧,民不遷徙,此猶地方之利也。黔中南達滇、雲,下制辰、沅,上下二千餘里,衛所諸城極卑極薄,不足以當富室之一墻。今既不能一一增高,而省會又無嚴城,脱有緩急,直破竹解籜耳。念及於此,則國家藩屏之長利也。查得外城估計約三萬金,倘於剩餉内動支,一歲可完,一勞永逸,一費永安,惟此時爲然乎。夫徹桑未雨,畜艾未病,及雨且病,則無及矣。伏乞聖裁。

——《皇明經世文編》卷四百十九《郭青螺文集》,載《四庫禁毀書叢刊·集部》,第 28 册,408~415 頁

看議播界疏播地分屬

臣所轄地方偏小,不足以當中州一郡,如鎮遠縣每年止納秋糧二百五十一石,施秉縣六十石。臣平播之後,分割播地,設爲三縣。今令安疆臣退步之外,又認蜀糧三百石,似又去黔二縣之糧,徒負割地虚名,無益黔省實用,故士民有謂得不償失,不如以平越三縣還蜀者。以此,是臣負地方之怨者。一方逆播初逞,臣上遵皇上之旨,中受樞臣之畫,下同前督臣之議,謂當携安楊之交以間之,用安氏之力以傾之,臣始與安疆臣盟,據欽頒賞格,啗以爵土。已而大水田之捷、桃溪衙之燒,得其死力,賊始上囤,其後大合群策,破囤滅賊。疆臣即不敢希冀寸土,而今復令割地、復令輸糧,名曰歸土於蜀迹,似爲楊報仇,夷人怏怏,不謂臣渝盟則謂臣套哄,甚至謂臣意在兼,并而假手於蜀,是臣負夷人之怨者一。遵義、鎮雄等五府節年逋欠逾數萬,沙溪地幾何,而稽黔十七萬之米、六萬餘之金,此决非督臣之意,大都有司窺伺觀望,延緩不納。軍士枵腹待哺,環臣署而嗷嗷者,聲相喧也,是臣負軍士之怨者一。□永分屬黔、蜀,播、水之争地,即是黔、蜀之争□□□,

所督數省而縮撫者蜀，故嘗右蜀而左黔。臣以一身叢此三怨，萬一脱身猾夏之變，乘隙交發，臣身不足惜，如朝廷何？如生靈何？憂在蕭墻，剥及牀膚，臣安得無言而處于此，且蜀中之議，欲以地歸黔設縣者，其意誠美，顧夷人方疑臣欲吞并而假手於蜀，若令黔得之，其猜益深而黔與夷自相疑相攻，其禍益不可解，黔寧貧不願有此地也，而況故黔地也。是時蜀中之議□歸地于黔，而使前人諉蜀中之督黔撫之，不欲受地者，名也。其不欲認蜀鎮者宜也，然此所謂不願受地者，乃分播地入黔者也，廢安疆臣所争之地也。蜀之議以新郡費侈難處爲詞，非真難也。平越府以一千七十石之糧，而支一府一州三縣之費，遵義亦一府一州三縣也，豈以一萬七千七百五十餘石之糧，而猶不足以支費耶？且遵義亦臣屬也，遵義之增兵添餉，臣亦得以與聞。夫遵義之添兵，不過爲防水藺也，黔去水藺，比遵義尤近，我朝二百五十年來，黔未聞養一兵防水藺，而水藺亦不敢撓黔。臣謬意，謂遵義之兵可無添也，蜀特假此以難黔也。蜀之議，謂前督臣李化龍善後圖中，有成議而不敢，變臣查前督臣善後疏中，止儒溪、沙溪、水烟、天旺四處，而今添至一百二十處，此亦非督臣意，特播之舊民欲廣土以增私田，且陰以報黔人平播之恨也。夫西漢捐珠厓、東漢閉玉關、宋捐大渡河以外，史册以爲美譚，本朝交州之弃、河套不取，二百年來未嘗以廟堂爲失策，而況此區區者猶屬黔版圖也，非弃之也。臣曾貽書督臣曰："汶陽之田，不敢不歸魯，而得其田，不得其山。孔子亦名爲謝城，包茅之貢，不敢不入齊，而貢一入即退師召陵，桓公不窮問水濱。督臣生齊魯之鄉，故臣望以孔桓之業。"而督臣亦不以臣言爲不然。臣謂古今處夷情争地界者，其結局不過如此。今日之事，始奉明旨，令蜀、黔按臣會勘，二按臣一以維桑引嫌，一以首事引嫌，既奉明旨，令督撫會勘，按臣隨時奏聞，而議論枘鑿，竟未僉同，則此局何日結耶？此局一日不結，地方一日不寧；蜀餉一日不解，軍士一日不飽。延淹日久，釀患愈深，隙起於蜀而不在黔，禍結於黔而不在蜀。如遵義吴洪之叛，遵義，蜀郡也，而必以折首責黔。藺州二婦之争，藺州，蜀夷也，而乃致焚燒毒黔，況今日之隱憂。有什百此者，臣敢不披肝瀝膽爲陛下一言耶？在蜀中，則謂臣驕夷，不令夷人退地，知有黔不知有蜀。在黔，人則謂臣激夷，令夷人割地輸糧，知有蜀不知有黔。臣既蒙三怨，又處兩難，臣今日之苦，有甚于播未平時，安得復能與勘耶？伏乞敕下，再加會議上請，或念安疆臣征播微功，姑仍其舊，或念其已納糧三百石，包茅既入不責之備，或念督臣議本爲地，再令疆臣少輸升斗，以供惟正，更乞令蜀、黔邊臣畫地立界，以垂永久，行臣等欽遵施行。

——《皇明經世文編》卷四百十九《郭青螺文集》，載《四庫禁毀書叢刊·集部》，第28册，415~417頁

題剿仲苗劫掠道路疏請剿仲苗

看得盗多起于飢寒之迫切，而黔中歲頗有年，盗多困于官司之凌虐，而苗民絶不見官。然而今歲苗賊，視往更甚。臣等反復惟之，往播賊厚募惡苗爲羽翼，播平散歸故寨，不能盡殄。四方募兵爲征播四至，播平流落山箐，便相勾引，盗之蹊也。往滇、黔俗樸陋，近年以來，俗尚奢靡，富人衣彭段，市民衣京青，不惜厚值以市，而商日湊。滇出銅錫，宦滇者載而歸，輜重兼至，苗民多以爲寶，鑼而劫日熾，盗之招也。自平播後，瘡痍未起，庫藏益竭，賊覘知虛實，以謂必不能復用兵，又自興隆至普安上下二千餘里，都清、新鎮二道，貴陽、思州、銅仁三府，俱未銓補。臣等才本庸下，又鮮輔車，盗之所以日滋無忌也。夫四郊多壘，臣之辱也。八番未靖，臣之罪也。

——《皇明經世文編》卷四百十九《郭青螺文集》，載《四庫禁毁書叢刊·集部》，第28册，第417頁

題夷情疏黔蜀夷情

臣聞之，漢之語夷情者曰：用兵之道，攻心爲上，攻城爲下。唐之語夷情者曰：非朝廷之力，能制其死命，在處置得宜，能服其心，故雖夷人，不可不攻其心、服其心也。兵法曰：知己知彼，百戰百勝，不知己、不知彼，百戰百敗。又曰：兵無餉，士不往；兵無財，士不來。言彼己之形情當晰，士馬之物力當盈也。古之人又有言曰：行所無事則智大。又曰：天下本無事，庸人自擾之。言以無事處事則易，以擾處事則難也。陛下不以臣爲不肖，使臣待罪黔中，於兹十載，臣嘗持此三者治黔，即不能大治，亦不至大亂，而不敢明言於人；夷情不必太察，太察則無徒；己瑕不必太露，太露則人玩；勞苦不必自明，自明則益小。臣之處心積慮，惟求安夷人以安地方，安地方以報陛下，不必人人知也。而今有不得不明言者，陛下許臣歸養，臣之去黔有日，鄰國歲歲逼臣，臣之受謗日深，臣年六十有六，計在人間，爲日幾何？趙充國曰臣年老矣，豈嫌伐一時事，不以餘命明言兵之利害，卒死誰當復言之者？臣即不肖，豈後充國哉！夫安疆臣、安堯臣兄弟，不過黔中一屬夷耳，在蜀中始以索地之役，繼以藺亂之故，不以爲亂臣，則以爲賊子，用兵芟夷，惟恐一日或緩。自黔視之，則大不然。播州反，令疆臣出兵攻播則攻播。吴洪復反，令疆臣斬吴洪則斬吴洪。地界令疆臣認糧一千二百石則認糧，路苗亂，令疆臣征苗則征苗。十年以來，兵部苦於蜀議無尺寸之叙，國家亦無分毫之賞，而疆臣終不敢以爲言。播州反，令堯臣攻播則大捷。藺州亂，令堯臣追印則印出。既謂堯臣不當在鎮雄，令之歸則歸。令其千房隨從歸則歸。主上授以土知縣之銜，而堯臣日在臣轅門聽事，順耶？逆耶？如

蜀人言二安反久矣，而遠之不至如楊應龍，近之不至如鳳騰霄，臣謂犬羊不至嗥觸亦云順矣，而蜀不謂然。臣故曰：夷情順逆，兩省意見不同者此也，蜀人既不謂順勢，必至於用兵，用兵非蜀一省事，勢必與黔協剿。蜀人剿逆，黔人剿順，其名號既已不正。蜀中甚富，黔中甚貧，其物力又甚不均。臣曾備員蜀中，盤蜀司庫，是時貯金百餘萬，用兵以來，或漸消耗，而去年治兵，即遵義一府，報臣用過五萬七千餘金，則他郡可知。蜀中士夫公議，又謂一縣運米，用過數千餘金，蜀之富可知已。黔中司庫，不滿萬金，雖有二十州縣，十户九夷，將誰運米？黔之貧可知已。知己知彼，臣自度甚審，無餉無財，臣用兵何藉。而蜀謂臣不同心，非心不同，力不從心也。此是己瑕，本不當露，第恐廟堂未必盡知，臺諫未必盡知，天下人未必盡知，謂臣不與蜀同心同力耳。臣故曰：帑藏盈乏，兩省物力不均者此也。蜀中天府，既富且強，借攘夷之名，以收爵賞之實。黔既貧弱，而加兵於素所順服之夷，兵出無名，事何以成？其難一。鎮雄地近於黔而遠於蜀，舉兵勝敗無損於蜀地，而黔畢節永赤莽爲丘墟，藺州一訌，覆轍不遠，其難二。十年前，蜀人謂堯臣安隴同族，不聞於黔，允而入之蜀。十年後，蜀人又謂堯臣非我族類，責成於黔，呼而歸之黔，其難三。蜀之用兵，非由詔旨，自我用之，自我撤之，一反復手耳。黔之歸堯臣，奪其所有，拂其所欲，追豚於苙，收隼於羅，其難四。臣故曰：事勢難易，兩省處分迴异者此也。黔夷處其順未有大逆釁，而蜀謂黔庇護。黔財處其乏，事處其難，不得不調停處置，而蜀謂黔姑息養亂。蠻夷搆亂，從古而然，楊應龍之能亂播州，閻宗傳之能亂藺州，鳳騰霄之能亂武定，犬羊之性，類皆然也。臣即至愚，豈闇於此，政謂其能亂而止於未亂，禁於未發調停處置，勿令砰破臣實已亂，非養亂也。若以已亂者爲養亂，彼激亂者非生亂乎。孔子曰：人而不仁，疾之已甚亂也。此其責必有所歸矣。

——《皇明經世文編》卷四百十九《郭青螺文集》，載《四庫禁毀書叢刊·集部》，第 28 册，423~425 頁

疏 郭子章

條陳地方要務疏撫黔事宜

……

計開：

一、慎銅議以安黔東。……然使苗實破城殺官，負不赦之罪，亦難以往事自撓；使貴州帑實士强有必勝之勢，亦何必以偃武爲辭。節據司道會議，苗之出没不時，虜人妻女，燒我屋寨，豈敢謂無。然未至據城以叛，如寧夏劉東暘也；未至破綦江城，犯飛練堡，

殺參將都司，如播州之楊應龍也；未至殺守備等官二十一人，如皮林之吳國佐也。即如士民疏稱王一事，蓋亦有説，頃三十年，賊徐應龍潛住苗中，假傳詔旨，旋即就擒，奉旨取決，士民迄今猶云云爾。脱再有之，總兵該道參備郡縣，豈得不報，縱貴州不報，楚亦有辰沅兵備，鎮筸參備，蜀亦有酉陽坐鎮都司，豈皆聾瞶，豈皆隱匿耶？苗罪誠重……黔小國也，今年征播，明年征皮林，又明年征路苗，又明年征定番苗，不可謂不好戰矣！……總兵陳璘初至，建築龍潭、報國、光明、龍頭、猴茖、溪崖囤、金竹等七堡，用費二千四百金，迄今巍然，可倚爲守。

一、繩黔奸以安黔西。……自討楊應龍之後，蜀議云當次及安氏，且言安氏必不靖，四方傳聞皆以爲然。臣奉皇上德意，羈縻而撫綏之。十有一年。

一、懇覆中鹽以實黔餉，黔中土瘠而狹，軍弱而貧，苗繁而悍。……新兵之設，始於平播。設平越兵以防播孽。繼剿路苗，設新龍兵以防山苗。兼剿水苗，設崖桑鐵山二營，及總兵帶來家丁以防銅苗，皆一兵不可缺者。

——《皇明經世文編》卷四百二十《郭青螺文集》，載《四庫禁毀書叢刊·集部》，第 28 册，426~430 頁

咨兵部總督再議四衛黔楚更隸府衛

據貴州按察司呈，奉兩院案驗，遵依會同布都二司，會看得天下一家，何分彼此。在黎平可以隸黔，亦可以隸楚；四衛可以隸楚，亦可以隸黔。國家二百餘年，已有定轄。使地方恒如昔日之治平，亦安用互更以滋多事之擾，顧時勢漸更則事當從便。播州賊犯偏橋而楚不能救，在楚若未關痛癢，而黔之鎮遠、銅仁已爲心腹之疾矣。今播賊雖滅，安知復無如播酋者乎？皮林苗犯黎平，而黔不能援，在黔若未切己事。

——《皇明經世文編》卷四百二十《郭青螺文集》，載《四庫禁毀書叢刊·集部》，第 28 册，第 430 頁

歷陳國勢病繇疏國勢

……又未幾而播酋之難作矣。楊應龍之殺其妻也，夷狄之人、夷狄之性耳。夷狄之事，中國不之治也，乃計不出此無端而欲繩之以法，始而議剿矣，繼而議撫矣。無何又剿？無何又撫？朝令夕改，二三其政。彼酋之習見我如斯也，遂睨然有輕中國之心而狡焉，肆其跳梁之志，攻陷我城池，屠戮我軍民，劫縛我職官，侵突我疆界，于是不得不起六郡之師以赴之。雖天□其決，旋即殄滅，我之殺傷糜費，亦略相當，是其終之剿之也。誠

是也，其初之治之也，則非也，勞師百萬，費財亦百萬，何故哉？此一失計而國家遂耗焉不可支矣。

——《皇明經世文編》卷四百二十一《李修吾奏稿》，載《四庫禁毀書叢刊·集部》，第28册，第444頁

疏 李化龍

請罷開礦疏川貴礦稅

題爲直陳地方艱危之狀以希特恩以消隱禍事：

臣受命總督三省，防剿播酋，祗畏簡書，冒暑入蜀。甫至，報酋已親統大兵侵犯蜀境，臣方調兵遣將，宵晝弗寧。無何，又報酋已攻下綦江，漸逼重慶，臣且十道徵兵，寢食爲廢。目今兵漸集，勢漸張，酋亦且劄兵境上，莫測向往。而我兵微將寡，烏合之衆，僅足自守，無能撲滅，此積衰之勢，非止一朝，臣不敢不勉竭庸駑，力圖底定。乃臣有所大憂者不在兵糧，不在叛逆，而在内地之人心，此如厝火積薪而寢處其上，不能一夕安者也。夫巴蜀僻在一隅，夷漢雜居，易動難安，自昔記之矣。治蜀者必須鎮以静定，綏以寬仁，乃足以和民而懷遠，固圉而安疆。顧今寇在門庭，急於焚溺，勢不得不興師動衆，又不得不勞民傷財，小民固已難之矣，然猶可曰：此佚道之使生道之殺。上爲不得已之役，而下爲不得已之供，奬以大義，動以至情，猶可使也。乃至有得已而不已，足以摇民而資敵，如徵税開礦之事，及今不止，隱禍且大，臣亦何敢無言。夫礦税之事，奉有成命，差有監臣，而臣與按臣且有調停之責，有阻撓之戒，以故臣一至地方，即與按臣會，行該司查議，定爲規條，立爲則例期於如額，以稱上指，即礦洞亦令隨便開采，各有司止爲防守，無得阻撓。臣爲陛下理財裕國，以爲無遺憾矣。乃節據各府縣申報，多謂播酋内訌，士民流散，商賈不行，坐派税銀，何從出辦？重慶等處，且謂城門已閉，委官已回，將來計數要税，何處賠補？則臣於是乎技窮而無所之矣。夫蜀敝國也，半爲山箐，半爲土司，其稱沃野可耕者僅千里止耳。今東南一帶，兵所至已爲荆棘，兵所不至亦爲荒墟；西北一帶，方且招兵買馬，運糧製器，不從鬼輸，皆須民力，此何等景象、何等時勢，而尚堪爲額外之徵乎？據言利者，必以爲税取於商，不取於民，不知兵戈擾攘之地，顛沛流離之秋，土著者已不安其家，懋遷者肯輕入其地，商不足則不得不取盈於民，以待盡之，民供意外之取，其不轉徒而爲寇者幾何？方欲招客兵而先自散其民，方欲携叛黨而且更借之兵，即有孫吴，何能爲計？此臣所爲焦心勞思太息而不禁者也。至於蜀之礦山，半在夷地，即在蜀者，亦用力甚難，獲利甚少，益不足爲有無者。臣以爲當與榷税并罷便，然此猶奉旨在先

者也。臣近日又接邸報，應天衛百户范倉一本《爲恪遵祖制等事，奉聖旨這所奏貴州地方税課并土產名馬有裨國用》："準差奏内内官監左監丞張慶督率官兵前去彼處，會同撫按等官照例徵收銀兩解進，不許擾害地方，寫敕與他，該衙門知道，欽此。"臣一見之，不覺驚愕失措。夫貴州何地，此時何時，而尚可爲此事乎？蓋貴州原非省會，止以通滇一線，因開府立鎮强名曰省，其實皆高山峻嶺，軍民無幾，尚不能當他省一大府，有何名馬方物，其誰不知之。彼武弁貧窘無聊，又見各省俱有税使，以爲貴州雖稱瘠薄，然但得誑奏聖明，奉旨徵税，傳食萬里，逍遥數月，計至彼處，即不如額，且可充囊，此不過爲身家之計已耳，豈復有一毫爲國之心乎？夫使其爲往日之貴州也，止於無税而已。乃今自播酋造逆，一破偏橋，枯骨遍野。再戰飛練，流血成淵，至今驛路阻絶，人烟稀少。逆酋且狺狺思逞，急於燒眉。臣與撫臣郭子章每筭及該省兵糧，計無所之，移書嘆惋，今且驅遺民守危地，小民如坐漏舟，已有遠心，驟聞此舉，將謂税無從出，必括於民，轉相驚恐，勢必逃散。遐方孤城，誰爲填實？他日必有士卒不戰，城門不守之勢，而一方之事去矣。陛下天縱聰明，必不忍以一方輿圖，易數千税課，或亦未知地方情事，謾然應之云耳。臣以爲貴州税使宜急罷勿遣便。臣爲三方總督，湖廣亦係臣屬，亦有防播之事，然其地去播稍遠，中禍未深，臣不敢多爲不必然之説，以聳動陛下，惟是四川、貴州，去播甚邇，受禍甚慘，民心最危，時勢最急，臣若隱默不言，恐禍機竊發不可收拾，當是時而言之則晚矣！臣謹會同巡按四川監察御史趙標、貴州撫臣郭子章、按臣宋興祖直陳艱危情狀，乞恩陛下，伏望將貴州中使暫免遣行，四川中使或令姑儘見收税銀，少辦方物，暫取回京，待播事寧静之日另議。庶兩省士民，雖在湯火，尚免靡沸，臣得以大義勉之，令爲國家效死禦寇，或底定有期，太平可望矣。

——《皇明經世文編》卷四百二十三《李襄毅集》，載《四庫禁毀書叢刊·集部》，第 28 册，464~466 頁

再報播酋情形疏播酋

臣看得逆酋殘我内地也，可謂不遺餘力矣。驍將碟嚴城墮，獸驚鳥徙之民，膏原齒刃而莫必其命，彼其陳兵三溪而嫚書以相加也，豈真愛我而不攻哉？越國深入，逾嶺渡江，頓兵於堅城之下，彼固亦有所忌也。當是時，我誠無兵無將無可爲守，顧嚴行文告以折其不逞之心，亟集兵防以遏其方張之勢。稍稽時日，自可保全，事機之會，間不容髮，奈何其周章失措，而甘心爲失策之事也。夫尸棺之歸，雖經詳允，顧求而與之則直，挾而與之則辱，加幣焉則過矣。至欽依人犯，縊而與之則又過。并生者之家屬而與之，則又

益過。國體一辱,不可復全。士氣一喪,不可復伸。當是時,在城鎮、道、府、縣,文武如林,乃視若等閑,漫然相付,獨何心哉。臣今方獎率諸臣,共圖戡定,即諸臣方飭兵治餉,緝奸峻防,夜以繼日,猶苦不足。蓋冀爲桑榆之收,以蓋其東隅之失者。臣亦欲徐觀其定,忘於無言,顧川東人心不知有法久矣。自合江獻袁子升、黄平獻羅承恩,并此而三,不於此時别白言之,從此各官遂以媚賊爲排難解紛,以辱國爲達權通變,以足上首下爲屈已安民。行見巽懦成風,豪杰解體,戰不力,守不堅,其不胥而爲夷者幾希。臣以爲兵戈擾攘,籌應實難,固不可逐事苛求,致難展布,第損威傷重,所關非小,尤宜一處以杜將來,合行題請,伏乞敕下吏、兵二部酌議覆請,將獻囚送柩,并綦城失守有罪官員,姑行令戴罪管事以責後效。待事定之日,通計功罪并論,一面行巡按、御史將前後情節通行查勘,分别議處具奏,定奪施行,庶士氣可振,國法可彰,使過之效可收,夷氛之息有日矣。

——《皇明經世文編》卷四百二十三《李襄毅公平播全書》,載《四庫禁毁書叢刊·集部》,第28册,第466頁

請内帑增將兵疏請内帑增兵將

該臣謹會同巡撫湖廣贊理軍務都御史支可大、巡撫貴州兼湖北川東提督軍務都御史郭子章議:

逆賊楊應龍恃其富强,甘心反逆,戮將破城,了無忌憚,近且占據内地,修倉貯穀,因糧於我,又復立石鐫碑,殺人以祭,蓋已無人心無天道矣。昔宋襄用鄫子于社,子魚曰:六畜不相爲用,而况於人乎?得死爲幸,其後一年而執,又一年而死。蓋自古殺人祭神,未有不死者,此亦逆賊天亡之時也。乃賊復猖然逞出没於川貴之間,如鬼如風,益復造舡數多,將圖水陸并出,流毒三省。遠近爲之震動,人臣無將,將則必誅,是尚可少假時日乎?臣等僉議,會須滅此朝食,乃無後患。顧節訪賊之情形,實亦非可易與者。賊初用兵時,不過二三萬,且皆五司七姓五十四里之人。自連年訐搆,撫剿無常,賊遂内自驚疑,多方設備,招集九股惡苗,給以殺戮五司之土地,賞以搶掠各省之婦女,又擅立三十六統制、三十六巡警、十三親管,各有頭目、各有兵衆,每一人名下多者二三千、少者一二千,總之不下十四五萬,羽翼已成,居然勍敵矣。我所以待之,豈宜淺鮮,談者謂宜集兵二十萬,夫二十萬兵豈易集,餉豈易供?然非十四五萬,亦未易相當也。昔成化時,尚書程信剿都蠻,用兵十八萬,四年而無成功。萬曆初年,撫臣曾省吾平九絲,用兵十四萬,一年而成功。今播州之衆,幾倍都蠻,海龍之險,不下九絲。應龍凶狡知兵,又非以前烏合之衆可比,是可草草舉事乎?近該臣化龍議調陜、浙兵與募川兵共二萬四千,

臣子章議招三萬，蓋勢窮事急，糧餉不充，且爲目前防守之計，冀就中取事耳。今賊益滋蔓，久更難圖，必須大集兵糧，亟圖撲滅。臣等熟計，四川宜用兵六七萬，湖、貴二省各宜用兵四五萬，總之可十五六萬，方保全勝。近奉明旨雲南、廣西、福建、陝西、浙江等處兵各得調用，即十五六萬之數，自可取足，無容更瀆。顧調兵非難，處餉爲難。兵至十五六萬，即人日給三分，一年須百五十萬，三省者非能辦此也。貴州原無毫釐之積，臣近查其布政司庫銀稱可動支者，僅僅七千，令人心悸。四川先年頗有積蓄，自連年采木事起，搜括一空，今止有當年額糧，各有正項，止可暫借，難以久假。湖廣者尚未查到，然大約在川之下、貴之上。三省物力不過如此，將何以支數萬人之食乎？近見太倉空乏，計臣無措，臣等不敢徑請，臣化龍止求留餉秦之需，還借滇之數，僅三十萬耳。然秦中之餉今年者已解，滇中之銀恐未能即還。臣子章止求於各省借給，總之亦捕風捉影，未可保其必得也。近見邸報，該兵部覆奉聖旨："兵餉著户部悉心議處與他，勿待來請，不許支吾了事，欽此。"仰見聖心垂念，遠徼賊不足平矣，第恐户部計無所出，止令各省搜括，萬一各省復乏，求之不應，往返請乞，便歷時月，脱有庚癸之呼，其可令賊聞且見乎？臣等以爲，今日之事，在四川宜先發五十萬，仍留陝西餉銀，及催滇中還銀以爲接濟；在湖廣宜先發三十萬，仍俟臣可大查本省各項錢糧，有應留用者徑自題請。在貴州原無積蓄，亦無可留借者，姑先發三十萬。以上應發錢糧，半取之太僕寺，半取之河南、淮安、南京、福建、兩廣等處，以爲半年之餉，刻期解到，庶克有濟。至於各處調到軍兵月糧，仍在原籍支給。川、廣、貴三處，每日止照近日援遼事例給與行糧，蓋即每兵日給三分，而前項解發之數，僅支吾半年盡矣。至於以後，如事不即結，或再行請乞，或量行徵派，統候部議遵行，此三省糧餉之大略也。而將與兵亦有所當覆議者，今鄰播總兵，四川有劉綎，貴州有童元鎮，各制一方，無容更議矣。惟是湖、廣、清平、偏鎮四衛俱邊播境，湄潭一路更當逆賊狂鋒之衝，連年逆賊招誘生苗，多從偏橋往來，恣行搶掠，莫可誰何。近該臣等議將貴州總兵移駐偏橋，顧偏橋去賊巢近，然去貴州省城遠矣。貴州去賊巢不及三百里，一渡烏江窮日可至，與偏橋相望四五百里，中隔平越、興隆，皆通賊之路。今春飛練之役，實自平越。賊若分犯各路，直逼省城，此非一總兵之力所能禦也。且貴州總兵之於偏橋，蓋兼制之地也。湖廣兵餉，宜得湖廣總兵會同湖廣巡撫調發，方得精神相貫、應付如期，乃貴州撫鎮，俱以兼制之銜用之，此在居平猶可寇，在門庭動大兵、發大餉，欲求臂指如意，桴鼓相隨，不亦難乎。先年，湖廣原有總兵，且以侯伯爲之，後以承平日久，暫議裁革。今非無事時矣，原無者，亦應議增。況原有者，自應議復。臣等以爲武昌去南界，遠在二三千里，即聲聞亦難相通，何況調度。臣可大宜移駐沅州，該省仍設一總兵，無事駐劄沅州，有事移駐偏橋。其貴州總兵，無事駐劄省城，有事移駐平越，統待事寧另議。庶幾兩地密於張羅，而逆酋已坐井中，此萬全之策也。其湖廣原無兵馬，今却創設四五萬，召募既難如期，土兵亦難全恃。臣等查得近年備倭，沿江一帶皆設南兵，如揚州二千、鎮江二千、新生洲二千、淮安三千、江北廟灣二千，南京新設陸營亦可揀選三千，此皆見有糧餉無煩召募者，今海氛久息，備而不用，宜行文各處撫臣，量給行糧遣發，即以原將統領，赴偏橋一帶，聽總兵分布防守，不足者方調湖省各土司及武岡、麻陽等處民兵殺手，務足三萬以上之數；其外處調到兵，月糧仍於原籍支給，湖廣亦照前例，止給行糧，事寧仍各歸原地防守。蓋將止復其原有，兵半取之素練，甚便計也。臣等又查得貴州所屬石阡、思南二府、婺州一縣，去貴省遠可千里，而各府縣鄰播巢各一二日程耳。各府縣從來無一兵一將，止有龍泉一守備，領兵千餘，控制其衝，而兵微將寡，又無城可守，賊每欲聚而焚之，無龍泉則思、石、婺川隨其後矣。臣等以爲宜於石阡設一參將，婺川設一游擊，各領兵三千，一以爲本城之防守，一以爲龍泉之聲援，其兵將不必另設，即以新設湖廣總兵調來之兵將移駐。此皆貴州地也，然在偏橋之西，去湖廣總兵近，而去貴州總兵遠，防守之事，宜全聽湖廣總兵提調，貴州總兵亦得遥制，庶體統事勢，兩得相安。至於偏橋四衛，向雖屬貴州總兵兼制，今既有湖廣總兵，自有專屬，不必更屬貴州總兵矣。抑臣等猶有說焉，近見邸報，兵部覆本内稱：廣西總兵陳璘馬上催促，由湖廣取道直趨粵西聽援，不許繞路粵東，有誤纓冠之義，計陳璘當不日至湖廣矣。璘素有威名，近征倭更著戰功，粵西無事，將無所急，臣等以爲宜即改爲湖廣總兵，即令於湖廣俟旨到任管事，其廣西總兵另行推補，將見逆賊聞之，以爲將軍從天而下也，其有不褫魄而奪之氣乎？至於雲南總兵應移駐霑益州，廣西總兵應移駐泗城州，庶乎聲聞相及，援搗爲便。以上事體統應題請，伏乞敕下户、兵二部酌議覆請，將前項糧餉急行解發，將領急行增設。兵馬應調者，行各該地方撫臣調發；總鎮應移者，行各處總兵蚤行移駐；新設將領，應給敕印等項，查例議給；應得廪費等項，臣等徑自議處。庶乎糧足兵精，敵愾之勇自倍，犄前角後，螻蟻之命難逃，逆賊不足平，定寧可計日矣。

——《皇明經世文編》卷四百二十三《李襄毅公平播全書》，載《四庫禁毁書叢刊·集部》，第 28 册，466~470 頁

劉總兵劉綎征播疏劉綎征播

臣看得將兵者，期於戡定禍亂，不嫌疵纇將，將者要在鼓舞豪杰，無妨顛倒。綎，將家子也，其父顯稱時名將，功名著於蜀中。綎結髮從戎，屢經戰陣，征播之役，特奉專

遣,上以報國,下以承家。綎所宜竭蹶而趨,宜何如其急者,而遷延道路數月方來,責以逗遛,即置之於理,亦不爲過。乃陛下猶念其東征之勞,榮以南遷之命,議者謂處之尚輕是矣。顧綎武人也,連年東征西討,動必及之。若謂天下有變,一日不可少此人者,遂矜而自功,淹速自便,於人情亦有之,即在事諸臣,亦以爲似已不可使者,維時臣亦薄之。直以吴廣未至,例須留之候代,乃自其候代以後,而人又多言其可用也,以爲可用者有二:其一謂綎父子久在蜀中,即蜀人與播人頗憚其威名,今當平播亦不可少;其一謂綎未改南以前,其氣頗盈,將驕卒惰,兵家所忌,必不可用。自改南以後,懼失事機,又懼蹈危機,恐損功名,又恐犯議論,乃悔前慮後,冀一當逆酋,而盡洗生平之爲快。蓋前此使功,今且使過,皆不可少也。臣頗是其言,比臣至渝見綎,察其卒伍器械頗多精利,似留心者。既進而與之深言,諭以留用之意,綎乃感激嗚咽。爲半生驅馳,頗效微勞,今不自意,被不美之名以去,誠得一當逆酋,願食其肉,寢其皮,以間執人言,而少雪官謗,死無所恨,臣乃知綎果可用也。夫天下之將才多矣,亦何必綎?顧綎有可用之才,又有效用之志,且川省邊播,分東、南二路,得二大將分管進兵,成功尤易,則綎亦曷可不留?顧臣又有説焉,綎欲效用而臣不留,則臣負綎,臣既已留綎,而綎不能爲臣了播事,則綎又負臣。臣負綎猶可,綎負臣且令臣負國,此不可之大者也。

——《皇明經世文編》卷四百二十三《李襄毅公平播全書》,載《四庫禁毀書叢刊·集部》,第28册,第470頁

参楚省剿苗失律官員疏剿苗失律

該臣看得上皮林之事,在諸苗誠無所逃罪,顧迹其始事,止於截路殺死二人,此盗之白晝搶奪者耳。後以兵挾勘而敵殺八九人,此盗之拒捕殺人者耳。誠以盗治之,懸購其首惡,離散其黨與,一獄吏、數游徼之力足矣。即欲問罪伸威,一勞永逸,亦須播事既定,鼓其餘勇,亦自游刃有餘,何必亟亟滅此朝食爲也?詳其始末,禍蓋獨起於該府推官丘獻可之易言兵,而參將黄冲霄之輕舉妄動,幸功而貽禍也。夫苗以萬數不爲不多,三千兵豈易敵之,而率爾深入,一何急也。邇來衛所兵,疲敝脆弱,各省皆然,今所恃者,乃該衛款兵千五百與其餘之零星烏合者,且撤征播之兵三百,并止偏橋上班之兵以益之,一何易也;陷入伏中,略無知覺,一何愚也;二十世官、三千甲士駢首就戮,又何懦也。主將奔回,城門晝閉,綿花千斤、銀七十兩,盟之城下而與之,若非衣巾土生之緩頰,幾有牽羊繫頸之事,又何其備極醜態也。蓋黄冲霄自以爲惡苗無幾,一鼓下之,張武功而受上賞,亦足以明得意矣,而不自知其兵不可用。與已之不能用兵,舉數千人之命,嘗試以博功

名，於心安乎？夫將有懦者，每畏敵而不出，然尚足以全軍。亦有勇者，或與率而并命，然亦足以立節。冲霄於二者何居焉，此宜盡失機，本法置之於理，始足償二十武職之冤命而慰三軍之幽魂者也。若丘獻可者，不知兵又不知將，幸一擲以快雄心，而不意流禍至此極也。顧其事在將領，將不足任，彼亦無如之何，此宜量行議處，以警文職之喜事者。永從縣知縣龔一麐，始事既鮮綢繆，臨事又失駕馭，損威貶體，貽恨一方，亦應并議罰治，以警庸懦者也。若該道副使王應霖地其所隸，兵其所司，失律納侮，何以自解，第其始而持議，原止挾勘而未及征剿，繼而舉事，方駐偏沅而不在行間，當該參倉皇苗警之秋，正該道拮据播事之日，所宜量行罰治以戒失職，仍候播事通論，以責後效者也。顧臣尤有説焉，臣之得督三省也以征播，則一播之外，餘宜勿問矣。顧征播豈易言哉，士馬不精强則不能征，錢糧不饒裕則不能征，人心不齊一、地方非寧帖則不能征，此宜舉三省之遠近上下，一意從事，而後可襄厥功者也。乃臣以二月初三日誓師，十二日進兵，而該省以初四日剿苗矣，又無何而告敗矣，此其於征播得無相妨否？夫臣所督者，三省軍務也，漢土官兵例得管轄，大小軍機例得與聞，敕諭昭然，節經申飭，奈之何各院道俱有詳，而獨無一字詳臣也。既不詳則宜竟不詳矣，又何失事之後而始倉皇詳臣也？蓋此事上下相視以苗爲易與，謂一舉滅之當以功報，而不意其決裂至此，始不得不以相聞，然晚矣。臣請著爲令，自今以後，二省兵事，除尋常强竊盜賊不必瑣瑣相聞外，但凡土司郡縣衛所漢夷一切有關兵馬錢糧重大事情，應詳者詳，應驗者驗。即事在當機，難以遠請者，亦一面舉事，一面報聞。庶臣得以參酌贊成，或未必毫無裨補。臣生平職掌之外，不好多事，惟是有感於皮林寨之事，如黄冲霄之不任專征，與衛所軍之不堪剿苗，知之頗真。當征播之時，不宜別有舉措，以亂大謀，籌之頗預，使其有一字之聞，亦未必無一言之助。幸而事止於此，若更大，則此省之進兵有阻，當是時而後重加參處，已無及矣。

——《皇明經世文編》卷四百二十三《李襄毅公平播全書》，載《四庫禁毁書叢刊·集部》，第 28 册，470~472 頁

參失事官員疏天事官員

看得逆酋雖狂狡乎，其地直彈丸耳。今且集各省之兵，環聚而圖之，此以八服一，蓋十全必克之道也。惟是相機而進，待時而發，以彼之無所不守當我之無所不攻，雖有勇智，將安所施。初臣之誓師進攻也，期以進則齊進，攻則齊攻，既而各路以遠近不同，及梗道之零賊堅瑕不一，自不能如期抵關。臣隨爲一單，開數款授之各總兵與監軍，内第二款云："一賊常言各處防守，幾時是了，不如放一枝入關，與之并力一戰，破其一路，

各路自懼。今宜到關時,劄一大營以爲家,然後以輕騎探望,各路俱到關,方一齊殺進,賊自不能分身應之,成擒必矣。”各路鎮道,守此勿失,如南川路破關以初九日,龍泉路破關以十五日,各堅守至今會師并入,蓋其慎也。乃烏江路以十一破關,稱疾足矣。據關自守,稱得勢矣。謂宜深溝高壘,堅壁以俟,又須瞻前顧後,扼要防奸,庶其稱有制之兵,成無敵之烈乎?獨奈何玩忽不戒,一敗塗地也。臣謂烏江之敗有六失焉:初臣計賊兵,動號數萬,我兵雖分八路,不能一時到關。若奪關之後,據關而守,彼或以全力衝之,衆寡不敵,不無可慮,故臣所派八路兵皆三萬餘,此無容更分矣。該路兵止宜聚於烏江,其河渡則張疑以守可也,乃分而爲二,相去遼遠,我分彼合,衆寡懸絶,爲賊睥睨久矣,其失一也;兵既分矣,幸而得關,宜合兵以待其軍,無容更入矣,而河渡方且攻囤,烏江亦未治壘,其失二也;關在前,江在後,是背水陣也,法宜死戰,而見賊輒走,其失三也;欲覓退步,必須守橋,庶幾可前可却,乃無一夫之守,奸細得而斷之,其失四也;换旗合哨,非倉卒事,既知有奸,即宜整備,而悠悠忽忽,遇敵先亂,岳家軍殆不如是,其失五也;土漢錯雜,緩急异指,一失駕馭,豈得調和?積妒成争,自分吴越,符離之事殷鑒不遠,其失六也。此六者,兵家所忌也,有一於斯,足以致敗,而皆犯之,宜其及矣。

——《皇明經世文編》卷四百二十三《李襄毅公平播全書》,載《四庫禁毁書叢刊·集部》,第 28 册, 472~473 頁

初報捷音疏報捷

該臣看得,賊自破綦江以來,彼方志得意滿肆,張虛聲以恫喝外方,而我亦轉餉集兵,不動聲色以專俟大舉,蓋兩相持而莫爲先發者。久之乃至冬月行盡,賊見臣移鎮入渝,自知罪在不赦,剿在必行,狡焉有鴟張豕突之態,以川中有備,未敢長驅,乃貴地尚虛,輒恣猖逞,東坡爛橋,已罹狂鋒。龍、婺、思、石,日傳警報。臣乃一面移文貴省撫鎮,剿苗以清興、黄之道,集兵以厚龍、婺之防;一面催調施州衛、平茶司各土兵及建越兵共萬有三千,自川入貴,助爲防守;一面行沿邊防守,土、漢官兵,相機鵰剿,以牽賊之勢,而釋貴之圍,乃無何而報捷者,紛紜至矣。貴州之斬獲雖不甚多,然自是而生苗不復入播,官道得以無阻,我得專意行剿,非小補也。而川中南川之役,初而斬級者三十,破其金竹等寨,繼而斬獲者三百,遂破其官壩大營。雖兵力未齊,未敢深入以成破竹之勢,乃積弱之後,初有此捷。始知賊無足畏,各有戰心。賊亦知外兵漸强,或可少戢其猖狂之勢矣。是役也,撫鎮司道籌畫多方,漢、土官兵感激用命。至南川二捷,皆推官高折枝監督鼓舞所由致然,其功均有不可泯者。但臣今方傳檄三方,會期夾剿,大事未就,曷敢先叙微功。

直以逆賊半歲以來,如火然水决,居然有燎原焰天之勢,一旦駢首就戮,如彼其多,亦足以少寬皇上西顧之懷,而暫快海内念亂之志,故不敢不以上聞,伏乞敕下兵部,俟事完之日統行議覆施行。

——《皇明經世文編》卷四百二十三《李襄毅公平播全書》,載《四庫禁毀書叢刊·集部》,第 28 册, 473~474 頁

四報捷音疏報捷

看得賊自先世以來,雄據播州,延袤千里,踐山爲關,扼西北之吭。因江爲池,絶東南之衝,自以爲天險不拔之基,誰得而睥睨之者,以故肆其雄心,日益狂逞。東南則破五司之墟,略黔楚之境,烏江内外,湖貴四十八屯,皆侵爲播地,招引紅脚、黑脚生苗居之,設爲四牌、七牌,統制諸所,名爲“硬手”,用以戰勝攻取,所向無前。西北則侵凌綦合,百里之外,皆以自封,立碑定界,以爲永業。婁山、崖門諸關,皆極力鑿削,陡絶天成,自謂可出而不可入也。乃諸文武將士,慴於陛下之天威,激於討賊之大義,智謀勇功,殫竭無餘,競勝争奇,感激用壯,坐使畏誅者投戈乞降,逆天者駢首就戮,奪其關隘,搗其腹心。大水田、永安莊、桃溪衙皆賊所爲世修莊院僭擬侯王者,今且據之焚之,蓋已侵侵乎及白田壩、海龍囤矣。查各路有據關者,有入關者,衹有偏橋一路,見攻長坎等三囤未下,其餘業以掃清,惟是環播之地,山大箐深,未易合哨,故不能一擁而至賊巢要之,合哨夾攻,當不出旬日之内。且臣按閱圖譜,賊地關外十六、關内十四,今之形勢,已覺窮促,儻所謂其亡也可立而待者乎?惟是兵形無定,兵機多端,蜂蠆有毒,困獸猶鬥,日慎一日,曷敢爲全。蓋即疏内所陳擒斬數百,招降數萬,各路之功如指諸掌,而臣一不敢爲之叙功,衹欲責其成、觀其後耳。先是,臣有軍令以應援合哨爲急,貴州烏江之失,安氏之兵居然無恙,貴竹人多咎之,口語籍籍,臣已飛檄切責之,而會報功之檄聯翩而至,臣亦且勉以後功而不深求其前事,蓋亦責其成、觀其後之意也。

——《皇明經世文編》卷四百二十三《李襄毅公平播全書》,載《四庫禁毀書叢刊·集部》,第 28 册,第 474 頁

五報捷音疏報捷

看得賊之甘心造逆也,自以爲撫千里之雄封,據河山之極阻,加以鄰比相助,狐兔情深,即王師進剿,其如我何?一戰勝之,當且灰心,從而養威蓄鋭,乘時鵲起,天下事一何可知哉!何意於今而不然也。自四月初三日以前,各關俱破,蜀兵進入關,外未下者長

坎、碼磁、青蛇三大囤耳,保子等囤不足言也,乃今而盡爲陳璘攻破矣。施州兵久破板角關,直候璘至同入。平越兵亦以孤軍難進,且蠶食於黄灘關之外。今黄灘亦破,且擒斬多人。計三關者不日相率同入,關以外無復著手處。已乃蜀兵自入關之後,更番迭戰,賊每不支。初八日,永合兵破之於水牛塘。十二日,南川兵破之於高坪。十七八日,蜀兵盡會南川路,衝鋒奪關,綦合二路繼之,因破其龍爪囤、養馬城、海雲囤,直搗其鐵柱關,而連營其下以逼之。計賊所有,止一海龍囤,直據之以苟活旦夕耳。初,賊結好水西,比事起,時時以唇齒之説動之,水西意不能無惑而惕於天威,又不敢不出兵相角顧,其戰不甚力也。烏江之事,衆多蜚語,臣移檄詰責之,水西不自安矣。而會賊偶殺其搖山之頭目陳起禮者,隴澄大恨之,賊且差人備禮謝過,澄遂立斬其使於營門,賊憤甚,即治兵相攻,大衄而去。先是,臣令安疆臣絶播州之交,疆臣强應之,實未絶也。臣謂監軍楊寅秋曰:"疆臣寔絶播州者,可執尚義、黄繼枝來,蓋二人爲沙溪頭目,賊所用以通安氏者。"至是疆臣欲執之以取信,既戰之後,因謬爲好語謝之,求敦前好。賊雖疑之,然意幾得復行成也,遣二人并二十餘人往,疆臣盡執之,自是二氏之交絶矣。此亦天之所以亡楊氏,而保全水西,令其以忠順永世也。

——《皇明經世文編》卷四百二十三《李襄毅公平播全書》,載《四庫禁毀書叢刊·集部》,第28册,474~475頁

播州善後事宜疏善後事宜

議照播地改土設流,分置郡縣,於以昭聖朝一統之輿圖,而新海内萬年之耳目,甚盛舉也。查該州地鄰三省,然楚止偏橋,路通一線,蜀與黔,蓋無所不接壤。夫蜀無藉於播,黔瘠壤也,若乘此時而割播地以附黔,則於蜀無損,於黔有裨。且臣等别疏,又請以楚之四衛并割附之,從此黔省幅員,得與十二省比長絜大,甚爲長便。但盡屬之黔,則地方千里,諸凡締造,勞費尚多,亦黔所不能堪。因議設爲二府,分隸黔、蜀,庶建邦啓土,黔屬之事,自此而始矣。各自經營,成聚成都,指顧可就。除寬脅從,撤兵馬,招流移,厚賑恤,抑兼并,靖横恣等項,凡明旨所叮嚀而兵部所條議者,俱已陸續舉行。及見之後開款目外,謹集衆思列爲十二事,進呈御覽,伏乞敕下覆議施行。

計開:

一復郡縣。播州南極牂牁、西連僰道,東西廣一千二百二十里,南北袤一千四十里。漢唐故爲郡縣,在川貴之間,亦一都會也。至唐乾符間,陷於南詔,楊端取而據之,今逆酋既平,相應改土復流,以變夷俗。及照播州白田壩,沃壤數百里,即播州遵義縣故地,

當復府治，設縣附焉；桐梓當綦南之衝，走川、貴道也，舊爲夜郎縣故地，當復一縣；望草南接婺思、北達真涪，爲綏陽縣故地，當復一縣；仁懷濱播枕永、襟合帶瀘，爲懷陽縣故地，當復一縣；真州即古珍州，川原平衍、商販周游，應復一州。以上俱隸川省統轄。黄平爲川貴要區，舊設撫苗通判一員，列銜重慶，駐鎮彼中，其與播勢相控馭，并爲重地，應設一府；湄潭、龍泉地里廣邈，各應建設一縣；甕水、重安合設一縣；餘慶、白泥合設一縣；并草塘、容山二司，應割隸各縣。以上地方去黔甚邇，相應改隸貴州統轄。總計增府二、州一、縣八。蓋亂流初殄，地闊人稀，姑建數城以爲繫属，以後地闢民聚，無妨增設，其二府治與附郭縣分正佐首領，各應照例全設，外州縣正佐首領俱應量減。以上擬定郡邑，并府治倉庫，準今酌古，應新其名，統祈欽定。至於新設各官廪糧等項，暫於征播支剩軍餉銀内支給，俟播地田賦起科接支，議行停止。伏候聖裁。

一設屯衛。近日所稱有費而無益者，莫如衛所官軍，然亦不可盡廢者。播州地方千里，山川險惡，夷漢雜居，又逼鄰二大土司，時有啓疆之患，必須設官軍、建屯衛以明居重馭輕之勢，而消睥睨跋扈之心。若夫時操練、汰冗弱，令爲有用而不爲無用，則在當事者之力行何如，固不可因噎而廢食也。應設一衛於白田壩，與府同城。指揮一員、同知二員、僉事二員、鎮撫一員、經歷一員、知事一員，所屬前、後、中、左、右五所，每所正千户一員、副千户一員、百户四員，所軍各一千共五千，衛所官於從征有功者酌量升授，不足者於鄰近願入者調取移實之。其邊隅逼鄰土司地方，各設屯田，每軍照祖制二十四畝，再加六畝爲冬衣布花之費，共三十畝，即自種自食，不必納糧於官。又復領出紛紛滋弊，各開屯處，除養屯兵之外，餘田仍照民地起科。上納本折於各州縣，爲衛官俸廪及不時軍興之用，每年冬十月、十一月、春正二月農隙，各屯官時加操練，又以十月十五日、二月十五日齊赴兵備道大操三日，驗其武藝，較其强弱而明賞罰焉，老弱者汰之，一屯老弱多者，并革其官軍人之田，即另募壯丁補伍，庶軍得實用，异時即募兵散盡。此五千軍與主兵三千，自有八千可用之兵矣。至於貴州衛所已多，且黄平原有一所，不必增設，以滋冗濫。伏候聖裁。

一設兵備。播地三面環夷，干戈甫戢。當此經綸草昧之始，設立有司，可以招撫流亡，或未能長駕遠馭而圖久安。布置將領，可以備禦倉卒，播州府治流移兵備所自始。或易於生事徼功，而開邊釁。欲以内修戎備，外懾夷心，整肅群僚，讋服衆志，爲地方長久之計，則兵道不可不設矣。合無添設分巡兼兵備官一員，註衛四川按察司，請給敕書關防，於播州白田壩新建府城駐劄，專整飭新復郡縣，并重慶衛、忠黔二所，永寧、酉陽、石砫、平邑等土司兵務，兼理有司錢糧、獄訟。其重慶府巴縣、綦江、南川、涪州、武隆、彭水切隣地方，悉聽管轄，以便行事。黄平新設一府四縣，雖割属貴州，但人心初附，田土毗連，與貴州水西宣慰司并聽兼制。至於該道俸薪等項，查照敘馬瀘兵備道事規，暫於重慶府屬州縣編派。俟播地田賦定後改編於新設州縣。凡該地方一切招集兵民、修築城堡、布置邊防、儲積糧餉、疏通驛遞、禁伏豪强諸事，聽其隨時督理。俟二三年間，田均食足，兵治民安，政教修舉，遠近懷柔，即破格大用以酬其勞，庶重地無虞，安攘有賴。伏候聖裁。

一設將領。照得播淪於夷，閱八百餘年，風俗獷悍，法令扞格，所從來矣。今地方雖經蕩平，而逋孽潛藏，漢夷錯雜，招苗樹黨，越界侵田，時所必有，未可便謂晏然無事之秋也。儻非得一大將提重兵鎮壓之，欲其俯首帖心，惟吾有司之約束，其將能乎。今議播州留兵一萬，黄平留兵三千，粗足防守。然必得一大將鎮之，始可無事。查得先年克平九絲，議留總兵一員鎮守其地，今建武視播稍緩，即一參游足領之，合無將軍門標下新添設練兵游擊一員，改駐建武防守。原設總兵，移鎮播地，應留各兵挑揀家丁三千、買馬三百。内總兵標下家丁二千七百、馬二百七十，以坐營千把總領之。兵道員下家丁三百、馬三十，以一中軍領之。有事俱聽總兵提調，名爲正兵。此外，兵七千酌量分布於白田壩、真州、桐梓等縣，播川等邑防守。内以一游擊領三千，以二守備各領二千，各用千把總分領之。有事征戰，無事即爲築城鑿池、建郡縣、修郵驛之用，糧銀照依舊例支發。徐俟建置竣工之後，除家丁三千、馬三百外，餘軍以次議撤。有願附籍當軍及爲民當差者，聽從其便，千把總俱於附近衛所官内選用。其黄平留兵三千，仍設一參將領之，總聽防播總兵官節制。斯將兵之錯置得人，而邊境之奸萌自息矣。伏候聖裁。

一急選調。郡縣既復，應設正佐官員分理庶務。緣地方初定需人爲急，若非掄擇自近，亦何濟於目前？臣等再四諮詢，如龍安府同知劉安仁，堪任新設播州知府。重慶府同知王升、烏蒙府通判劉之瀾，俱堪新府佐貳。劍州知州陳應楨、溪縣知縣寇克順、彭山縣知縣何珩、原任資陽縣知縣詹淑初、宜賓縣縣丞曹一科，以上各官，俱堪各州縣正官。但草昧經營，人不樂就，應從優陟，用示激勸。且劉安仁十年州郡，久著廉能。王升、劉之瀾轉餉有功，陳應楨資俸已久。應以劉安仁即爲播州新府知府，王升加運同銜管同知事，劉之瀾加同知銜管通判事，陳應楨加同知銜，管真州知州事。知縣寇克順改附郭，何珩改桐梓，詹淑改望草。縣丞曹一科升仁懷各知縣。臣又查得附近地方佐領等官，頗有幹才，堪以集事者，如經歷楊體寛等數員，俱應爲新地佐領之用。重慶府經歷楊體寛應改新府經歷。本府知事何遲，應升新附郭縣縣丞。長壽縣縣丞劉學可應改桐梓新縣縣丞，定遠縣主簿李愛宗應改仁懷新縣，壁山縣典史蕭時寛應升望草新縣各主簿，忠州吏目吴從周應改真州吏目。原任播州長官司吏目、今升資縣典史徐里，應改新附郭縣。松坎驛驛丞張二南，應升新桐梓縣。湄潭驛驛丞朱化龍應升新望草縣，合陽水驛驛丞徐懋功應升新仁懷縣。臣已經行令各官，一面權宜任事，凡相度地形，建立衙門，修築城池，清理疆界，丈量田土，召民受廛，按籍編户。一切撫摩禁戢事宜，但有利於生民，裨於新鎮者，俱聽公同在事文武悉心料理，務臻實效。去後，仍請著爲令。如三年之後，政績有成，别無他過，即照格超升，以酬其勞。黄平新府并屬縣正佐，除貴州撫按題有應補人員外，未足者及播州新府推官、新衛經歷知事、附郭新縣主簿等官，應即銓補其兵備員缺。臣查得兵巡下川東道僉事徐仲佳，前委南川一路糧運，時當戎馬倥偬之際，本官處夫處餉，轉運極其調停，本支折支，會計更多儲積，不動聲色，大事克濟，卓然爲四路首稱。及查歷來新定夷方，兵備官員，皆於地方用事人員内，查其賢能卓异者，不次升補，應將本官加升四川按察司副使職銜，管理分巡及整飭播州等處兵備，庶便彈壓，至於總兵付托尤重。臣等查得鎮守貴州總兵官李應祥，當改爲鎮守四川總兵，駐劄播州，以綏夷方。又查得軍門標下守備江萬化，堪升游擊職銜，赴播領兵，建越提調劉勝宜授領兵守備。尚少一員，容臣經行查委，通乞敕下吏兵二部，酌議就近推補。伏候聖裁。

一丈田糧。環播幅員千里，田地無慮數千萬畝。及考其舊時額糧，止歲以五千八百石輸貴州。蓋夷方賦税原自輕減，至應龍出，而後巧取民財，定爲新法，名曰“等賨”，每田一畝徵銀數錢。初，猶歛其財以招苗，後并奪其地以養苗，而賦法蕩然盡矣。今既改流，自當純用漢法以定田賦，合責成新道府親率州、縣官插定疆界，沿坵履畝，逐一丈量，分爲等則，造册呈報，以定賦法。第額糧輕重，蜀無定規，查克平九絲丈量田地，分别上、中、下三等，每畝上田四升、中田三升、下田二升，今宜仿之以清播田。播地山水間雜，不止三等，尚有上上、下下者，宜逐項分折。最上者，一畝可當上田幾畝；最下者，幾畝可當下田一畝，則待臨時斟定，難以預計。丈完總計田地若干、糧若干，徵本色若干、折色若干，俟二年之外起科，除足一年夏秋二税、銀力二差一切雜費外，餘解布政司充邊餉支用。其承丈各官，果能執法不撓，精核不爽，事完從重優陟。若乘機作敝，委用不效者，兵備道不時參呈以憑究處，庶賦税一清公私胥賴。伏候聖裁。

一限田制。播土舊民，自逆酋芟夷之後，大兵征討之餘，僅存者十之一二耳。遺弃田地，多無主人。惟册籍不存，疆界莫考。復業之民，往往冒認影占，原少而報多，原瘠而報肥，甚至一人占田一二千畝，尚有异省流徒，假播籍而希冒占者。夫王者之師，吊民伐罪，罪人既得，孑遺之民自當存恤，顧無知小民何厭之有。若任其冒占，而不爲限制，不惟告擾紛紛，徒滋多事，恐將來田地闊而人民少，不能成府縣之規。且自應龍在事以來,與奪任意,生殺自由,强凌弱、衆暴寡,凡業厚而田豐者,皆席應龍之寵,而魚肉細民所得也。此輩初用事,後得罪有逃避他方,至今方出者,有身爲奏民起釁釀禍者,有其身已殲、其家已滅而一二遠族尚思承産者,誰爲厲階,致此紛擾。卒令天朝以二十萬之師,費百萬之餉,殺人數萬,方得剪定此土宇,而猶令此輩竊據以自封,即應龍地下亦不服矣。今應將播之舊民號楊保子者,查果真的,無論原業肥瘠,俱人給田三十畝,上、中、下攙配均給。若一處皆上田、皆下田者,臨時酌給。大率純下田多不得過一百畝,純上田不得少過二十畝。其原非播民,必不能爲楊保語,亦自易辨,無問其曾否寄住,皆不得妄認。斯詐冒不行,争競可息。至遺下無主民田,應另行招人承種、納糧、當差。應龍官莊并楊兆龍、田一鵬、何漢良等諸擒斬過有名頭人莊田,盡數没官,聽三省之民願占籍播州者承種,其領地之人,查照時值,量行上納,以充目下。建立城池、衙門、驛傳諸費,亦定爲限制,平人不過得五十畝,指揮千、百户不得過百畝,俱於丈量時定糧、定價,令不得挪移。州縣官收過,絶産價值,給付印契,登入循環,聽兵備道稽查,轉報撫按查考,經該官吏,如有乾没,從重治罪。庶定經制之中,又得夫裕財用之意。伏候聖裁。

一設學校。播故有學。宋元世俊茂朋興,如冉從周、猶道明、白鎮之流俱登進士,蜚聲上國。自逆龍禁錮文字,寇仇儒生,以蒸報爲禮義,視菹醢爲名教,每自稱爲秦始皇,蓋坑儒焚書,以愚黔首,亦略相似。身爲鮑魚,有由然矣。今干戈既戢,文教宜先。第新遭大兵,不惟士人廢沮,抑亦物力未羸,若紛紛建設,徒以恣虚費之竇,開奔冒之門,於弘文雅化無當也。今照府治綱紀諸邑,實爲風化之首。白田、黄平舊有學宫,補葺亦易,特師儒久虚耳,當於二府原學各補教授一員,益之訓導二員,以聯生儒,至博士弟子員,無論附郭、外縣,但入學使之選者。蜀新四縣隸白田學,黔新四縣隸黄平學。待各縣人文漸盛,物力稍紓,嗣各立學未晚。真州既改爲流,其地方殷富,人物遒華,亦須建一學宫,設一學正,以示維新之化。學校既立,振鐸有地,明以人倫,風以禮讓。彼既才能崛起者,足以備國家徵辟之選,而移風易俗無難。不然而身被章縫,手執簡編,亦足以潛消邪心,興起善念,月劘歲漸,不自知其化於禮讓之内矣。用夏變夷,莫要於此。伏候聖裁。

一復驛站。播州各驛,自逆酋閉關負固,驛官不敢赴任,過客不敢經行,站户逃徙,舘舍丘墟,十數年矣。兹者地方底定,道路大通,驛站之設,勢不容已。查播州舊轄松坎、桐梓、播川、永安、湘川、烏江、昌田、沙溪、仁水、湄潭、鰲溪、岑黄、白泥一十三驛,俱當川貴孔道。所有各該驛舘,應合分令領兵千百總同見在驛丞,率領防兵,就彼采辦水石,燒造灰瓦。趁時興工,合用匠役亦於兵夫内查有慣造者、徑撥不足者於附近州縣取用。工食銀米，計算於該邊支剩軍餉内動支。仍責成新設府佐一員，往來稽督。不許虚冒錢糧，曠廢時日，事完册報。又查各驛夫、馬支應，及官吏俸薪，舊額土司供辦，今既改土設流，似應與腹裏驛站一體僉派。但流民授田方始，難便買馬行差。目前一切站銀暫應官爲出辦，俟里甲稍定，即行編派。至於夫馬額數，應照衝僻爲準。湘川驛附郭爲四路最衝，應設馬四十匹、夫八十名；松坎、桐梓、播川、永安四驛，地衝路險，應各設馬三十匹、夫五十名；烏江、仁水、湄潭、岑黄、鰲溪、白泥各驛俱次衝，應設馬各二十匹、夫各三十名；昌田、沙溪、止通、水西次僻，應設馬各十匹、夫各二十名。伏候聖裁。

一建城垣。夫郡縣既設，必有城垣，所以明保障、防不虞也。播州之一府、一州、四縣，與黄平之一府、四縣并宜城，城并宜石，石少者以磚代。其兵備道、總兵府并府衛、州縣衙門、公署、倉厫、庫獄、城隍廟、演武場與二府一州儒學文廟殿廡、齋舍等項，俱當以次修舉。而各官一抵地方，棲身爲急，衙舍之建尤宜首圖。一切應用木、石、磚、瓦、灰、釘各若干，工匠、兵夫各若干，應支帑廪錢、穀各若干，分委督工、員役各若干，城垣高、廣、丈尺若干，城樓、城門、敵臺、垛口若干，衙門、倉庫、廟學房舍、殿宇若干，俱應該兵備道督同各府、州、縣正官選委勤明佐二、首領雜職等官，帶匠佑勘，務要周悉，呈詳撫按衙門，於堪動銀内行支應買備者買備，應召集者召集，克期興工，多方稽督，大約城垣以二十九年二月内起工，限年終落成。餘各以次修舉，就中員役有怠惰者、錢糧有冒破者、工力有草率者，俱應該道參詳拿究。事竣之日，造册報撫按衙門奏繳。庶險要可資、防禦有賴。伏候聖裁。

一順夷情。播州皆夷也。大兵之後，爲賊用力者刈夷藴崇，已無遺種。今見在者，曰各司土官、曰七姓奏民、曰投降夷目，皆宜安插得所。顧就中情事不同，亦宜分八。如八司曰播州、真州、白泥、餘慶、草堂、黄平、重安、容山内，安撫二、長官六；又一司甕水，原無印信，亦稱長官；又有宣慰司同知羅氏，此皆世有官號，與播并建者。播州長官王積仁，以附播被擒獻俘，此當與楊氏俱滅，不待言矣。真州附播多年，綦江之破，助兵三百，著在耳目。同知羅氏與江外五司，首起釁端，挑怨速禍，且具奏改流，致激應龍之怒，殃及墳墓，流禍鄰封，致有今日之事，海内震動，流血千里，則諸司者罪之魁也。故説者謂真州宜正其附播之罪，而江外諸司宜以起釁絶之不爲無因。第王道如天，罰宜從輕，賞宜從重。真州當進兵之初，率先歸附，正、副長官各以千人從軍。江外諸司各招兵聚義，充黔、楚鄉導，此輩即不足爲重，輕顧一念誠款，自應量酬。合將真州正長官即爲該州土同知，副長官即爲該州土判官。江外諸司安撫與正長官即爲該縣土縣丞，副長官即爲土主簿，同知羅氏爲新府土知事。此則略其大罪，録其微功，且令魋結氊毳之流，居然儕於衣冠文物之列，諸夷亦何幸焉。此外尚有投降夷目，原非長官，本無冠帶，但賞格曾坐名開諭，輒爾先事歸誠，亦宜少示眷酬，以明恩信。如上赤水里頭目袁年父遭酷禍，投降最早，宜授以所鎮撫職銜；下赤水里頭目袁鏊，仁懷里頭目王繼先，安羅二村頭目羅國明、羅國顯、安銮以上五名，在王繼先臨時觀望，在袁鏊等兵進方投，即待以不死，亦爲正法，但其返邪歸正，自宜量酬，應各授以冠帶、總旗，諸人田産，止將本身者照册撥給，應納税糧通附州縣官處上納。其餘里人俱令附籍納糧當差，不許仍以家人爲名，恣行霸占，違者治其前罪。至於七姓奏氏，始助楊氏之惡，繼傾楊氏之族，尤爲禍首，天下恨之。但逆賊造反，罪大惡極，自難以餘波及人，除在軍前作惡著有顯迹、見行監問者，照律正罪外，餘俱無論，概與維新，如仍蹈故習，豪横害民，該道徑行拿問發落。以後各地方人民亦不得指稱以前事體，將處分過播目，播民告害，致起事端，官司亦不得受理，違者并罪。伏候聖裁。

一正疆域。播地東北接連三省，縣衛各有疆界，無容溷淆；西南左接水西，右逼永寧，雖犬牙相攙，未能齊一。然畫野分疆，亦自有相沿界至。惟是夷性犬羊，互爲雄長，强則侵凌，弱則減削。甚至一地而甲乙互臨，一人而齊楚兼事。如儒溪、沙溪、水烟、天旺皆播州五十四里之數，見有黄册可考。緝麻山、李愽埡、仁懷、石寶、甕平等處，亦皆播州世業。祇緣先年楊氏中衰時，曾爲永寧、水西侵占，後應龍當事，治兵相攻，恢復故業，各邊目又已任其糧馬，兩下支持，此在土司可也。今既改土設流，自宜各復其故，尚可混行争占乎？乃水西止求清查，永寧輒行瀆擾，今二司究至叛滅。且動以瓜分爲言，不知賞格。所謂瓜分者，謂不動朝廷兵馬錢糧，土司能建義自取之也。今兵糧之費，騷及海内。土司一旅之師，不啻背上之毛，腹下之毳，猶且多支本折，優議叙録，此亦何負於彼，乃復垂涎土地，則此一番大勞大費，止爲土司營家事乎？土官明於大義，必能引分自裁，第其邊隅目把，往往罔上行私，冀廣己業，及今若不查明，將來未免多事，應行播州該道會同鄰近道分，清查一切相鄰地方，如原係播州者歸之播州，原係永寧水西者歸之奢、安二氏，刻石立碑，永爲遵守。其隣邊目把，如不安分義，妄肆侵争，重行究治，干礙土官一并參處。蓋朝廷伐暴救民，原不爲利其土地，但無涯之欲，漸不可長。且楊氏之禍，止以下驕恣而上姑息，遂釀成滔天之患。今復苟且遷就，誨争養亂，非地方之利，亦非土司之福也。伏候聖裁。

——《皇明經世文編》卷四百二十三《李襄毅公平播全書》，載《四庫禁毁書叢刊·集部》，第 28 册，475~484 頁

播州地界疏播州地界

題爲播界纍歲相持，微臣義不容默，懇乞聖明早賜决斷，以免纏牽，以靖地方事：

臣近見邸報，川省按臣李時華以安順臣之事，論列先後在事諸臣，臣讀其疏，其裨補新疆不小，惟是地界之事，似在兩持，尚未歸一。夫播地，臣所定也；清疆界，臣所建議也。乃自憂歸以來，五年於此，迄無定議，臣亦安得默默無言乎？夫今之清播界所連者，永寧、水西二土司，二司之事，都門議論，每與地方不同，蓋以賞格有瓜分地土之説，二司爲平播與事之人，故每每以賞功清界合并言之，不知此自在臣原題《善後疏》内，但歷年已久，人不及知耳。臣原題《善後疏》内正疆域一款，有云："賞格所謂瓜分者，謂不動朝廷兵馬錢糧，土司能建義自取之也。今兵糧之費，騒及海内，土司一旅之師，不啻背上之毛腹下之毳，猶且多支本折，優議叙録，此亦何負於彼，乃復垂涎土地，則此一番大勞大費，止爲土司營家事乎？" 據此則賞功自是賞功，清界自是清界，必兩事不混，而後可以言二司之事。臣請先言永寧，夫永寧無難處也。臣記平播之初，永寧即具文申請，將仁懷、赤水、儒溪、甕平、石寶、桃紅村、安羅村、緝麻山、李博埡各地方賞伊提調糧馬，下南道參議劉一相亦爲轉文，且謂此其故土當與，無至開釁。臣查儒溪等里，播州五十四里之數，後雖爲奢氏所侵，楊應龍在事，仍恢復之。其頭目如袁初、袁切等皆兩下任納糧馬；至安羅、桃紅等村，其頭目羅國明、羅國顯等，則皆從楊應龍巢穴中投出歸降；緝麻、李博則皆官軍隨處斬級報功取之，著在塘報，因逐一批駁之。久之，一相見臣曰："在兵間不知其來歷，若此，幾誤矣。" 自是奢氏，亦具文認罪辯豁，謂不敢有希望瓜分之意，其後河西一帶，照舊属播，皆經督臣王象乾查核已明，處置已定，此無容復議者。臣又記臣臨行時，劉安民有一疏，條陳五六款，内一款言永寧所求地當與之，臣謂此爲土司所給耳，批行該道查議，未報而臣去，蓋其誤與劉一相等耳。當時若如其説，則取之播州，送之永寧，便使不招物議，亦復何所取裁乎？蓋臣在川時，安疆臣爲其弟堯臣求襲鎮雄，布政司已爲呈詳，臣與按臣俱未之允，遂欲弃而謀永寧，又見永寧人情皆願改流，奢世續一老婦無子，不能自固，遂扛幫奢氏争地自廣，實欲自爲之地耳。臣既已嚴爲駁正，比新督臣至，又力加清查，此志不遂，迄今仍播此説，以惑亂官司，摇撼忠良，將令人謂永寧業以非情，水西自當罷手，則一可植不拔之基，一可冀不遠之復，此孫臏走魏都之謀，子産立公孫洩之義，何物狡夷，計亦出此。後來諸臣，原不在事，遂以爲然，而不知實不爾也，此永寧之事也。臣請言水西，臣在川時，聞水西自播州前宣慰楊相避禍，逃之水西，後以病死，播人取尸，水西不與，乃多開其供費之銀，求以地贖尸，播人難之，有爲之謀者曰："以鹽水清紙晒乾爲券與之，三年之後必且碎爛不可舉，而後與之争地，彼無憑矣。" 如其議，尸果歸，後數年而争地，水西之券果靡碎而不可舉，然地終不肯歸。後經告争勘，亦不肯與，以此時有仇殺，竟爲兩争不決之地，此其言不知的否，而贖尸之事則真，此播地入水之一也。又聞尚書葉夢熊巡撫貴州時，應龍逆形已著，夢熊欲剿之，召安疆臣之父安國亨與謀，國亨自任取應龍之首，出而洩之，令應龍逃之川省，求救撫按，國亨遂乘機占其水烟、天旺一帶地土。此後時剿時撫，播人歲無寧日，至應龍浸尋造逆，懼失水西之援，亦未敢動兵相争，但亦僉派頭目催辦糧馬，若兩属然，此又播地入水之一也。臣之起家河上也，督臣有使入京上《地界疏》，并以揭帖示臣，臣見其議尚未決，因復之曰："當日清界，鄙意欲張嚴局而寬收之，使國法夷情兩得其平耳，今宜從寬歸結爲妥。"近數月前督臣又有入京之使，帶書報臣，言："僕亦非敢過求也，止緣疆臣全不退地，而貴州又不肯擔承，直令我携而全與之，我不能清以前未下之地，而并其已清者失之，可乎？"比日來撫臣郭子章有人與臣相聞，則謂臣原開止水烟、天旺等四處，今多至一百二十處，何以歸結？臣謂不必論原開新開，隻查係先年者姑與水西，係近時者當歸遵義，内有應認糧者令之多認，必與地相當，倘夷情尚未厭也，另爲加恩以償其勞，且令同心相商，務求早結。繇是觀之，則地界歸結，亦不難矣。臣閲邸報，見督臣一次疏内述兵部咨云據法而論，查係播州故土，應盡退還，以明朝廷之威令。平心而論，查係嘉隆以前侵占，應稍加曲處，以示朝廷之寬仁，此即臣所謂張嚴局而寬收之説也，所當遵照歸結者也。臣又見督臣一次疏稱該道委官勘明水西侵地，有洪武年間者，有嘉靖年間者，有萬曆年間者，甚有在平播之後者，此即臣所謂遠年應與水西。近年應歸遵義之説也，所當查照分别，責令退還，與稍加曲處者也。臣又見近日諸臣條議，似應與應歸，地界已定，止議認納糧銀多寡之間耳。臣謂事至今日，在水西既欲得地，必須增糧，何者？昔爲兩争不定之地，今爲一成不毀之業，必須數倍認納，方於情理爲順。不然，均一播地也，歸之朝廷則糧重，歸之安氏則糧輕。地已歸於安氏，糧猶累夫，播民在土夷事事求勝，在朝廷事事相假，無論非朝廷所以處安氏，亦豈安氏所以自處乎？臣初委官入播也，奢氏具文紛擾，安氏寂無一言，臣固知其欲俟臣去，别爲伎倆矣。臣發保寧，猶移文諭之，令他日恭聽處分，無至據地求勝，再蹈楊氏覆轍。當是時，水西内有鳳氏，外有陳恩，彼二人者，尚知分義，識時勢，臣計歸結無難，乃近聞鳳氏物故，陳恩見疏，當是王嘉猷、李希聖、張聞達一派蠢愚小人撥唆疆臣，葛藤不斷，以至今日。嗟夫！平播以前，猶是取之楊氏，平播以後，乃是取之朝廷。既欲寸土不失，又欲斗糧不增，此於臣節，順耶？逆耶？於安氏，福耶？禍耶？臣謂當此之時，即地界從寬歸結，其於安氏，似宜加以戒諭，督其糧馬，庶以尊國體而戢夷情。倘於土司則待之太寬，於處土司者，則責之太備，適以張其勢而益之疚耳。

且不虞土司謀臣從傍，謂秦無人耶？蓋臣因是而有感於任事之難也。當播州初發難也，四方畏之如虎，文武避之如蠆，乃一二書生身在行間，披堅執鋭，與群賊從事於矢石瘴癘之間，即有小過不及，亦宜暫且相寬矣。而土司狐兔情深，疆土念重，動則張齦裂眥，跋扈跳梁，冀以動後事者念亂之心，而重首事者貪功之罪，誠恐平播諸人，他日但有事端，便當追論，則立一時之功，返以賈終身之罪，非所以勸勞臣，鼓敵愾也。此臣所感於任事者也。臣又因是而有感於論事之難也。西南夷其人皆犬羊也，其政皆水火，其民皆蜉蝣也。以前不論，自臣所見，彭元錦追逐冉御龍直至重慶酉陽境内數百里，死者如麻，勘問竟從寬貸。霑益州劫取奢世統，赤水之衔，人頭滿地，有司亦不以報，曰："此土人耳。"蓋其民雖在治朝，常如亂世，從朝至夕，莫必其命。夫非天地所生耶？向使皆爲郡縣，有是事否？説者以土司起自漢諸葛亮所置，謂爲當然。夫亮方規取中原，力自無餘耳，何獨亮哉！高皇帝定鼎金陵，百戰之餘，急在東南，故緩在西南也；文皇帝建都北平，三犁之後，急在北夷，故緩在南夷也。後世則承平日久，自不宜無故而發大難之端，故從古帝王，有先天以開人，有因時而立政，亦各以其時耳。夫播民之在水火八百年矣！向以逆酋自干天討，遂至興師，糜費雖多，然此一方之民，從此遂長辭水火，永保妻孥，亦未爲非帝王覆載生成之全功也。當定亂之初，乘此無敵之威，復其自有之土，則一方小民，既永出陷溺。隣境土司，亦莫敢枝梧。何詎非長猷便計哉！乃在事之人中遭多故，遂至不了。其在今日，議論已多，觀聽漸淆，自不得不斟酌於予奪之間矣。此所謂因時立政者也。但即欲善處，亦不過近者歸地，遠者認糧，如督撫所議，住種已久，墳墓難移，姑以順蠻夷之心，示寬大之政云爾。么麽小夷，亦重爵土，應龍之事，彼不見耶？亦何必以敵國相視，甚至不問事體大小，但一清查，便曰開釁。今日以清地爲開邊，他日必有以失地爲安邊者。今日以持法爲避事，他日必有以廢法爲任事者，久之，無論未清之地不能得，將至見有之地不能守，坐使朝廷鞭撻四夷之威，頓成慴伏强隣之勢，且不見狂狗之噬人者乎？人益退，狗益進，不至激其怒而杖殺之不已。然則釀成播州之剿，恐不在彼而在此也，豈不惜哉。且人各有心，人各有口，此亦一是非，彼亦一是非。此曰胡爲避嫌而失羌戎之和，彼曰胡然冒嫌而弃盧龍之塞；此曰吾爲急公而置毁譽於度外，彼曰吾俟論定而置死生於目前。令舉世之人如穴中觀鬥，强弱難分，久之必至兩家袖手，一事無成，避空談而貽實禍，則亦議論相勝之流弊也。臣謂邊疆爲重心術，難明今日之事，止宜論是非而速爲處分，不必定人品而遂爲軒輊，庶目前既得結局，將來亦免反覆，此臣所感於論事者也。

——《皇明經世文編》卷四百二十四《李襄毅公平播全書》，載《四庫禁毁書叢刊·集部》，第 28 册，485~489 頁

上内閣趙沈二相公及司馬掌科書播事

今之談播事者，有遲速兩端，遲則欲需以數年，而速則欲決於目下。夫兵睹拙速，然亦未有不能拙而速者。今糧餉未克，兵將未集，僅僅二三萬烏合之土兵，欲浪戰以決雌雄，是飛練與綦江之緒也，必無幸矣。此原不知兵之説，無足論也。若遲久之説，蓋主坐困，坐困必用衆，用衆即酌中乎，亦須川六萬，湖、貴各三萬，以十二萬之師相守數年，老師費財，且虞他變？蓋效營平金城之計，而不知營平先散兵，後屯田，今之兵非可散而糧無可屯，故不相當也。大抵今日之事，在張坐困之局，局面已定而後相機，急趨之其緊要則先奪其氣。彼素輕川兵，今乃調秦兵、浙兵、廣兵、滇兵、湖兵，處處調動而不多，彼且莫測吾之多少。又見非平日易與之兵，而氣先奪矣。次散其黨，衆有懼心，人無固志，招之易來，緩之且逸，况彼殘虐有年，誰肯爲之死守者？當是時而後懸賞以購之，不得則進兵以逼之，十二萬人分爲四路，可攻可守，可進可退，不遲不速，惟吾所爲，而令彼必不能得志於我。法所謂衆則分之是也。如此者速則半年，遲則一年，可以決事矣。若如是而猶有遺慮，則天也，人定勝天，當再圖之耳。川省進兵之道二，綦江遠，永寧近，而皆險甚。湖貴進兵之道各一，皆近而少平，他日先入，當在湖貴。故須以二總兵領二枝互爲犄角而齊入。蓋雖不佞川兵自足相當，乃爲勝筭，若如他年貴兵失期，川師不支則難矣。兵已移調，近又得明旨促之，庶不後期，須年内俱齊，則木落天乾，庶易舉事。糧餉三省皆急，而貴州尤甚，蓋别處尚可借，貴州無可借也。三十萬之發，目前少遲，便當束手，統乞臺下垂允。

——《皇明經世文編》卷四百二十四《李襄毅公平播全書》，載《四庫禁毁書叢刊·集部》，第 28 册，489~490 頁

與少司空趙寧宇播事

人來承教，娓娓千言。臺下之爲桑梓，慮何其切。而爲不佞謀，何其忠也。賊初破綦江，若疾走渝城，半日可下，今則萬萬不能矣。此所謂社稷之靈而臺下之庇也。不佞久欲至渝，但該鎮道先以招撫紿賊，已緩其兵。若復至，恐反速其來，謀之按君，甚謂不可，故且俟之。若夫將到客兵來，不佞即旗鼓而臨之，恐釜中之魚未有不授首者，第未知天意何如耳。要之廟堂主持一定，凡事無不可爲，何况小醜？則惟臺下從中圖之。此賊若再寬假，數年之内且無西川，何况渝城。此不佞實言，非幸功而漫議也，今日川兵必不可用。蓋從來征討，止用土司，川兵原未見敵，又爲逆酋積威所劫，心膽已碎，昨發之戍守，將領面無人色，軍士欲投河而死。白石口、綦江之事可爲明鑒。土司兵多持兩端，

且亦非苗兵之敵，則不借客兵，何以了此？在宋，吴氏兄弟用以抗金，蓋緣百戰之餘，人久習練，若今日即曰簡練，豈遂堪用？蓋兵士練膽爲上，練技次之，須上陣數番，自然膽壯。若只在教場中操練，即三年五載亦無益矣！故調秦兵、浙兵，取其經戰。再調滇兵、廣兵、湖兵，取其與逆酋不相連。有外兵則本處土兵亦無敢持兩端者，然后人人可用。分道而進，賊不足平矣。夫兵睹拙速，未聞巧之遲也。大兵四集，如山壓卵，加以懸搆，内變不作，罪人一得，大事即了。若曠日遲久，宜有別變。不見近日渝城兵變乎？滿城文武如林，無一可倚武官，則臨大敵而猶爲鼠竊狗偷之態，文官則馭大衆而猶行苛察繳繞之法。季氏之憂，不在顓臾，直令人仰屋竊嘆耳！業已具稿，會諸公大請兵餉，不日疏至，惟臺下主持懇懇。

——《皇明經世文編》卷四百二十四《李襄毅公平播全書》，載《四庫禁毁書叢刊·集部》，第28册，第490頁

上内閣趙沈二相公及大司馬征播

初，龍入境後，得酋進兵之報，知其自分不赦，遑於一决也。時兵將俱無，虞有失陷，因行一牌於該道，令詰責之，大段言酋，雖奉有勦旨，然部覆尚欲行勘，此其人尚在死生之間，今何爲稱兵犯順，自投死地，并其一線生路而自塞之，是何人撥置，伊有何冤情，查明報速。蓋假示撫形以惑亂之也。文至而綦江已破，且盛言必取重慶。該道不得已，仍以原文諭之，總兵又以一旗招之。酋雖知非真，然不無希望，遂亦具文往復，遲疑不進者數日。而我兵近渝者漸已調到，酋知重慶難下，只須止兵，今則兵到重慶者業已滿萬，攻不足，守有餘矣。使酋當時長驅直搗，全蜀可虞。今則門户已堅，堂奥益固，亦天之不欲亡蜀也。但蜀兵脆弱，土司兵觀望，戰固不能，守亦難久。若酋再以全力持久，坐困一城，終属可慮。必須得陝兵、浙兵，乃於戰守有賴，故川人望外省兵，如農望歲，不知今已得請否，惟台臺垂神是禱。酋先年原無逆節，亦無遠略，惟邇來我所以處置者全未得宜，勦一番、撫一番皆爲彼增一番兵力、長一番雄心，今則公然有不軌之心，萌割據之志矣。諸凡上下文移，舌劍唇鋒，總是反書，無容更僕，幸今方内少事，得以專力圖之。若以天之靈，滅此大憝而後朝食，真爲潛消無窮之禍，而宗社生靈之福也。查先年蜀中都蠻叛逆，成化時程尚書信征之，用師十八萬，而無成功。萬曆初曾巡撫省吾征之，用師十四萬，乃克平定。今播州之險不下九絲，應龍之狡，十倍都蠻，三省用兵，非十萬以上，難以奏效。總之蜀六萬，黔、楚各三萬，再減亦須十萬，更減則非十全必克之道矣。俟兩省總兵到，防守已固，方可上陣。今則且只自守，無暇言勦也。錢糧約用百萬，川、湖二省，或可搜

括，貴州空虚，必難措處。從來貴州尋常兵餉，取助川、湖，今兩省亦在用兵，難以他餉。查雲南有原借四川二十萬，今雖議允發還貴州，恐彼處一時難以如數，兩廣、福建庫銀尚有積餘，一處借十萬，則貴州方可足招兵之費。此無論攻與守，皆不容已者也。伏惟台臺垂照。

——《皇明經世文編》卷四百二十四《李襄毅公平播全書》，載《四庫禁毀書叢刊·集部》，第 28 册，490~491 頁

上内閣趙沈二相公及田大司馬播事

近見邸報，都下之人，皆咎龍不東保重慶，此蓋重慶之人之過計，而不知今日之事，别自有急，保重慶非所急也。夫重慶川東之根本也，無重慶則無全蜀，豈曰不急？顧重慶天險也，但得三千人，無不可守者。當龍未入蜀時，重慶之中，奸細滿眼，更無一兵一將，足爲守禦，此則重慶真急矣。乃龍一入省，即令萬鏊馳入其中，且令先拿奸細，一日而得十六人，撲殺之，沉尸於河。其後賊下綦江，以無内應，尚不敢直攻重慶，况今日乎。今重慶之兵已萬餘矣，不直重慶，合江、南川、江津、瀘永諸處，急者萬餘，緩者數千，皆有備矣。賊犯永寧而不利，聲犯合江而竟不敢，尚復慮重慶乎？蓋保重慶者，賊下綦江時之要着，而非所語於今日也。當賊下綦江時，龍即欲入保其中，念目下兵將皆無，即賊來不過嬰城固守而已，賊若以輕兵綴重慶，而分兵犯隣播州縣，彼時羽檄不飛，應援路絶，何地不可攻？何城不可下？大抵固守一重慶則一總兵有餘，保全各州縣則非總督在外調度不可。當其時，龍尚欲至近地調度，會鎮道事急，以招撫紿賊，龍亦行牌諭之，賊遂遲徊不進。龍復以計緩之，賊信之，遂不即出。龍若東行，更速其叛，是以止在省城調發而不復東也。賊以六月破綦江，至七月而重慶之兵已足以守，至八月而各城之兵皆足以守，今惟不足於攻耳。故前此之急在守，後此之急在攻，守則宜隨方應之，攻則非先於省城料理不可。蓋進攻之具，如火器、火藥、綿甲、綮被、弓箭、鎗刀之類，向來百無一備，皆於省下開局置造，以至買米、買馬、運糧諸事，皆須與司道面計，朝計定而夕發行，日日督催，時時稽考，則一日可有二日之功，急急爲之，尚恐年内不齊，有誤來春大舉。若東駐重慶，文移往返，躭延日時，外疑賊而内誤事，何益之有？今諸事漸已有緒，若再遲時月而東，可以萬全。但人言紛紛，更不移駐，恐言者益多，更駭聽聞，已於目下東發矣。夫都門議論，自是難一，萬里行師，亦不必一一求懸合於遥度者之口，然不明其所以，則外議紛紜，終勞神慮，故須曉曉自明，非得已也。龍自入川來，兄死於家，妻死於任，衰親懸望，以日爲年，含悲茹哀，形神欲盡，恨不滅此朝食，早釋重負，乃外議尚有短長，此以

知舉事之難矣。龍止爲其所可爲，不復置辯，然不敢不盡於台臺，伏惟台臺垂察，終賜主持，龍臨啓無任瞻望之至。

——《皇明經世文編》卷四百二十四《李襄毅公平播全書》，載《四庫禁毁書叢刊·集部》，第 28 册，491~492 頁

上内閣趙、沈二相公并田大司馬播事

賊初下綦江，若長驅直搗，即成都亦且不守，無論重慶。當是時，更無别策，惟有招撫耳。龍故行一牌爲督撫地方事，照得楊應龍，向雖有進剿之旨，然部議猶令兩省巡按會勘，此其人尚在生死之間，若其悔罪乞哀，尚有可生之路，今不知何故，統領多兵，突犯内地，意欲何爲？豈不知四海九州，比之一播孰大，應龍之勢，比之劉東、陽平、秀吉孰强？豈天奪之魄，自取滅亡？今傍觀者欲救之不得耶！今幸兵未深入，若其速行斂退，盡數歸巢，猶可圖全，若更猖獗不已，則雖欲保全之不可得矣。合先曉諭，爲此牌仰該道即便差人速行曉諭，以後彼有差人，勿得殺害，兩國交兵，不拒來使，況彼原係土司乎。聞彼以地界防兵爲詞，此只宜具文申請，何事張皇，乃爾自速天誅也。該道并諭之，又牌前事，照得楊應龍，雖有近旨行剿，然部議猶令兩省巡按行勘，是朝廷尚未盡絶之也。轉禍爲福，正在此時。本部院入境，意其必囚首乞哀，自求生路，不知是何項奸人誘引，令其無故興兵，隨處屯劄，甘心必犯内地，豈其陰譴已重，令必欲并一線之路塞之而後不知耶？即應調兵行剿，但恐朝廷德意，彼或未知，業經曉諭去後，未據回報，今幸兵未深入，如盡回巢，尚得瓦全，若復狂逞，恐將來百口無能自文。合再曉諭，爲此牌仰該道，即便差官速行曉諭，倘彼有不白之冤，許令速行申辯，毋再輕弄干戈，自取天誅，該道速諭之毋違。賊初已絶意於撫，後見此牌，雖不甚信，不能無希冀焉，遂撤兵回而以文來訴冤，且索奏民尸官之類，其詞甚驕倨，龍批云："播州係纍朝爵土，楊應龍亦素有功勞，朝廷安忍，一旦廢之，以貴州報伊戕殺官兵，不言剿則無以示四夷耳。觀部覆猶欲兩省按院行勘，此其爲伊留意，尚有餘恩，伊乃公然狂逞，何也？意欲示武於人，不免增罪於己，誰爲應龍畫此計者，愚亦甚矣！今日之事，既云激於控訴無門，若斂衆歸巢，静聽處分，尚可自解。仰該道速宣諭之，何邦卿等以何事潛匿？曾經何衙門問斷？伊男身尸見在何所？查明另報。"賊得之，以爲兵部真有開豁之意，遂差人行賄本兵，而静以待之，不復出矣。重慶鄉官，又恐破城報到，必有嚴旨，賊復哄出，具書該道，令龍設策弭之，且請龍急入重慶。龍謂前任總督一意行撫，故可徑駐重慶，今龍若徑駐重慶，彼必來求實撫，何以待之？許之則後難收拾，不許則當即狂逞，即重慶可全，而各城難保矣。故爲

一書荅該道云："先生之書，字字有味，從來鄉官言語，都不説盡，今已事急，只須如此長慮。若從來事事皆若此長慮，而當事者又開誠受之，何至今日哉！朝廷雖有剿旨，亦未必拿定必剿，蓋只欲嚇之使求撫耳！然縱欲必剿，而閫外之事，原不中制，前不佞初至，彼若泥首請罪，願聽處分，亦何詎不可撫哉！不意房將一激，又有此禍，今日言撫，似覺少難，然酋不殺縣官，不殺城内百姓，入城之後，斂師而去，即此數端，尚有可撫之機。酋凶悍不顧，未必知此，或其宗祀不應絶滅，其祖宗陰啓之也。至鄉先生所慮此事報京，又有嚴旨，酋復狂逞，亦未必然。蓋酋若有心望撫，即有嚴旨不動也。邢昆翁時，何曾無剿旨，何曾畢竟剿得，我等伎倆，豈不知耶？大抵酋若從此斂戢，大家尚可省事，若更弄兵不已，則莫知所終。今與之言撫，酋亦不信也。我内地惟是調兵積糧，固守城池，以待之耳。見鄉先生爲致意，俟兵餉稍集，僕亦欲東面請教。"此復不一，此書總是假話，只欲惑賊。仍令該道遍送鄉紳看之，故洩于賊相信之人，使達賊巢，以爲伊詗得上司私書也。賊遂深信不疑，亦時時以入犯之，虚聲挾我而竟不出，各城遂皆得保全，以待調兵之至。今則賊雖已知必剿，然兵餉已集，自可無虞。且賊終爲前私書所惑，尚以節來旨意爲挾撫也。酋近日謂安疆臣曰："川、貴軍門，批我文書，意思甚好，我且待之，此可知矣。"蓋某之所以一向不東行，原爲一東行則賊即出重慶，即重慶或無恙而别城可慮。不東行，則賊不但不垂涎重慶，即别城亦且未敢輕犯。歷觀自六月以來，止四張虚聲，竟未一攻城，止一犯永寧耳，以永寧係土司故也。今報欲犯南川，亦不知若何。南川自綦江破時，人已逃盡，庫獄皆移，已爲空城，但恐賊據之。故以二土司萬餘之兵守之，即來亦足相當，若重慶則萬萬無虞者。今目下且入重慶，明彰天討，以前伎倆可不必用，亦可不必言，唯是一向苦心緩賊，形神欲悴，其不即入重慶，尤是緩賊要著，而外人不知内有招撫，紿賊一節，恐滋多口，又未可明言于人，乃今言者不已，不得不盡白千台臺，亦欲台臺知賊之愚，終可以計滅也。今播人聞調天下之兵，駭懼無地，某復密行招誘，賊之爪牙心腹，半已外向，大兵一集，必且瓦解，向非借客兵聲勢，不但賊不懼，即其左右親信之人亦不懼。即有奇計，將安所施，此則在廟堂主持，無爲旁觀之説所摇，即賊不足平矣。伏惟垂照。

——《皇明經世文編》卷四百二十四《李襄毅公平播全書》，載《四庫禁毀書叢刊·集部》，第 28 册，492~495 頁

與楊監軍播事

貴州一日而三報警，令人心急如焚。已專人發施州之兵從婺川入，發鎮雄之兵從永寧入，然不能即至也。童元鎮、陳璘今在何處，已差人促之夾擊，亦未易即達也。總之，

鞭長不及馬腹，其勢則然。所恨者，水西之兵，不肯爲我盡力耳，不得已令綦江、南川之兵各擾其境上石硅之兵，遂一日而破其七寨，攻其所必救，庶幾舍貴而之川乎。川尚足以當之無慮也，貴州但得少暇，即當集兵以俟大舉。凡用兵者，不亡即圖存，不死即求生。敗即圖勝，罪即圖功。如環無端，不可一時自暇逸也。聞雲南之兵已到，廣兵想亦不遠，此二兵至即爲正兵，蒙天眷之兵亦不惡。平越一路無慮三萬，思南已有施州八千，彼中再湊二萬，亦可得三萬。永保之兵，俱并於偏橋，此楚兵也。沙溪之兵，總聽安氏，則四路各有正兵矣。鼓行而前，賊何能一一支持乎！運餉之夫，宜及早定，川中亦至今方有定議。蓋此中從未用兵，一夥秀才，自不相習，無怪也。熟食無如炒米，每軍自帶五日之糧，彼中路近，即可足用。進關之後，夫隨而運，可相及也。平越則童元鎮領，龍泉不知誰，陳良玭何如？乞彼中即商量，就見教，難再往返也。進兵的不可過二月，至三月則雨水連綿不便矣。幸亟圖之。

——《皇明經世文編》卷四百二十四《李襄毅公平播全書》，載《四庫禁毀書叢刊·集部》，第 28 册，第 495 頁

上内閣沈相公播事

連奉台臺第九第十次書，指授機宜，纖悉具備，不出廟堂之上，折衝尊俎之間，此西南億萬生靈之幸也。龍即不才，豈不知感，進兵事别有開陳，不敢再贅，頃蒙台論大將加意失意無聊者，應爲劉綎、童元鎮，大功不可專倚一土司。應爲水西，敢不祇領，但綎於去歲十月到，於時吴廣杳無音信，又别無一裨將可倚，只須照例留之候代。渠因而惧禍貪功，亟意復用，練兵治器，日不暇給，人情翕然，以爲可用，即龍閲其兵械，亦果可用，遂許留之。願與分路而進，龍遂具疏留之，前已上啓，近見報已革其任，然分布已定，只得令之進兵，渠驕態全無，一意畏禍，今用之即未可，必其獨立大功，至於通播貽患，可必其無。蓋彼當一路，若有不任，自當治其罪，若駕禍於人，誰肯甘之，彼歸家尚惧有禍，况肯益通播以速其禍乎？即以形迹之間决去之亦無不可，惟是目下無人當此路，不得不用之，亦蜀人士之公議也。至於童元鎮，據該省撫道，皆甚言其可用。又李應祥不入黔而坐於楚地，具文來請，必欲即真乃來，此又近於劉綎初來氣象，恐使功尚不如使過，故亦并用之。總之，周播四面近三千里，分路而進，若兩省然，將雖多而反以爲利不以爲害也。若水西之用，則有大不得已者，渠助播蓋有年矣。今若欲滅播而不與共功，且明示以外之，之意彼必以爲平播之後必且及彼而助之愈力。今名爲調天下兵馬，其實浙三千、陜六千、廣三千、河南二千、山東一千、天津五百，共萬五千有奇而已。此外皆三省土司兵，

即雲南、廣西，亦土兵也。水西知吾漢兵之不多，而内助播，外摇土司，則狐兔之説，牢不可破。土司之戰不力，漢兵之技立窮，事且去矣。今之用，蓋不得已也。惟是該省初以播勢難支，許之稍過頗虞，後來難處，近其目把陳恩到，龍數問之，亦只言事平之後，但願加銜分地而已。龍問之，曰："加銜自有旨意賞格，爾欲分地，遂欲分播州城乎？"恩曰："何敢爾，但近水西地方得一二長官地足矣。"龍曰："此亦無大事爾，何故慮？"恩曰："但各目把言，朝廷費許多大錢糧兵馬，功成之後豈肯以地與人？"龍曰："固也。然朝廷原有瓜分其地之旨，若爾成功，亦須瓜分些以全此信。"蓋朝廷所以制馭土司，惟此一節。若今日失信，且如异日安疆臣若反，再以土地許人，人不信了，渠俯首唯唯而去。遂亦起兵，大抵瓜分之説，既有明旨，若得賊須分一二以完此信，即倍此約，彼亦必不敢有他。唐人有言：吴元濟既擒，王承宗破膽矣。蓋今之難惟恐人心不一，糧餉不繼，功不即成，若功成不患難處也。龍日夜籌之，忘寢食者久矣，輒敢瀆陳以紓台慮，伏維崇照，臨啓無任仰望之至。

——《皇明經世文編》卷四百二十四《李襄毅公平播全書》，載《四庫禁毀書叢刊·集部》，第 28 册，495~497 頁

與楊監軍播事

安、楊二氏，先世原爲敵國，安曾求親，楊氏不從，求以女嫁之亦不從，蓋自負爲太原詩禮舊家，而安爲玀鬼，耻與同盟也。其後楊氏奏民事起，畏安氏不得已，令子寄拜，于時安國亨老且死，疆臣立，幼不省事，其目把多受其金，故每爲之用而不知自陷於逆黨。然彼初亦不知楊氏之造逆至是也。去年破綦江後，以所得子女送之，初一次受之，鳳氏不知也。第二次送之，鳳氏知之，大罵謂此破城所得，豈可輕受，罵其人而却之回，此老婦亦有識矣。剿事起，楊氏深結安氏，安氏與約曰："若官兵到桃溪莊，少不得借我一焚以完前件。"蓋前日報焚桃溪，正此約也。今年春，鳳氏三使人勸之，應龍叱之曰："彼老婦何知世事。"疆臣亦使人説之勿反，曰："彼孺子何知。"雖佯拒之，而實陰結之。四十八枝頭目皆有禮，又送以三足銀鼎動其心。臨發兵，又厚饋其土把，即漢把亦只得依違其間，不能自主，且惧禍也。堯臣以在外府，始皆不與其事，又急於立功，其人性頗直，故直抵大水田，已非初約，至殺其使而激之怒，遂爾相攻，亦天也。近又聞楊氏以金銀十槓行成者，安氏應之曰："且看各路。"則事尚在猶豫，此宜直諭。堯臣曰："爾已立大功，得榮名，無爲目把所賣，使勞而無功。"則堯臣必且發其事而目把無如之何，乃可得其全力也。夷人信鬼，疆臣喪目喪女，其目把多以負楊氏盟動之，今可直謂之曰："此天之所以罰二心

也，不改此心，且有别禍，彼無不信者，統惟留意。”王嗚鶴已催之赴貴陽矣。

——《皇明經世文編》卷四百二十四《李襄毅公平播全書》，載《四庫禁毀書叢刊·集部》，第28册，第497頁

上内閣趙沈二相公并田大司馬破播情形

兵以八路進，賊勢難應援，亦難防守，故只集兵關内，以俟鏖戰。三月二十九戰水西兵，四月初三日戰綦江兵，此二枝於八路中稱最勁矣，然皆先敗而後勝之，可見賊亦勍敵未易與也。水西初敗損兵千餘，大頭目柯阿箇之二子俱重傷，但三司耻敗，不盡報耳。初四日以後戰合江兵，連二日不分勝敗，至初七日投文詐降，吴廣亦詐應之而嚴爲備，至初八日捲土來戰，廣力戰敗之。初十日賊集其衆苗而誓之，曰：“爾輩不爲我盡力，我今上囤，任官兵殺爾矣。”衆苗曰：“合江手硬，綦江銃狠，委難相敵，明當敵南川耳。”至十一日，詐降南川。十二日劫營，先已審出，伏兵待之，復敗而去。於是父子相哭而上囤矣。十六日，川兵四路始會而約期。十七日南川兵先至囤下，各有殺傷，日暮據其關。十八日綦江兵至，盡掃其囤下周圍之子囤，苗兵有殺者，有散者，有去而投水西者。今囤下已無苗賊，惟率兵保囤，然無足慮也。田一鵬、楊兆麟等五十一人，刻血爲盟，謀内變，已差人告高推官，領有執照矣。内一人楊一元者泄其事，賊盡縛之，殺其妻子，事遂不成。然自此心腹盡潰，父子相疑。今但督兵四面攻之，彼事急不自焚，則爲人所執，必不能逃也。水西原是觀望，後以烏江之事人多歸咎於彼之欺弄，龍直移文責之，遂懼而與之戰。又誘執其頭目，又率兵隨川兵攻囤，若急急焉表其忠順者。所謂吴元濟就擒，王承宗破膽者也，夷人情事自是若此。彼不爲我害即佳，况且爲我用乎！今而後但當問緩急，無復虞利鈍，然龍亦且謹之又謹，以圖萬全。賊一日未死，未敢一日安枕卧也。臨楮可勝惶悚之至。

——《皇明經世文編》卷四百二十四《李襄毅公平播全書》，載《四庫禁毀書叢刊·集部》，第28册，497~498頁

條議餉務疏

臣疏直之性，素不較乎錙銖。孱病之軀，更不耐乎煩劇。忽承特命，深懼難堪，事不辭勞，臣子分義，今當銜命而出。一切督理事宜，尚無定議，臣恐無所遵守，聊舉切要，條爲五款，伏乞敕下該部，議覆施行。臣愚幸甚，一明節制。夫官無崇卑，權重則行，權輕則格，勢使然也。東征之役，有捴督以兼理糧餉，又有各巡撫以分贊之，各部郎以供

饋給散之，似可無掣肘矣。兹臣之往也，豈能加于揔督之上？倘不重其事權，猶然一部官耳，招之不來，麾之不往，亦安用此贅員爲也？非加兼憲職，恐不便于行事，其應轄直省地方，合先指明定界，以便居中調度。仍比照揔督敕書，除戰守機宜外，事于軍儲，撫鎮而下，悉聽臣節制，倘有怠誤，司道、郡縣、將領、衛所等官，不時参治，應拿問者拿問，事完照例舉劾，以示勸懲。蓋督餉督兵其體均重，况係特遣，更不宜輕。伏乞聖裁。一專責成。夫暫遣不如舊設，旁督不如親臨，人人知之。苟責成不專，推諉易起。臣所督理者餉耳，餉不足，或請之内帑，或發之外庾，或多方凑處，臣應與大司農博求接濟之策。事本專司，勢且易達，又豈容于他諉。但今司徒日集，轉輸數千里，陸運必用車牛騾夫，水運必用船夫護兵，此其直省各巡撫事也。臣在部近接得遼東張巡撫揭，稱水陸運過朝鮮糧萬石，實由揔督專制，誰敢不遵。臣從部堂奉璽書而往，蓋欲示朝廷重餉之意，非爲解揔督兼理之權。凡轉運事情，須與揔督并行，各該巡撫衙門，嚴責司道等官，或水或陸，各從其便。上緊運赴軍門聽用，違誤者會疏具參，若臣别有條議，非于揔督職掌，臣自督之。蓋惟督府，不以事權分彼此，則司道不以觀望生援急，一推一挽，弘濟何難。伏乞聖裁。一請關防勘合。夫關防所以示信，勘合所以嚴程。臣督餉在外，奏上檄下，由近達遠，均宜用之。乞敕該部鑄造關防一顆，填給大小勘合三十道，火牌五十張，以備軍儲緊急，不時差遣官員賫奏催運之用，事竣照例奏繳。伏乞聖裁。一請贊理司官。夫錢穀事冗，轉輸務勞。臣起家詞林，夙不閑于吏事，兼之少年多病，中歲蚤衰，智慮不周，耳目孰寄？非藉明敏强幹司官，協力分猷，其何能濟？近者，督臣經略播州，征倭防海，俱帶贊畫司官二員，軍旅重事，委非可以常格拘也，况臣由部堂贊督者乎？乞敕本部，惟擇賢能司官二員，隨臣計畫，庶合三人之見以爲見，則其見確；收群策之策以爲策，則其策長脱。有緊急更可分地行催，不致誤事。伏乞聖裁。一請員役廩糧。夫官由創遣，事無成規，第大臣行督直省地方，體統事權，所係甚重。吏書以供繕寫，官舍以備賫差，與夫心紅紙劄，犒賞公費等項，均不可缺，似應比照揔督衙門，議爲定額，員役從何取用，廩糧從何支給，公費從何措辦。庶幾民不苦累，官不苦供。蓋都門之外，應係督屬地方，檄不先傳，下何依凖，臣即欲速出料理不能矣。伏乞聖裁。萬曆二十五年九月十六日題。本月十八日奉聖旨，張養蒙着兼都察院右僉都御史督理糧餉，作速前去，這所奏該部看了來説。

——《皇明經世文編》卷四百二十七《張毅敏集》，載《四庫禁毀書叢刊·集部》，第28册，525~526頁

書 楊寅秋

上撫院征播

途次連捧手書，頒發險夷圖説，土漢兵數，狡酋情形宛在目中，何啻聚米。先是，某將出國門，説者謂敵怒難犯，敵鋭難乘，有如我兵未練餉、未方險，夷未盡周知，火器未經教習，則姑且遲調土狼，以省糜費。亟簡材官，訓練精兵一二萬，分布要路。蓋三月之間，按兵似動不動，擾亂彼春耕，疲彼奔命。稍俟秋間，調集土狼，乘其惰擊之，當似萬全。其説微聞當事，秉樞頗見采納。頃捧密論黔事，不出冬杪，乃知先聲自足奪彼梟魄。至如作使安氏，勖爲今日對症之劑。某北上曾亟奏記，前者已誤，豈容再誤，抵都備陳之政府，疆臣乳臭子耳，所撥置在陳王二監，欲得安氏力，非貸二豎不可，政府云："必撫按請而後可宥也。" 此恩在兩臺市之則妙，擬入黔首，以此造膝乃大疏先發，早已符契，當事之擊即可知已。第閲兵數内，安兵僅止二千，何故？抑或别自有説。此輩變態在轉瞬間，監軍分屬東西惟命，軍門體統嚴重，就中宣布德意，駕馭鼓舞，永堅乃心，非某任之而某。兵號五萬，土兵向無足，數合之見多，分之即寡，不然能制其死命否？且有土無漢，兵將不習，不勝烏合杞憂，千慮之得尚未可以片楮盡也。

——《皇明經世文編》卷四百三十三《徐楊二公疏》，載《四庫禁毀書叢刊·集部》，第 28 册，第 590 頁

又上撫院備苗

東坡爲梗之苗，詢之差人，云："即臺蠟等寨之生聚於斯者，去官道僅二里，非九股苗猶然屯劄聚而不散也。" 我兵機事密，把截嚴，乘夜襲之，無慮苗多，所慮者苗漫散逃耳，勢必拽九股復來，而播兵亦來。播不來坐失九股之心，可逆睹也。有如播與苗復合，又屯劄五里橋，睥睨興隆城池，我兵復嬰城固守，則官道何時通，而坐困何時解乎？今合蒙兵、玀兵，鎮筸、鎮溪之兵，不下三千，掃除之後似不得不屯劄一大營，與之拒敵固守。如尚單薄，請亟催蒙楊二土官之兵四千，前來協守。又厚集偏橋之援，合偏橋、黄平、東坡三處之兵，不出七十里外，似可聯絡策應。若云六七千之衆，不能守一官道，則重安牛場之足我咽喉者，不獨一東坡站也。拒户守之，猶恐不給，何言大舉？此必争必守之衝，當早有决策。

——《皇明經世文編》卷四百三十三《徐楊二公疏》，載《四庫禁毀書叢刊·集部》，第 28 册， 590~591 頁

上總督備播

播酋自分罪在不宥，向所不即東衝西突，爲糾拽生苗未集，時而狂逞，移檄傳書，以恐恫我；時而卑辭乞撫，以嘗試我。今且分道入犯，使我疲於奔命，以先發制我。先焚劫東坡站堡，進逼興隆城，張疑兵犯黄平所，興隆危若累綦。及見援兵稍集，始撤大營解去，殘苗仍梗道，不數日而思石之龍泉告急，興隆之報稍解散者又報復聚，且聲言必攻黄平、偏橋矣。龍泉關係止於思石，若興隆、偏橋之間，非獨楚黔之咽喉，而滇南咽喉也。自東坡爲梗，而滇之上供自西來者不得北，黔餉自北來者不得西，差遣既絶，聲息杳然，職前具稟。此一線路乃必争必守之衝，非屯劄一營拒敵固守。即黔且坐困，無黔且無滇，何言大舉？今黔力既不支，楚援竟未集，事在燃眉，督責犄角，惟仰仗霜臺威稜耳。再惟黔兵原議四萬，今雖增至六萬，率係各處土兵多虚數，每萬僅可六七千，堪戰者僅可三四千，職去歲監軍昭平，實目擊之，黔中不獨防播，又所在防苗，隘口、渡口之把截，衛所、城池之防守，以及押運守營之類，合之見多，分之見少，無所不分，無所不弱，恐勞逸之勢既殊，衆寡之數復不敵，此一勁酋似未可以嘗試撲滅也。

——《皇明經世文編》卷四百三十三《徐楊二公疏》，載《四庫禁毀書叢刊·集部》，第28冊，第591頁

又上總督備苗

黔事孔棘，霜臺榮衛若身臂，而燭照情形在几席。自發難後，黔之精神，止收拾安氏一着，第酋所難，正在與賊絶。而所難於絶者，飛練之事，實合爲一幅。今雖寒盟，遽難改臉，我雖多方作使，必不能如播酋百計彌縫。且近日剽劫東坡、黄平，不盡播兵，多糾拽之苗，及借播爲名者。應龍尚堅壁在穴，安氏即無狐兔之疑，却恐亦不免勝負之顧慮，職所庶幾，其不敢退托者。大兵雲屯之日，烏合土兵，孰肯摧鋒先登，與賊争一旦之命，其當在安氏乎？曾以此諭之，彼亦無詞。脱得彼欣然矢力，即借我鷸蚌之勢收彼漁人之利，總之期于收功，則亦足稍稱塞霜臺之明威上賞矣。第此輩變態在瞬息，職猶未之敢必也。再惟播患在外，苗患在内，播今猶在藩籬，而苗乃在門庭，苗患未除，腹背受敵，安得一意從事於播？處苗不出，撫剿兩端，不移創之未易撫。第地未熟，期會不一，斒斒機方，動苗已覺，漫散入山。先，該劉參將率興隆兵襲臺臘等寨，賊早已驚覺，僅焚其空寨以歸，隨該水西兵攻破平岩，擒斬約六十名顆，稍摧苗鋒。第局面尚難結束，楚師未集，偏橋之援未厚，苗之猖獗與官道之梗塞未可知也。

——《皇明經世文編》卷四百三十三《徐楊二公疏》，載《四庫禁毀書叢刊·集

部》，第 28 册，第 591 頁

又上總督征播

比正月初六日，錢都司報，生員曾文學以計斬提調趙士登，時同事皆喜，職獨有憂色。十四日則龍泉報已不守，殺死吏目劉玉鑾，擄去土官安民志矣。側聞施南衛之兵尚未到，撫院已立督副將陳良玭領兵二千及新募夷兵毛宗慶等兵一千，馳赴救援思石。十六日見石阡同知張于鴻之揭未見告急，職從烏江探報者，云應龍於正月初二日點兵，不知去向，至初九日回播州矣，正與龍泉事相合。彼中府縣城池似無恙，且無廑台慮。童總兵以十二日到省，初議分布，將以李總兵督平越以東，童總兵督貴陽以西，適奉憲檄，撫院亟遣之，且馳赴思石調度，西顧無一兵，遂以單騎馳行。陳總兵亦以初十日從沅州發偏橋矣。龍泉不獨思石藩籬，實湄潭進兵咽喉，不即收復賊勢日張，彼欲散未散之人心復合，直出偏鎮，梗我糧道，爲力之難且百倍。欲復龍泉，遠水無救近火，必非調撥之兵所能濟，連日探得狡酋劄兵於烏江之新站刀靶水，又時常於老君關叫喊安氏兵借路，此直以疑兵牽我，且慮水西之搗其虛也。彼以疑兵制我，我獨不能張疑制之。今滇兵已到，似應督發屯劄馬鞍山，又調發新到募兵同羅寵等土兵屯劄馬場或三里堡，亟令水西點兵劄沙溪，仍請乞憲令督永寧奢兵向岩門劄雷鳴鎮，似進未進，烟動火不動，狡酋必不敢跬步出穴，龍泉之蟻聚可立解矣。賊散則龍泉居然舊物，或亦攻其所必救之一策也。職已力請撫院，遣發朱參將前往水西點兵，催促安疆臣之檄，相望於道。聞疆臣以十九日發鬼瞽師，後赴省劄七十營，以五路進兵，數在三四萬之間。曹副將至大方捧大賚，用鼓樂導迎，親見鳳氏伊母子鼓躍陳恩，自東還極感轅門非常作使，即非我族類，恐亦不得不效死力矣。惟是隴澄之賞未及，不得比於安之目把，其人視疆臣更勃勃，願霜臺無終遺之。狡酋盡括夷漢之妻子，上囤爲質，人心怨恨，各思投順，大兵至日必有雲集響應者，率先一二具揭報中。外尚意即前憲示中稱尚義者，前隴澄欲如趙士登故事，職不可，與其斬之使，後來者心疑，不若招之，使後來風動也。

——《皇明經世文編》卷四百三十三《徐楊二公疏》，載《四庫禁毀書叢刊·集部》，第 28 册，592~593 頁

又上總督水西助兵

黔中百事草具，祇奉師期。黔所在若破屋，不蔽風雨，賊欲衝突，何所不可，所牽制彼者獨水西，彼中苗夷所怯亦惟水西。次則蜀藺州東川芒部，賊每揚言安氏陽順上司

耳,已與我約定號頭等語以安夷心,其實防安不淺。今以上刻之兵,屯板山囤可知也。安氏母子,荷霜臺作使超格,曹副將之遣,正中肯綮,而陳恩尤感出望外。先是,安之舊夷目,猶有言漢把得賞,而我輩出力者,有言禄廣之事。楊酋曾爲安出力者,有言今日及楊,而明日當及安者,不無齟齬。陳恩置酒高會,力爲主持,云:“今日命出朝廷,騷動半海内,非我家希冀侵軼,業受督撫厚恩,何説之辭,不爾大者移師禍及我家,小則革主冠帶,戴罪殺賊,是汝輩貽主羞也。”各夷目始帖定。今初六日劄兵出渭河,而鳳氏親出以朵土婦出,諸夷目無敢不震慴矣。所分布進兵路道,具揭報中,然陳恩之意在主謀,無奈乃搗穴耳。職再四呼之,造膝細探,所謀亦是吹楚歌散黨涣群,就中取事,總不出霜臺招降範圍之内。而恩復有疑,恐謀功不若戰功,奇异日論功有説,職極口諭之,誠得如謀,省許多軍餉,全許多生靈,功孰奇於兹,督撫必能爲汝移咨説明,决不汝負。渠始釋然,計撫院必能詳布於霜臺,而渠即日似亦具詳以請矣。

——《皇明經世文編》卷四百三十三《徐楊二公疏》,載《四庫禁毀書叢刊·集部》,第 28 册,第 593 頁

上三院征播

初四日抵播,首經桃溪,循溪入賊衙院及諸尋樂處,規制幾萬厦,盡付一炬,所存者望月臺、垂綸放舟處、望鹿城、合抱古杉、垂楊夾道。入播自打銅街,歷獅子橋抵白田壩,一望但見瓦礫。入播治四牌坊,三層樓俱烏有,從煨燼中得其忠孝堂及家廟遺址,所未毁者,州後玉皇閣與龍山、香山、東山數寺。千年創建之播,一朝成墟,見者無不徘徊咍嗟。初六日間關抵海龍壩水西營,在囤後新闢之路,砍山伐箐,攀木緣磴,雖咫尺而迂迴三十里,非徒跣不可,只得暫劄外營。次日會川東左監軍登養雞城,望鐵柱關,是日酋以死報,信疑相半,職漫意酋死則無主必亂,囤上必有潰散投奔者,何至晏然如故。左監軍以爲然。督諸路兵鼓之城下,鋭炮火器俱發,城上石弩雨下,我兵被傷者不少,城下詰之云:“酋死且乞降,何以拒敵?”城上應云:“汝以炮加我,萬衆性命所繫,無奈以弩應。”其衆尚未離也。酋之狡百出,各路刻定時日,前攻後打,左擊右應,但一處歇手者,即以逗遛論,申嚴土司,屯劄囤脚,晝夜把截,脱在信地疏虞。雖曰不以賄行,誰其信之?密唤一二漢把,諭以大利大害,無敢不唯唯者。天稍霽,職即徒步入箐親監之,惟是共逐之鹿,有犄者必有角者,功在後路,前門實守之。功在前門,後路實逐之,兩翼可推,使人各得一體,則人争用命,脱大憝未縛,忮端已見。三省既爲岐路,一省又自爲岐路,不曰某兵可不必用,則曰某將可不必來,恐有專功者,即有隳成者,雖有發蹤,不遣追逐,是在霜

臺一條布之，則以數十萬衆合圍，蕞爾一囤，賊雖欲以詐死緩須臾之死，必無幸矣。

——《皇明經世文編》卷四百三十三《徐楊二公疏》，載《四庫禁毁書叢刊·集部》，第 28 册，593~594 頁

上内閣沈蛟門征播

自去冬黔中之警報相望於道，甚且一夕三至，緣兵力之最貧而弱者，無若黔。地勢之最近而平，易於衝突者，亦莫如黔。龍泉、黄平則尤逼近虎穴門户。狡酋乘我兵未集，將未到，今日聲攻龍泉，明日聲攻黄平，今龍泉竟被殘破，思石、婺川之城池，且危若累綦。越在千里，援亦弗及，獨計有不援之援，攻其所必救耳。力請撫院，將省城近兵移劄，立檄水西安疆臣，點兵劄沙溪。立遣朱参將往水西催督，又力請總督檄永寧奢兵劄雷鳴鎮，欲進未進，烟動火不動。總督復益以南川綦江之兵擾之，賊聞果撤兵歸巢，婺川孤城尚得無恙，則牽制之明效而酋之不能首尾相顧可知也。思石屬楚哨偏橋信地，今大將軍陳璘已到，聞龍泉警，馳赴思石，偏橋之楚兵亦漸集。春雨將淋，蜀中不能日費千金以待黔，分布粗具，擬於二月初三日誓師，至期則總兵李應祥，副將陳寅、王鳴鶴或亦踵至矣。黔省會逼近酋穴，僅隔一江，所恃無恐，不至驚動，則水西安宣慰之力，唇齒狐兔之疑，人猶不能釋然於安。近據其出楊酋責望於彼私書，及某先後探報，楊酋現修板山囤，專爲防安，而以萬七千同心上刻之兵，專備安氏，則酋之疑安可知。安之區區亦略可概見。某作使之不遺餘力，細察其意，亦欲圖美名，規厚利，業已蒙被不測恩宥，廟堂且隻目而望之。渠所主持在陳恩、王嘉猷等，某時呼之造膝，兩漢把唯唯，不以間諜，則以力戰，始終不敢退托。人言彼欲收漁人之利，由某管窺，誠得彼功收漁人乎？斯亦足稱塞威稜，西南所禱祠以求者也。第謀則酋防護甚密，戰則困獸必鬥，恐安尚不自必耳。所幸彼中衆叛親離，邇來通細作，乞牌諭，乞免死票者，接踵如雲。狡酋百計，於各渡口把守，不能禁也。至如苗患在腹心而九股爲最，方有事於播，剿之既難，撫亦不易。某計發犯官繆思忠、劉之屏等授之機宜，俾得出死力自贖，今已撫出其頭目一十四人，而領其渠曹、錢擂等四人詣撫院投見，插血誓刻，願效把截，所不可化誨者，黄岑寨膽自知罪重之殘苗耳。聲威一壯，自當帖然。

——《皇明經世文編》卷四百三十三《徐楊二公疏》，載《四庫禁毁書叢刊·集部》，第 28 册，594~595 頁

言川貴總督揭帖川貴督臣

題播州之亂，仰仗皇上神明威武，悉行剪除，惟是善後宜尤貴詳慎：

總督李化龍，蒙允回籍守制，頃廷臣會推堪任者，皆舉京營尚書王世揚，因不可無陪，而舉貴州巡撫郭子章爲陪，以其在彼有功也。適李化龍來言，宣慰安疆臣，恃有前功，妄冀厚賞，不可無以裁之，臣等因而共籌。皇上若用王世楊甚善，若用郭子章，恐子章于此有難處焉。蓋安氏與楊氏接壤世姻，聲勢依倚，楊氏發難之時，天下疑安氏爲助而安氏又與貴州甚近，安若助楊，無論楊不可誅而貴州省城亦不可保，故當時定議，務收安氏之心，使之爲朝廷用而不爲楊氏用。又不欲使安氏獨成其功，致令挾功要賞，氣勢益張，或觖望生心爲患叵測，故一面使郭子章于貴州竭力鼓舞，推心結納，令其建功以報朝廷；而一面李化龍徵兵四方，恭行天討，以示朝廷用兵不可藉土司之力。蓋總督裁之以法而巡撫收之以恩，兩相濟而後安氏始入掌握中也。夫天下之人，威之入于恩也易，恩之入于威也難，子章之于安氏，方以恩收之耳，豈可遽以法裁乎？不裁必恃恩而多求，裁之則生怨而啓事，故子章之爲總督勢不便也。惟特遣一重望大臣，則可以據理而折衷，奉法而定制，亦可因而操縱，以行其控禦之術，此定西之長策也。臣等愚意，仰祈皇上俯采僉謀，點用王世揚俾往總督，而令郭子章照舊巡撫，與總督同心行事，于計爲便。蓋楊氏未滅則憂楊氏，楊氏既滅則憂安氏，天下之事，善始不若善終。皇上宵旰憂勤，以成大功，而臣等處置一差，恐後虞猶在，不敢不盡言也。

——《皇明經世文編》卷四百三十五《沈蛟門文集》，載《四庫禁毀書叢刊·集部》，第 28 册，第 626 頁

請四川罷兵疏四川罷兵

奏爲時事孔艱，用兵非計，懇乞聖明，主持鎮静，以保治安事：

臣等近見四川撫臣喬壁星二疏，一爲恭報藺印已獲，叛惡未擒，并陳隣酋無端，狂悖暴虐，謀爲不軌之狀，乞賜剿捕驅逐，以彰國法，以絶禍本事；一爲隣司黨逆流禍，黔、蜀疏報异同，謹據實直陳，差官宣諭始末，并不得已用兵之由，懇乞聖明垂察事，今俱奉明旨下部矣。臣等見二疏，大意謂安堯臣始而匿印未獻，今印獻而閻宗傳未擒，欲用兵剿捕，而以貴州按臣馮奕垣參疏爲非黽勉同心者，此固封疆之臣，欲申天威讋遠夷，其意誠忠，其氣誠鋭，而臣等竊以爲未可也。臣聞佳兵不祥之器，兵之所處，荆棘生焉，自古諱言之。至於馭夷，所貴蕩佚簡易，蘇軾曰："夷狄不可以中國之治治也，求其大治，必至於大亂。" 此非書生常談萬世用兵馭夷之道，實無以易此，況今天下何如哉。頃邊餉告

急，户部求借太僕寺馬價，明旨初許三十萬，該寺與兵部連章極口告乏，姑令括老庫及東西二庫十五萬與之，此區區十五萬者，而其苦難已如此矣。加以處處水灾，處處空竭，即欲用兵，皇上試問，川貴能自餉乎？抑將取之太倉乎？將再取之太僕乎？將令別省協濟乎？武臣好事喜功，瞋目語難，乃其常態，如侯國弼、張神武輩，利在自卦，計畫未必可從，才勇未必可用也。即一二兵道不過儒臣文吏，臨敵當幾或非其所長也，則又誰與領此者乎？臣等竊見安氏功不可泯，而罪尚可貰，印已獻矣，崇明已管事矣，兵已撤、路已通矣。即與崇明怨恨未消，仇殺未免，此皆可以勿問。大都今天下事勢，如人患虛症，秖宜將息，昔賈誼誚絳灌諸臣曰："毋動爲大耳。"其言欲繫單于之頸，笞中行説之背，豈不快心？然文帝不用，而用絳灌，忍匈奴謾書之辱，諭南粤以共弃細過，偕之大道，誠有味乎？毋動之指也。後來光武閉玉關，謝西域，宋稱仁宗兵以不試爲威，其指皆本於所謂以無事治天下者。况國家當多事之後，今年征倭，明年征播，生靈陷於鋒鏑，帑藏竭於轉輸，方且日尋干戈，惟敵是求，孔子所謂季孫之憂，不在顓臾，而在蕭墻之内者，此勢所必王。莫謂臣等今日不言也。若必欲挑之激之，使無所容，至於不可赦乃曰："吾固知其必然，惜用兵不早，惟幸其言之驗。"此則非忠於爲國者，諸臣必不爾，亦非臣等之所知也。

——《皇明經世文編》卷四百三十六《朱文懿公文集》，載《四庫禁毁書叢刊·集部》，第 28 册，633~634 頁

宣府巡撫大中丞新城王公生祠記撫宣功績

莊皇帝朝，虜酋款塞，迄今雲中上谷，寢燧醳兵，幾四十年世，皆知襄毅王公之略，而不知襄毅之後又有二王公，其一廣平王公，其一則今所生祠新城王公也。新城王公者，瑯琊之裔，閥閱甲於齊魯，大父灤川公在嘉靖間以山西……公由分守建節居鎮十有三年，會播州初平，以威望廷推擢川貴督府去。蓋自款後任上谷事，無如公最久。先後所當，亦無如公最難，難者則將吏之以款狃也，大虜之以款挾也，持文墨議論者之欲以節縮見功也。

——《皇明經世文編》卷四百三十九《于文定公文集》，載《四庫禁毁書叢刊·集部》，第 28 册，665~668 頁

爲灾旱异常備陳民間疾苦懇乞聖明亟圖拯救以收人心以答天戒疏諫止礦税

……竭天下礦税之額，大略百萬，有如一方有警，如寧夏、播州之役，不知所費止此百萬否。天下貢税正額四百餘萬，有如一方有警，各處效尤，征之不前，運之無路，此四百萬者皆能依期至否？平日惟恐天下之財不盡歸内帑，如遇有事，不知内帑之財亦發

以應天下之急否？

——《皇明經世文編》卷四百四十《馮北海文集》，載《四庫禁毀書叢刊·集部》，第28册，第680頁

四川异常困苦乞賜特恩以救倒懸疏采木榷使征播

臣惟川中有大苦，一曰大木之苦，采木初檄有云："招商采買大木，無與小民。"聖明愛養元，元意誠篤至，顧勢有不能者，蓋大木不産于中土，而産于夷巢猥窟巉岩復澗之區，仰若登天，俯如墮井。尋采則扳躋險惡，拽運則履蹈艱難，固非一官一吏所能荷肩，亦非十人百人所能負載者。客商無多，則以土商代領。大户有禁，則以義民殊稱，其實皆民也。夫民既同，不得不派以木夫，木價既少，不得不折以夫價，其實皆取之民也。督木之令急如星火，民何敢漫于上供，染指之條畏如皆阱。官亦不敢擅于科歛，欲求遠嫌遠謗，聽其私議。而夫工食有派至八九金者，有多至十四五金者，吏胥因而漁獵奸猾肆其誅求。時蓋雞犬靡寧，追呼相望者，木夫就道，子婦啼號，畏死貪生，如赴湯火，黔寧二廠尤屬濱夷，獨是黎杇，全爲窄地，索橋競渡，節至淪亡，夷落勒錢，半爲焚劫，洗河既費，過渡更難。若非水漲龍行，定是百年難出。且嵐烟瘴地，面房一觸輒僵，溝壑委填，道途暴露，尸流水塞，積骨成山。其偷生而回者，又皆黄疸臃腫之夫，略似人形，半登鬼録矣。以一縣計，木夫死亡約近一千，則合省亡夫不下十萬。木夫工銀每縣約近二萬，則合省夫銀不下二百萬。既以剥民脂膏，又以戕民壽命，遐邇痛哭，扼腕撫心，故曰：采辦之苦，此一也。一曰榷使之苦，國家征商有要地，抽税有專責，近來各省直添設税務中官，若魚鱗然，網益密矣。以川省言，定税銀三萬兩，每州縣量派各數百金有差，自市井場鎮，絲布米鹽，食店酒沽，下及菜傭草履，無不有税。間架過唐，青苗逾宋，錙銖盡筭，額課始充，州縣解諸藩司，藩司解税府，税府進于朝廷，此定額也。外有濱江衝要、州縣二十餘處，則太監私委私抽，又在額進之外，數較益多，蓋太監丘乘雲住坐會省。各處遣税官猶一人，而税官又旁招無籍各數十人，布爲牙爪，此輩豈皆奉公守法？惟欲暴歛横征。每商至呼衆齊登，逐籠開盤，任情攫取，稍不如意，輒加以嚴刑。略不快心，必中之奇禍，憑凌城社，莫敢誰何，出没鼠偷，豈能自饜。然皇上之税十之二三，而税官之取則十之八九，奪遠商之帛鏹，濟群小之狼貪，皇上亦何利焉？且商人自蘇州、滸墅、常州、鎮江、上清、河湖口、天寧洲、城磯、伍家缺、團豐、白羅山、武昌、荆州、夷陵、新灘、巴東二十餘税入蜀來，巫山、奉節、萬縣盈盈咫尺，更税三番，工度重慶、合州、閬中、瀘州、叙州、嘉定、新津流等處無不有征，一舟而經三十餘關，一貨而抽三十餘次，商人不惟靳其息利，

且折其毋錢，咸疾首而不樂江湖，呑聲而不通貨賄。記曰：“易關市，來商旅。”語曰：“竭澤而漁，後必無魚。”臣懼商旅不來，而澤魚必竭，故曰榷税之苦，此又其一也。三曰大兵之苦，播酋謀逆，罪惡滔天，破我綦江，殯我將帥，屠城若肆，殺人如麻，山塹尸填，河流血赤，纍纍白骨，浮蔽瞿塘，一時惴恐，全省䑶𡖅。皇上赫然震怒，特置督臣，調邊腹雄兵五十萬，分道齊驅，擒斬疊報，釜魚穴鼠，殲殄有期，然川民亦大荼毒矣。兵馬經過，人民逃竄，廬舍盡毀，村落無烟。渝州一帶，魂定于驚惶之後，命蘇于垂死之餘，聚散靡常，悲喜乍別。有田地荒蕪，而耕種無力者；有青苗盻望，而蹂躪無存者。啼飢號寒，殆甚于戊己歲矣。北自保順，東自夔梁，兵將一臨，騎馬輒至數百匹，歸農里甲，復攝在官。有騎馬一站，而僦銀至二三兩者。有官馬一頭，而幫銀至四五十兩者，兵所不至之處則調馬各數十匹，協濟彫疲軍站省會衝衢，而骨立難支，倒暗塞路，居行蓋兩困矣。兵興以來，銅鐵軍器，粟芻煁炒，布綿絮枲，衣甲線麻，以至豆料、火藥等項，無不需于民間，官價雖多，民累豈少，至運米缺役，病更甚焉。每夫一名約運餉米三斗，募民非銀兩不行，一縣夫約三千名，則夫價不下萬兩。丁粮每石貼銀二兩，一縣丁粮約萬石，則貼銀不下二萬兩。一縣如此，百縣可知。然此猶曰費若等之財耳！前松坎運餉回夫，出山夜喊，我兵誤以爲賊，而截殺者無筭。近者南川餉夫，入近金紫，懼賊復發而殺者三千，賊衆旋亦殲斬，然我餉缺乏，死者已無生矣。故曰征討之苦，此又其一也。夫是三苦者，偶值其一，民猶得以撑持，連遭其二，民已難于疲命，今迺三番迭見，真是十室九空，而蜀土之民猶不至爲變者，則以歲事尚幸豐稔也，又以逆酋可旦暮平也。脱有二三年之旱，則救死不暇，使計官儲，歲額難供，豈遑額外，又倘有曠日經年之師，則馬力既竭，豈可伏鞭？心肉已剜，那堪再割？臣想此民惟有鬻妻賣子，苟延逃竄耳！倘又乳哺之不加，蠶食之無已，則物窮必反，事久變生。臣恐勝廣猖狂，鄢藍煽動，國家之患，不在播而在民矣。播酋猖獗，方借我爲名，而我魚肉窮民，爲之毆逐，則外呼内應，決裂難收。近閲蜀中奏報，威州玉壘隤崩、山流冰湧，松潘地維頻震，合江天鼓雷鳴，酋長孟董塞入境殺人，土司馬應龍聲言内犯，人妖物怪，大可寒心。皇上西顧拊髀，能無動念？又惟川省庫積，久號豐盈，而近漸消耗，大木之銀可三百萬，多郡縣派加，而庫發者止十有二。征播之費，可四百萬，除欽發内帑，索價南滇，借資留都尚不足者十之五。近且檄下各郡縣搜括庫貯，無碍羡餘，悉解布政司充軍餉，而府庫在告空矣。又各郡縣義倉、社倉及常平、預備倉廒處處告匱矣。其在民間，每丁粮一石，雜項重料率加往年五倍，今又每石加銀一錢二分，髓竭皮空，銀將安出。而倉穀之發，又散民間，易以鮮員，加以升斗，賠累甚多。舊穀更起新粮，每粮一石，預征米以十之七。禾稼未登，催科已逼，糊口尚缺，揭税難支，而民間又在在告竭矣。倘或猝有水、旱、盗賊之灾,則給發用銀,而守藏無銀可給。周賑用穀,而有司無穀可周。勸借用民,而小民無餘可借。衹令封疆之臣,摇手頓足,莫可爲策,則進退安得不狼狽,戰守安得不阽危,此其憂不在民,而且貽之國矣。伏願皇上軫念川中用兵之苦,不异貴州,貴州税務中官,業已寢停未遣,引領恩覃一視。遠將四川原差太監,撤回京師,即各遍野沿江之税一切報罷,霾叢黎庶,喁喁慶更生。萬一聖意難于盡罷,擇其川江地衝聚去處,會撫按委官征取,靳足原額,以佐軍需。其餘偏僻地方,不係商賈輳集者,禁止勿榷;至三殿大木。懇將舊蓄梗楠,搆造以壯皇居。俟播平十餘年後,瘡痍既起,元氣既充,方興采木之役,仍着令動支庫貯,不派民間。即派民間,亦必給商采買,萬勿驅民深入就死。如向日人財兩空,則四川赤子,枯骨復生,倒懸立解,無不雀躍呼賀聖明,邊鄙無虞而廊廟有濟。臣不勝待命之至。

——《皇明經世文編》卷四百四十四《王都諫奏疏》,載《四庫禁毁書叢刊·集部》,第 29 册, 16~19 頁

稽財用匱竭之源酌營造緩急之務以光聖德以濟時艱疏節財六事

臣聞天子富有四海,琛獻萬邦,衆民廣土,無改於前,而帑竭藏空,大殊於昔者,何也?蓋歲入僅四百萬,而歲出輒至四百五十萬有奇。居常無事,已稱出浮於入,年來意外之警,不時之需,皆因事旋加,舊額未有。如寧夏用兵甫數閱月,約費餉銀一百八十七萬八千餘兩。朝鮮用兵首尾七年,約費餉銀五百八十二萬二千餘兩。又地畝米豆援兵等餉,約費銀二百餘萬兩。平播之師,未及期年,約費餉銀一百二十一萬六千餘兩,連川中湊辦共約二百萬三千餘兩。

——《皇明經世文編》卷四百四十四《王都諫奏疏》,載《四庫禁毁書叢刊·集部》,第 29 册,第 24 頁

敬陳戰守大略疏戰守機宜

臣惟今日制賊之説有三,一曰恢復,一曰進剿,一曰固守。當開原初陷時,鐵嶺北關尚在,汎懿蒲瀋未逃,法當亟復,開原全我家當,今破者破,空者空,徒分數萬人馬守各空城,無一人民居住,何益?似不如合兵并力以剿爲先着,何也?剿固無俟于復也,顧以此時漫談進剿之事,何敢草草,似又不如分……以壯中堅有事策應四路,以作外援,又于海州三岔河設兵一萬,聯絡東西,以備後勁,金復設兵一萬,防護海運,以杜南侵,此征行居守之大略也。臣考征播之役,用兵二十餘萬,及圍楊酋于囤上,猶用十五萬衆。今賊改

元僭號，已并有兩關灰扒魚皮、烏喇惡古里，亐知介何伊難一帶，海東諸國兵衆，又令降將李永芳等收集三路開鐵，降兵萬人，計兵已近十萬，强播數倍。

——《皇明經世文編》卷四百八十《熊經略集》，載《四庫禁毁書叢刊·集部》，第29册，第422頁

選議將領疏選將領

據四川布政使司呈奉臣紙牌，據叙瀘道報稱，逆賊逃回之日，黨衆尚有六萬。渡瀘僅止一萬，餘俱潰散。崇明獨卧一小床，偷走茜草壩回巢等，因爲照逆賊既歸巢穴，勢必糾合隣司犯我。若不先剪重慶，斷其犄角，而宿重兵於瀘，合仁納，以待并剿，則門户得以出入無忌，且將復聯渝州，至於省城重地……原設叙馬瀘參將，當循例增置，以當正西一面。又合江當賊之北，上而仁懷，下至落洪，赤水衛綦江，皆賊必由之路，水陸兼通，若無重兵防堵，則賊牽制瀘陽，而暗從北出，合江何以能守？播亂時原設有合江參將，仍宜急補，以成叙、瀘犄角之勢。第十軍九帥，事多推諉，各路信地，俱當專聽約束，方可齊一以責成功。

今查得原任鳳陽列衔留守今協守南城范繼道、名色把總今協守北城薛來衍，此兩員者，在城守能保障乎一方，在出征可决勝於千里，合無以繼道題管叙馬瀘參將事，自仁懷以上至鎮雄聽其分布。以來衍題管合江守備事，自仁懷以下至綦江聽其防禦。其兩路兵馬各聽提調，則官得其人，人得其官，可戰可守，其以固疆圉而殲醜賊，大有裨矣。其員缺候事，平日另議裁革等因，回覆到司，該本司左布政使周著，看得會城簡練營兵以爲防，而石砫願往重慶以恢復，無容復議外，惟是瀘州乃奢酋出入門户。叙馬通乎烏蒙，合建達於古藺，而鎮雄夾雜其中。箐險山高，夷多漢少，合則狐兔，遽難以夷而攻夷，來若蟻蜂，必須闌入而闌出，則選能將、督勁兵，以遏瀘州賊突之路，委爲急着。查得南城原任浦口備禦新加衔副總、原議管永寧參將事范繼道堪授以叙馬瀘參將，凡叙馬建武一帶之兵，聽其約束，庶賊不能以精鋭再出江安納溪，蹂我内地，至於合江亦徑由夾子口，直抵奢酋巢穴。上達嘉叙，下接重涪，亦委須一將一，隊爲瀘犄角。查得加衔游擊薛來衍堪授以合江游擊，其江津、綦江一帶，俱聽應援。考諸征播，蜀之東南，守城護餉，各增兵將，而今日事勢，委當亟爲設立者也。等因呈詳到臣，該臣議照抗敵摧鋒，固需將領，而分疆畫守，宜設偏裨。昔年播亂，僅陷綦江一邑，自處賊巢之中，尚調各省大兵，增置將官若干人，方奏蕩平之績。乃今藺賊蹂躪州縣四十餘處，東衝西突，全蜀震驚。蓋以將領寥寥，事無專責故也。查得永寧一帶與水西、烏鎮等處比鄰，原設參將，久已報闕，當

茲逆賊狂逞，鄰夷蠢動之時，則設偏裨以資彈壓，誠不容緩。應自仁懷以至鎮雄、叙瀘、建武一帶設參將一員，至於合江，征播時設有參將，此地既爲藺賊出入門户，又當重涪上游，思患預防，尤宜備禦，亦應設守備一員。各畫地分理，及照范繼道、薛來衍，皆一時名將。在繼道以酋亂入省，在來衍以隨父還陝，經過成都，二官遂同在圍城中，日夕登陴，分門戰守，各一百晝夜，勞苦備極。今見在督兵剿賊，各擬事平優叙，合無即以范繼道管叙馬瀘等處參將，薛來衍以合江等處守備管參將事。此二臣者，皆可防邊討藺，用寄干城，伏乞敕下，兵部再加查議。如果臣等所言不謬，覆請將范繼道實授參將，薛來衍實授守備，各照信地，彈壓分理，仍各統兵剿賊，俟事寧另議改補，儻效有奇績，破格優叙，地方幸甚。

——《皇明經世文編》卷四百八十六《朱司馬督蜀黔疏草》，載《四庫禁毁書叢刊·集部》，第 29 册，488~490 頁

查明蜀省二界疏水藺地界

一曰遵義府沙溪地界，遵義道按察使盧安世、畢節道副使王台彦、總兵官王國禎會勘得遵義之有沙溪、天旺里也，在平播時已定，乃水西嘵嘵其詞，必欲以萬曆年間李察院之疏爲憑，及簡閲原疏，夫亦何嘗不明？疏内有"遵義縣、清潭、沙溪等里"，字面又云"自渭河至沙溪場陸目之地，令水西照舊住種認粮"等語，乃知同一沙溪，而一河爲界，在東爲里，在西爲場，至彰明較著矣。……隨將沿河一帶立碑七座，西水東遵，界限分明，從此以往，遵義舊民可以復業。而每年一千有奇之粮，不累别里，包賠可了數年未結之局矣！然而職尚有説焉，遵義今雖新疆，原屬播土，已非腹裏安盂之地。

——《皇明經世文編》卷四百八十七《朱司馬督蜀黔疏草》，載《四庫禁毁書叢刊·集部》，第 29 册，505~506 頁

東征紀略征奴

己未仲春，二十有二日，出師先一日，京師大風，黄沙帶雨沾人衣，赤雲翳天，天文家云："色如屠血，其國兵大敗。"他占不載，朝議欲改師期，而已無及。經略公用古行師法刻日編陣，一軍出西方，一軍出西扎。一軍與北關會，擣奴酋之北。一軍將海師合高麗，攻其東。西師大帥杜總戎松，而劉總戎綎將西……參知巡金滄，見劉列駿馬五十餘，跳躍其間，來往輕于舞蝶。當征關酋時，於大營斬三大牯，頭隨刀落，刀三提而已。征東後，平播酋功最上，議者擬匹寧遠功，會獻俘所上，惟象床三十六，他物率不稱，聖天子心

疑經略已下有私，遂停賞格，最後官川中，茂著成績，挂簡東歸。予不識其面時有楚行，劉泊舟九江，赴司道宴酒半，將家丁五百習戰藝場。家居，日費私財五十金養死士，蓋一日不亡報國者，酋素畏杜，稱曰太師，而不知綎威名，自將精鋭三萬人應杜，而使別將將弱虜萬餘禦劉。杜先戰，期三日抵渾河，渾河虜險窮處從坦地橫絶其中，以分東西者也。

——《皇明經世文編》卷五百零二《宋幼清九籥集》，載《四庫禁毀書叢刊·集部》，第 29 册，第 673 頁

孫應鰲全集*

孫應鰲

嘉靖戊子，舉南畿鄉試。壬辰，登進士，授户部主事。丙申，改擢兵部，再擢四川按察水利僉事。播州土酋私饋金，立叱出。

己亥，擢貴州提學副使，作《聖諭衍》，寓約束，好士愛人，真氣流盎。於是士知崇正學，莫不飭名檢，賢者勸，不肖者愧且革。奏普定十四衛廩生額，奏改湖廣清浪五衛附貴州試。城中黠民易棐若而人匿宣慰土酋所，不逞。巡按趙方厓公大佑捕之，宣慰土酋糾衆揚亂爲挾持計，自巡撫下莫不謂當撫。先生正色曰："寧亂而斃我，撫無可行也。" 命人諭以法，土酋戢衆遄歸。

——《孫應鰲全集》卷四，第 4 册，第 80 頁

* （明）孫應鰲撰，趙廣升編校整理:《孫應鰲全集》，貴州民族出版社，2016 年。

賜閑堂集*

贈李中丞平播

百道徵兵赴夜郎，九重推轂藉鷹揚。横戈屢奏王師捷，借箸深知廟策長。斧畫千年開郡縣，丸封萬里奠要荒。衛公勛業紆宸眷，劍履從容入建章。

——《賜閑堂集》卷六《七言律詩》，載《原國立北平圖書館甲庫善本叢書》，第798册，1274~1275頁

壽大中丞支公七十序

今上紀元之丁未，大中丞簡亭支公春秋七十，公盖里居數年而始及古大夫致事之期，慕公者以公勇退爲高，惜公者以公不究用爲歉，而余夙與公同朝爲姻家，有世不盡知而余獨知之深者，則觴公，而侑之以詞人之言曰：士大夫出則效用，非智術輻湊旁通而善應則功不立，非意氣激烈高視而遐舉則名不章，挾此兩者于世，世重之矣。然以智術赴功則權譎巧幻之士争奔走焉，以意氣弋名則夸毗躁競之流争置力焉，究乃習機械而漓本真，趨徑竇而疏檢柙，非所語于君子長者之道也。古大臣不然其行，履顓固識度凝遠，含弘而博大，樸厚而真純，雖是非、利害、糾紛、轇轕于前，百掣之而不撓，百撼之而不沮，内不驚于神，外不暴于迹，心口自語，毁譽兩忘，要以冲然、漠然之天游于當世，斯國之典刑，而人倫之翹楚也。乃今吾見于支公，公始對策大廷，業首擢而竟失之，公無少望，爲春曹尚書郎練習朝章，持重得大體，同舍郎咸謝弗及。而竟循資外遷，已歷督學，參名藩，入副京兆，所至卓有聲績，其陟撫臺，衆謂之晚，而公深自遜謝，意泊如也。當撫楚時，中璫以采榷恣漁獵，貪黷暴横，猰貐其民，民汹汹幾變，公與直指，抗疏論之三四，上

---

* （明）申時行撰：《賜閑堂集》，載中國國家圖書館編：《原國立北平圖書館甲庫善本叢書》，國家圖書館出版社，2013年。

不報，然公不以疏草示人，人或有求多于公者，公曰："吾爲百姓去，一横豎猶孽孤豚耳，何足擅搏擊稱而欲張之耶？"即同事藩臬具悉公指，稍稍白公苦心，公不一置辨也。征播之役，公部分卒伍儲糗轉餉，刻期當發而忮者陰狙獲之，則謬其説，曰："會城去播遠，撫臣宜坐鎮不宜征行。"乃創立軍府于辰沅，别有所付授，後至者得因公遺策，藉公所治兵餉率以擊賊，五日而捷。聞擱然受上賞，人或爲公不平而公無幾微見于詞色，比勘功疏上，優詔欲起公，猶有掎扢之者，公若弗聞也。夫憑城之狐、負嵎之虎，公業已彈射而挫折之，則不畏强禦，孰有如公者？而公欿然不有其名。運籌决勝先事，而預圖已，乃執訊獲醜，著燀焞之烈，大抵皆公力也。而公退，然不居其功。其于世所奔趨戀慕計取而力攘之者，視之若浮苴敝屣不以屑意，及其得請而歸，優游順適于寂莫之鄉、寬閑間之野，玉峰以爲香山，婁江以爲渭濱，以游以釣，殆超然于物外者，海内稱君子，長者翕然歸，公豈與夫任智術、憑意氣、隨世功名而不能釋然于進退者同日語哉！書稱天壽歸之平格，詩言："介爾景福本之靖，共公以靖恭居位，以平格宅心，進不汩其和，退不渝其素，其必介景福而膺多壽無惑也。"公雖勇退而不究于用，乃天固佑之矣。

——《賜閑堂集》卷十四《序》，載《原國立北平圖書館甲庫善本叢書》，第799册，1442~1443 頁

答王霽宇總督

川播禽獮之後，仰藉高賢以撫戢凋殘，安定反側，此不惟地方之幸，而朝廷恃以寬西顧之憂，殊慰。頃閲邸報，見清理疆界之説，尚属紛紛。門下欲振國威，以讋服强梗，使永絶狡焉之思，忠謀偉略，令人欽仰。第區區管見，以爲夷方要在羈縻，漢法難以純用。安氏所侵播地，聞已多年，平播之師頗嘗效力，朝廷寬其舊過，而録其新功，姑置不問，以安邊疆，于計未爲失也。恃在世愛，并承下問，惓惓敢以臆對。

——《賜閑堂集》卷三十八《簡牘》，載《原國立北平圖書館甲庫善本叢書》，第799 册，第 1951 頁

答邢昆田總督

播州之役曩奉尊教，深慨鄙夷么麽小醜，安敢怒臂而當車轍，惟在事者多方激之，寧有撩虎狼而不反噬者。假令勘處之後，以無事鎮之，何至徵兵轉餉、暴骨流血、騷動三省、搶攘數年而後定乎？朝鮮之事既已敗倭，衆復王京還所鹵掠，則天朝所以保全屬國恩既渥矣。至于思患預防謹守封域，此自屬國之事，中國不宜爲之，設官戍守，竭海内

之力以殉之,此後來謀國者之誤也。今目論者既不審顛末而意忌者,復輕信訛傳諂訕之口,至今猶安及門下,尚謂有公論乎？承諭極知任事苦心要之,自信于心不愧于天耳。幸無芥蔕于懷也。

——《賜閑堂集》卷三十八《簡牘》,載《原國立北平圖書館甲庫善本叢書》,第799冊,第1955頁

川、貴土司首安氏、次楊氏,皆以兵力盛强、蓄積富厚相雄長,諸土司皆憚之。安氏在嘉隆間小有反側,朝廷下詔切責,第令服罪削職,取羈縻而已。惟楊氏世稱恭順而應龍稍桀黠,自其祖父時,頗招納内地游俠及犯罪逋竄者爲之腹心爪牙。凡七家皆有室廬田産,長子孫成大姓,應龍心惡之。既襲職,皆擯不用,更虐使之或加誅戮。七姓忿怨,率逃入五司中。五司故隸播州,而諸長官怨應龍特甚,七姓者復從中慫恿,乃數奏應龍罪惡。部覆行兩臺會勘,兩臺所委府佐及兩司首領皆以土官爲奇貨,多所需索,數以計困之,嘗期以某日入境,候勘應龍如期至,委官故遷延不行,度應龍且去則猝至,以跋扈不服罪之,必得重賄乃已。以故應龍每赴勘若就刑戮然,兩省有徵調,朝奉檄而夕發兵無敢後,時未有不臣之迹也。時貴州撫臣喜事者入五司膚愬,欲用兵偕按臣以疏請余力止之,謂應龍雖殘虐,但行于所部未有逆節于朝廷,祖宗朝從來羈縻,不以漢法治也,部中遂寢其奏。久之,蜀撫以他事檄召應龍下之獄,獄吏卒備加窘辱,取索不訾,應龍大恚恨。會東征事起,石司馬請釋應龍,令帥所部兵立功自贖,既而罷之。撫臣復召應龍就獄,辭不至,乃遣兵深入逮捕,應龍據險拒敵,殺傷官兵甚衆,尋攻破綦江,勢甚猖獗。詔發三省兵及調旁近土司討之,復添設撫臣開府辰沅加蜀撫總督軍務,逾年遂平。播州設遵義府,然三省財力耗費以巨億計,楚蜀之間繹騷甚矣。嚮使委官不索賂,應龍不繫獄,調則必赴、召則必來,何至稱兵叛逆悍然不顧乎？挑釁啓禍,必有任其責者,故好事喜功、窮兵殫財非國家之利已,事可永鑒也。

——《賜閑堂集》卷四十《雜紀》,載《原國立北平圖書館甲庫善本叢書》,第799冊,1981~1982頁

雪鴻堂詩搜逸 *

送播州顔生游燕作

夜郎之城大如斗，繞郭寒烟閟春柳。憶昔王師東下時，戰血猶腥白石口。

——《雪鴻堂詩搜逸》，載《黔南叢書》（第四輯），第 24 頁

送郭青螺公俞告還豫章

澹烟芳草送征輪，自是高堂有老親。定省百年蒙聖主，安危萬里仗勞臣。

陶潜賦就寧因菊，張翰歸歟不爲蓴。出處於公關世道，還看白髮照麒麟。

伯璣曰：“如此一首亦足，近人便要四首，安得有詩情哉！”

按：郭公名子章，字相奎，號青螺，又號蠙衣生。泰和人，隆慶五年進士，萬曆二十七巡撫貴州。時播州楊應龍叛，前撫江東之以劾罷。子章至，事事有備。播平，功居多。後奏討貴、龍、平、新間仲苗及思、銅間水銀山叛苗，平之。三十五年請終養，九上疏，再越歲乃得行。莅貴州凡十年，所設施動中民隱。尤喜獎拔士類，經其品題，率成名。宿著《黔記》六十卷，稱詳贍，有陳見義、丘登之二《序》載《省志》。既去，貴州人爲建生祠七所，水西安氏復建懷德祠於大方，安福鄒德溥爲《記》，亦載《省志》。官至兵部尚書。田雯《黔書》云：“黔之名宦，明青螺爲之冠。”

——《雪鴻堂詩搜逸》，載《黔南叢書》（第四辑），64~65 頁

* （明）謝三秀著，黃萬機點校：《雪鴻堂詩搜逸》，載顧久主編：《黔南叢書》（第四輯），貴州人民出版社，2009 年。

劉貴陽遺稿 *

遵義,古播州地。明神廟時,長垣李化龍剿平楊應龍,初置郡縣,屬川省。

——《劉貴陽遺稿》,載《黔南叢書》(第六輯),259~260 頁

* （清）劉書年著,蒙育民等點校:《劉貴陽遺稿》,載顧久主編:《黔南叢書》(第六輯),貴州人民出版社，2009 年。

家蔭堂集*

播中海龍囤，離城七十里，楊應龍孽地也。楊氏自有唐稱臣納貢，儼有疆土，自比夜郎。至應龍跋扈不恭，私具甲兵，習操練，陵虐兆姓，坐嘯山林。有田雌鳳者，才美而善媚，遂嬖之，所欲無不稱意。時以酷刑治部下，俾雌鳳觀之以爲樂。聲聞朝廷，而問罪之師至。先應龍入京，與大刀劉將軍綎最善，劉知其有异志，固勸之，且曰："若不悔，他日擒汝者，非我而誰？"後果如所言。聞其地甚險，予與諸生談次及之，乃裹糇糧，躡芒屩，奮袂直走，諸生及稚子亦踴躍從之。三十里入山坳，兩山夾路，委委蛇蛇，逆溪流而上者二十餘里，遥見峻嶺横霄，黑雲壓頂，直不知其幾千萬仞。撩衣而上，歷石磴，效猿猱，汗流喘促，不跋其巔不止也。俄而石闕當頭，危乎欲墜，迫而觀之，飛龍關也。由關内側上，百餘級至一臺，則玩月臺在焉。臺之東石榻長二丈許，寬丈餘，雕龍零落，苔蘚依稀，相傳以爲應龍寶座。後一廟尚可棲止，老僧出黍米三升，炊魚子飯，采青蔬以佐之，甘美异常，勝宦家粱肉遠矣。群宿廟中，明晨再陟一峰，已臻絶頂。天可捫也，星可摘也，俯而視之，白雲環匝，皆在足下。記以兩律而去，詩載《詩鈔》。

——《家蔭堂集·一瞬録》，載《續黔南叢書》（第八輯），上册，224~225頁

海龍屯楊應龍遺址

七姓沈冤久不堪，紛紛羽檄問貪婪。重關夜斷飛龍塞，細柳營連洗馬灘。風滿弓刀催尺組，天低岩壑佣層嵐。千年勝地終成孽，到底收場佛一龕。

略彴徐通尺五天，霸王宫殿梵王田。危樓破落半灣月，冷灶蒼涼一縷烟。劫火光中銷戰骨，鷓鴣聲里悵歌筵。美人泣盡烏江水，剩有殘紅斷堞邊。應龍妾名田雌鳳。

——《家蔭堂集·詩鈔》，載《續黔南叢書》（第八輯），上册，第331頁

---

* （清）周際華著，康家偉、王堯禮等點校：《家蔭堂集》，載貴州省文史館編：《續黔南叢書》（第八輯），貴州人民出版社，2014年。

黔軺紀行集*

附夜郎考

漢武帝平南夷，置牂牁郡，而且蘭、夜郎皆爲屬縣。東漢因之。晉永嘉二年始分牂牁，立夜郎郡，領夜郎四縣。南宋、齊因之。隋《地理志》有牂牁郡及縣，而夜郎之郡縣皆無，《梁》《陳》《周》書俱不志地理，不知何時廢也。唐以隋牂牁郡之牂牁縣置播州，而縣名有三夜郎。武德四年，析夷州之寧夷縣置夜郎。貞觀元年，州縣俱廢。貞觀七年，置珍州夜郎郡，治營德縣，亦理夜郎縣。

——《黔軺紀行集》，載《中國西南地理史料叢刊》，第 32 册，第 20 頁

萬曆二十八年，平播，設黄平州。

——《黔軺紀行集》，載《中國西南地理史料叢刊》，第 32 册，第 23 頁

貴州考

明改州爲縣，屬潯州府。則唐宋時貴州，當爲今廣西之貴縣，但《元史·貴州》小注云："贵州地接八番，與播州相去二百餘里，乃四川、湖廣、雲南喉衿之地。"

——《黔軺紀行集》，載《中國西南地理史料叢刊》，第 32 册，第 28 頁

---

* （清）蔣攸銛撰：《黔軺紀行集》，載姚樂野、李勇先、胡建强主編：《中國西南地理史料叢刊》，巴蜀書社，2014 年。

依隱齋詩鈔 *

播州懷古

播州東隅大水田，猶存故壘生孤烟。
行人指我屯軍處，莽莽青原隔雲樹。
方其負固肆剽攻，官軍莫敢攖其鋒。
綦江一陷全貴震，賊勢熏天楊應龍。
誰歟將軍自天下，用兵如神好整暇。
重鎮先移重慶城，楚黔犄角相枕藉。
各鎮大兵既雲集，一旦誓師始深如。
羽書八路分道馳，腹背環攻鼓聲急。
馭將推誠獨有方，鎮臣感泣當戎行。
賊家姻黨皆吾用，蠻兵土弁心先降。
婁山關外收降卒，兵既入關戰愈疾。
海龍屯上大合圍，斬馘紛逾四千級。
授首全家盡獻俘，功成百十有四日。
是時重寄膺封疆，李化龍與郭子章。
勛業至今在人口，差擬臨淮與汾陽。
行軍自古貴成謀，异類尤防狙詐投。
相地乘時慎先著，避長擊短歸持籌。
徒令懷古心悠悠。

——《依隱齋詩鈔》卷四《蜀游草》，載《續黔南叢書》（第六輯），514~515 頁

---

* （清）陳鐘祥著，陳琳、嚴進軍點校:《依隱齋詩鈔》，載貴州省文史研究館編:《續黔南叢書》（第六輯），貴州人民出版社，2014 年。

陶樓詩鈔 *

播始亂也。

楊鳳叛，陷桐梓，遵義協副將遷延不出，遂度婁山關圍郡城，作《婁山關》。

婁山關，高插天，路如衣縫行蝨緣。昔者劉將軍，從兹到九盤。一夫荷戈守，猿猱愁攀援。關門蕩辟，過師枕席，誰與守者賣絲客。

——《黄彭年詩文集·陶樓詩鈔》卷一《貴筑黄子壽先生遺稿》，載《續黔南叢書》（第四輯），第 758 頁

* （清）黄彭年著，李華年點校：《黄彭年詩文集·陶樓詩鈔》，載貴州省文史研究館編：《續黔南叢書》（第四輯），貴州人民出版社，2014 年。

繩柮齋詩鈔*

和伯梅坪制府緬寧督勦邊外南興逆目張輔國竣事

原韻

蘖芽弗剪遂根蟠，螳臂潛興牛耳壇。徹土敢忘陰雨降，養鋒權避瘴雲漫。穴中探虎紆籌策，井底跳蛙逆逞瀾。一自晉公親督戰，梅花如雪不知寒。

戈矛新淬馬新羈，争向南興徼外馳。衆怒可乘笳鼓競，先聲所攝兔狐悲。焚巢纔報烏其遁，走險應知鹿已踦。整我西師返東作，擒渠無待及瓜期。

疾首披猖已十年，天心厭禍刻難延。扶良鑒彼芸苗者，得勢看如破竹然。三猛其蘇崩角迓，三猛皆土司苦輔國蠶食者。五旬而舉凱鐃旋。餱糧資汝藩籬固，成算胸中一著先。倮黑地瘴毒，即冬令亦難深入，以鹽糧資土練克敵致愾，故云。

克播

皇威信壯哉，點蒼山色比嵬嵬。斷藤此日誅黄豹，結草何人亢杜回。春在梯田刀可種，野無京觀網仍開。碧油幢下焚香拜，裘帶風流大將才。

——《繩柮齋詩鈔》，載《清代詩文集彙編》，第481册，第641頁

---

* （清）蔣攸銛撰：《繩柮齋詩鈔》，載上海古籍出版社編：《清代詩文集彙編》，上海古籍出版社，2010年。

播雅 *

播州感興六首

楊家事業已蒿萊，雌鳳妖驪稔禍胎。
躍馬真成蛙坐井，鞭山未信海如杯。
從來負固無完局，豈待殘燒辨劫灰！
指顧重關天險失，夜郎自大古今哀。

遥從萬曆指乾符，八代滄桑遞菀枯。
河右竇融曾附漢，淮西元濟自坑吴。
花莊粉閣巢新燕，鹿堡魚墩叫夜烏。
小小山川輕浪擲，動人憑吊亦踟蹰。

候尉承流歷再周，中間風浪幾沉浮。
金門棘老銅駝卧，錦水磷飛鐵馬秋。
雞犬獨超秦劫外，提封不入漢邊愁。
流移八郡良家子，長得兒孫又白頭[1]。

自注：[1] 流賊寇蜀，獨遵義獲免，八府流移多避亂於此，因遂家焉。

朱服飛魚敕賜年，天家本意在安邊。
鄢陵未入吴終擯，繻葛交綏鄭忒專。
絶磴海龍平伏莽，元戎汗馬紀凌烟。

* （清）鄭珍編，黄萬機、黄江玲點校：《播雅》，載貴州省文史研究館編：《續黔南叢書》（第三輯），貴州人民出版社，2012年。

如何一座桃花塢，空向蒼茫吊謫仙[1]。

自注：[1] 桃源山舊有銅柱，總督李公化龍建，今爲懷白亭。

炎精中斷落吴山，大有人才出草間。
冉氏一門鐘國器，天心終古厭時艱。
不逢余玠龍寧卧，小試江城豹已斑。
叵奈宋轅慳北向，功如韓岳且投閑。

奥府靈區井絡間，孤懸形勝地圖閑。
錦官西上雲隨馬，銅鼓南封月抱關。
劍舞秋風難駐足，天留鴻藻欲舒顔。
金牛鑿破蠶叢後，揚馬當年盛故山。

——《播雅》卷五，載《續黔南叢書》（第三輯），101~102 頁、111~112 頁

題壯義勒

竹瓦天昏鼓聲死，銜須噴賊賊魄褫。生不食爾鬼食爾，嗚呼明威真壯士。郎君縞衣拔刀起，大呼殺賊發植指。先斬蟻祖後及蟻，何物蠻種乃生此！一骨鞭爾一萬棰，歸告其父酹賊髓。去掃紅土變赤水，嗚呼僉事真孝子。我觀壯義勒，掩卷三歎息。當年渝播失復得，論功大半袁氏力，豈獨夷鼎照鄉國。况聞八道平楊時，明威伯子勛已奇。水牛塘邊大酣戰，至今名著學語兒。忠孝之氣鐘一氏，此勒與天同不毁。嗚呼！國家多得袁氏父若子，安有四海金甌破張李！

按：祀襲壯義勒者，彙集明袁錫死奢氏之難，其時題、叙、褒恤諸文，并附其子蕙芳雪仇破藺諸績之書也。錫，仁懷人。宋有袁世明者，豫章人，官總制，理宗時播州之唐朝壩、古磁、仁懷諸蠻夷出没爲邊民患。世明方視師江淮，魏了翁薦於朝，令領兵入蜀。正月師至，五月奏凱。留世明鎮其土。錫其裔也，官游擊，襲威遠衛指揮僉事。天啓元年，奢崇明與子寅叛，陷蜀州縣。錫倡義赴援，擒僞節度，招僞巡撫，克復重慶、仁懷、合江，復與賊相拒於仁懷之竹瓦寨，血戰三日夜，兵盡被擒。寅説之降，大罵不絶口，遂支解之。事聞，贈明威將軍，命即其戰地立忠勇祠祀之，蔭其子蕙芳（《貴州通志》止作“蕙”，不確）參將，仍世襲指揮僉事。後又命與陳王謨同祀府城忠烈廟。蕙芳，仁懷諸生，痛父之死，自請爲前鋒，直搗奢氏巢，掘崇明先墓，鞭其尸以雪憤。繼以兵重復遵義，援黔救滇。迄平奢、安，其功爲多。錫兄鑾，萬曆間討播，獻地率家屬從征。李化龍《善後事宜疏》於“返誠歸正，宜授冠帶總旗以示眷酬”内所稱“下赤水縣頭目”是也。至天啓間爲分

防隘渡領兵游擊，官至副總兵。

——《播雅》卷八，載《續黔南叢書》（第三輯），217~218 頁

傅秀才同形十八首

同形，字肖野，號鶴亭，之弈子。貢生。鶴亭性高曠，博覽嗜吟，游歷大半天下。歸，杜門讀書十餘年，復出，遍游蜀中。仁懷土城袁氏，其外家也。樂其山水之勝，歸，遂借居"開雲草堂"，嘯詠其中。年九十餘卒。自輯所著詩曰《雪鴻草》《雪鴻續草》。

游土城九龍坉，屯乃外曾祖袁公世業，今廢。

極天關塞入雲中，不數秦關百二雄。

野樹多臨溪水綠，山花猶似戟枝紅。

仰探石壁烟霄近，俯瞰人家繡陌通。

回首當年平播事，可憐今日止蒿逢 [1]。

自注：[1] 外曾祖盡節關東。

按：土城在仁懷東北二百里，今屬仁懷廳，屯在城東。土城俗稱瓷城，蓋滋城聲誤。宋大觀三年於此建滋州，領承流、仁懷兩縣。宣和三年廢州，爲武都城，以仁懷縣爲堡，承流縣并入之。理宗時，豫章袁世明奉詔來平唐朝壩諸蠻，留鎮其地，遂居土城。明李化龍《平播善後疏》所稱上赤水裏頭目袁年，下赤水裏頭目袁鏊，皆其裔也。

——《播雅》卷九，載《續黔南叢書》（第三輯），269~273 頁

萬人墳

魁岩山前落日遲，萬人墳上草紛披。

楊酋起後奢酋起，都是明家末造時。

——《播雅》卷十一，載《續黔南叢書》（第三輯），第 334 頁

次韻和陳含元《雷水堰觀荷》

暇挈同儕一泛杯，雷音寺畔水雲隈。

不須更問廷璋墓，蓮社從今任去來。

按：播州宣慰使楊輝，字廷璋，號退齋，見寺中謝一夔詩碑跋。

——《播雅》卷十八，載《續黔南叢書》（第三輯），539~540 頁

游海龍囤

楊家祚土近千年，徼外屏藩不貳天。

累葉忠勤勛自著，末孫驕悖罪難湔。

高盤岩谷連雲險，盜弄潢池濁浪翻。

八道一朝無噍類，空留愚迹滿山巔。

按：海龍囤舊名龍岩囤，在郡城北四十里。山脉自仁懷東南境來，至白雲頂，峻竦入天。右下金頂山，行五十里是爲郡治，左去爲大樓諸山，東北趨思南郡城，以極於烏江。金頂之左三十里是爲海龍，一蒂孤懸，群山夾拱，湘江源環其左右。高矗雲際，四面門絶，北壁再成切㠂，城之。仰望如黑練帶空，不見其上。後有仄徑如葫蘆頸，僅容人行。前略出一阪，稍可道，所謂鳳凰嘴是，土城圍之，《明史》所謂月城也。其門左曰銅柱關，右曰鐵柱關。越月城始至如黑練者，有三關：左曰飛龍，右曰飛虎，中曰朝天，皆面北。道由飛龍進，迤上四五里至巔，周廣可十里。宅址瓦礫成邱，階礎縱横。明兵備道傅光宅即上建海潮寺。寺後三關，爲城三重。至如葫蘆頸處可十里，首曰萬安關，前後關門石榜并款"驃騎將軍楊應龍書"。萬安後兩關榜亡，名無知者。飛龍毁左角，乃劉綎自對山飛炮所摧。餘悉完在。顧景范言：應龍於囤前築九關以拒官軍。非此諸關。今囤前溪中，每每東西崖石上有鑿孔一道，即其九關置栅柱遺迹，或因此遂謂應龍當日内閘溪流，外堰海龍壩之水，由宣慰司城可以舟達囤下。余嘗周覽地勢，其説未必然也。

——《播雅》卷十九，載《續黔南叢書》（第三輯），578~579 頁

鄭秀才學山一首 後學黎庶蕃填諱

先大父，字崇峰，乾隆朝諸生。先世籍江西吉水，自其太高祖益顯公於明萬曆庚子，以游擊從南昌劉省吾綎征播。播平，省吾被論回衛，留部曲領舊帶兵萬餘，分置遵義、仁懷、赤水、叙南、建武、馬湖等處，耕種防守。公因駐屯遵義西六十里，名水烟地。繼值吴洪、楊和尚之亂，率衆保禦，西境無恐。崇禎辛巳，長洲王忠烈公佐聖來宰遵，以公宿將，問所以扼水、藺吭者，公爲畫築新站城，與忠烈往來巡視訓練，邊備悉舉。明年，府道綏郭士奇、吴上才之獄，致逆酋吴上賢等入寇，城破，忠烈死之。公與省吾留將王尚明協十里土司，直擣賊營，分兵新站絶其歸路，盡殲賊衆，郡賴以安。事詳忠烈子譪《述殉難始末》中。未久，公卒，即葬宅西湖洋水上。自後遂爲遵義人。子門宸，孫維垣，曾孫是爲高祖琭翁府君。琭翁府君生雪容府君，雪容府君是生先大父。新化鄧湘皋顯鶴撰傳云：崇峰家故豪於資，父早没，母宋，以獨子善病，令稍知醫。乃盡發方書研究，積年有所得，力欲以活人爲事。聞有世傳驗術，不遠千里持厚資羅而受之。曾買一秘集，方二十餘首，至酬以二百金。一日寓大足縣吴林山寺，偶病，市遠難得藥。有先來寓稱張先生者，聞呻吟，曳草屨大杖排户入。長身粗鬚眉，氣貌可畏。問："何患？爲汝診。"其輕也，如蟬翼之貼葉；其重也，若没潭而抉石。出一丸，令服，遂起。過談，先生曰："汝知切乎？"曰："粗學之。"曰："切何爲名？"曰："以息候脉名耳。"先生

曰:“噫！太淺。彼男女之交也,其切之意乎！以我之精遇彼之神,其淺深進退,視吾指猶迹也,是親切之謂也。天地之大度著於寸,深於尺,惟人亦然。以我尺寸印彼尺寸,其合也,不間毫釐,是刌切之謂也。理數交融,醫乃有權。且汝之所謂息者何？”曰:“呼吸之氣。”“脉者何？”曰:“穴之動。”先生曰:“噫！大誤。天地之氣爲霾、爲噎、爲風火、爲雷雹,是天地之病也,而其運行也自若,人之病亦然。今以汝呼吸定人之病,則必汝氣遲緩急數也,而謂人脉遲緩急數,若此而藥之,是汝身病而令人口服藥也,人之不死於汝病者,幾希哉！”因再拜稽首,請受教。先生曰:“噫！難。且從我三月當有悟。”從三月,先生别去,乃歸。其學大進,絶口不道方脉。有知者遇急延之,雖中夜大風雪,必即往,往無不活者。常曰:“十失三,吾不肯受;十失二,吾不敢當。其十失二三之間乎！”母早病勞咳,以法調之愈,至壽九十始没。生平性慷慨。所居墨囷倉環四牆,花果竹藥周四五十畝。來告飢者,指某囷,呼奴子量若干斛去。告急者出橐藏,即令之稱。四方客過其家,烹羊宰肥,或時作十日之飲乃去。知其貧,必有所資。而其自奉一布袍數十年,食飣兩蔬而已。臨卒,出貸券約萬金,付一炬。曰:“子孫才,能自食。不才,滋害人耳。”卒年六十四。

當珍之生,家已非昔。記六七歲時,一小齋中猶盛書滿滿數巨櫃。時先大父目昏極,家人日難喻,益一切不覆問之。暨嘉慶甲戌從先子歸自於陵,而數巨櫃者已皆烏有。明年二月,先大父亦旋卒。越三年,珍遂徙夷牢水上,所得祖遺僅經本一簏而已。平時詩文手迹,一二殘紙亦首尾不具。惟所謂小齋壁上一銘詞,是自兒時記者。以珍微劣不稱述祖,敢仿元遺山《中州集》附見父兄詩意,敬編附於兹集之末,庶免當世賢者罪以不仁云。

座右銘

懼辱必念親,懼法必念君。
防敗念宗祖,畏絶思子孫。
稱人勿及短,結交勿忽因。
緩勿忘人急,富勿忘人貧。
族鄰勿慢侮,賒貸勿較真。
勿慕人服處,勿貪人田園。
勿談及博弈,勿事及矰繳。
讀書必熟誦,作字必端匀。
飲酒必量節,就案必正身。
毋爲賢者弃,毋爲愚者尊。
忠厚保世基,誠樸作聖根。
敬書置座隅,日日此目存。

——《播雅》卷二十二,載《續黔南叢書》(第三輯),670~672 頁

陣亭决勝

爲掃蠻封樹陣亭，凱旋躍馬暫杯停。

三巴殺氣收龍屯，八陣雄才擁雉翎。

功在河山垂竹帛，世難忠義勒標銘。

戰場屈指無多日，黯黯荒磷照眼青。

按：陣亭，當自平播時建，其所在已不可詳考。或曰在城東教場壩，或曰在東南桃源山。遵城八景余四景曰：桃源仙迹、洗馬灘聲、鳳山啓秀、回龍鎖水。其地并已詳前。玆故止録四詩，以藉詳名勝。

——《播雅》卷二十四，載《續黔南叢書》（第三輯），732~735 頁

黔詩紀略 *

斌，字全之，世襲播州宣慰使。弘治十四年（一五〇一）調播州兵五千征普安賊婦米魯等。正德二年（一五〇七）升斌爲四川按察使，仍理宣慰事。舊制：土官有功，賜衣帶，或旌賞部衆，無列銜方面者。斌狡横，不受兩司節制，諷安撫羅忠等，上其平普安等戰功，重賂劉瑾，得之。逾年，巡按御史俞緇言不宜授，乃裁，仍原職。未幾，賜斌敕，令每年巡視邊境，會湖廣鎮巡官撫處。土官向無領敕出巡者，諭斌宜撫綏士衆，輯睦親族，以副朝廷優待之意。因授其父致仕宣慰愛爲昭毅將軍，給誥命，賜麒麟服。斌又爲其父請進階及服色。兵部以愛舊有剿賊功，皆許之。斌復爲其子相請入學，并得賜冠帶。十二年（一五一七），斌有父喪。請援文臣例守制。十六年（一五二一），賜斌蟒衣玉帶。事具《明史·土官傳》。

斌之先太原楊端，唐季南詔陷播州，應募自瀘州合江徑入白棉軍高遥山，山在遵義府西三十里。出奇兵復之，子孫遂家於播，世有其地。當北宋時，其族分上下楊，常相攻奪。至南渡武經郎選，始尊賢下士，爲子擇經術師。選子軫移白綿堡治於北二十里穆家川。即明播州宣慰治，今爲遵義府治。《宋史》："端平三年（一二三六）以白綿堡置播州。"亦即此。明萬曆中平播改流，因宣慰治爲府衛治，而李化龍疏言置府衛，并云於白田壩（今治東近地亦猶此稱）治，南二十里有半邊街塘。"半""白"雙聲，"邊""田""綿"疊韻。然則"白田""半邊"，即楊軫時白綿新舊堡矣。《省志》謂白綿在府北三百里，蓋承《輿地紀勝》《明統志》之誤。"綿"前載多作"錦"，乃形近而訛。以堡政授弟武節郎軾，軾益留意藝文。軾子威毅侯粲乃以《大學》爲行程，歷作《家訓》十條以示子孫。其子孫亦繩繩善繼，尊尚伊洛，昔之争鬥攘奪，化而彬彬詩禮焉。粲子英烈侯价以功授雄威軍都統制，孟珙、余玠皆倚重之，善屬文，請播州得歲貢士三人，冉從周、楊邦彦、楊邦杰，以次舉進士。价子崇德公文，益厲文治，《移余玠書》名義確鑿。文孫元

---

* （清）莫友芝：《黔詩紀略》，載張劍、張燕嬰編：《莫友芝全集》，中華書局，2017年。

忠宣公漢英，勛業炳麟，賜名賽因不花，著《明哲要覽》九十卷、《桃溪内外集》六十四卷。妻田亦善讀書。可謂世傳儒雅，不得僅以忠順土官目之。楊氏有播，自唐元符迄明萬曆，傳二十九世八百餘年乃亡，有以也。

潜溪宋濂《鑾坡别集·楊氏家傳》：選字簡夫，始立，值二帝播遷，高宗南渡，慷慨負翼，戴志務農，練兵以待徵調，士大夫韙之。嗜讀書，擇明師授子經。四方士有賢者，輒厚幣羅致。歲以十百計。官至武經郎。生十有三子，軫、軾最良。

軫，字德輿，美髯長身，狀貌環偉，剛果勇决，人服其能。嘗病舊堡隘陋，樂堡北二十里穆家川山水之佳，徙治之，是爲湘江。軫初鞠軾子粲爲後，晚生三子，以粲賢，不易初議，尤愛軾。尋授軾堡政，獨築室萬泉以終。畜一虎，馴服左右，常駕以出游，人异之。官至秉義郎。軾，字德載，沉静寬厚，孝友無閑言，留意藝文，蜀士來依者愈衆，結廬割田，使安食之，由是蠻荒子弟多讀書攻文。官至成忠郎，纍贈武節郎。

粲，字文卿，小字伯强，幼授《大學》，即掩卷歎曰："此非一部行程歷乎？必涉歷之至乃可爾。"長好鼓琴投壺。開禧二年（一三六八）蜀帥吴曦叛，帥師赴援，會曦誅，貢戰馬三百、黄白金鉅萬。且請因曦誅，大舉北伐以雪先耻。上優詔答焉。嘉定十二年（一二一九）復輸馬三百。閩酋偉桂弑父自立，粲聲罪致討，敗其衆於滇池，斬首數千級，闢地七百里。性孝友，安儉素，治政寬簡，建學養士，作《家訓》十條曰："盡臣節，隆孝道，守箕裘，保疆土，崇儉約，辨賢佞，務平恕，公好惡，去奢華，謹刑罰。"論者多之。楊氏居播十三傳，至粲始大，官終武翼大夫，纍贈右武大夫、吉州刺史、左衛大將軍、忠州防禦使，賜廟忠烈，封威毅侯。

子价，字善父，英偉沉毅。父没，以郡政畀其子文，專志養母。端平中，北兵犯蜀，圍青野原，价移檄蜀閫，請自效。制置使趙彦訥以聞，詔帥家世自贍之兵五千戍蜀口。圍解，价功居多，授雄威軍都統制。未幾，復白綿堡爲播州，文領郡，价統兵如故。蜀警又急，詔以雄威軍戍夔峽。价分署所部屯瀘、渝間，遣奇兵擊東，捷多，遷武功大夫、閤門宣贊舍人。嘉熙初，制置使彭大雅鎮榆，檄价赴援。价督萬兵屯江南，通蜀聲勢，北兵不敢犯。孟珙宣撫荊、湘，余玠制置西蜀，皆倚价爲重。上屢下詔褒美。一日大飯群僧，趺坐諷佛書數語而終。价好學，善屬文。先是設科取士，未及播，价誦於朝，而歲貢士三人云。贈開府儀同三司、威武寧武忠正軍節度使，賜廟忠顯，封威靈英烈侯。

文，字全斌。紹定中，北兵始入劍，文日閲壯勇爲備，蜀中避地者多歸之。嘉熙中，北兵窺江，彭大雅復來征師，价命裨將趙暹帥萬兵赴戰石洞峡，擊破之。以功轉武德郎、閤門祇候。父卒，詔起文視事，進武功大夫、閤門宣贊舍人。文《移書餘玠》曰："比年北師如蹈無人之境者，由不能禦敵於門户故也，曷移鎮利、閬間，經理三關，爲久駐謀，此上計也。今縱未能大舉，擇諸路要險，建城濠以爲根底，此中計也。下則保江自守，縱敵去來耳。况西番部落，已爲北所誘，勢必撓雪外以圖雲南，由雲南以并吞蠻部，闞邕廣，窺沅靖，則後門幹腹深可憂也。"玠偉其論。竟徇中計，後果如文言。淳祐八年（一二四八），西帥俞興西征，發兵五千人與俱，大戰者三，皆捷，遷左衛大將軍。余玠北伐漢中，文命將趙寅會兵渝上，三次戰，又捷。十二年（一二五二），北兵圍漢嘉，文使總管田萬率兵五千，間道赴之，夜濟嘉江，屯萬山、必勝二堡。萬以勁弩射之，敵不能支，遂却。加右武大夫。寶祐二年（一二五四），北兵由烏蒙渡馬湖，入宣化，宣撫使李曾伯來征師，文遣弟大聲統兵行，大小九戰，又捷。轉左武大夫。五年（一二五七），北兵循雲南將入播，文馳奏，詔節度使吕文德偕文入閩，諭群酋内屬，大酋勃先領衆降。六年（一二五八），拜親衛大夫，以解漁城圍、翦烏江寇功，加忠州團練使。景定間，劉雄飛、夏貴守蜀，復江安州，餉禮義山，戰懸壺平，而播兵爲多。進中亮大夫、和州防禦使、播州沿邊安撫使，爵播州伯，食邑七百户，詔雄威軍加“御前”二字，以寵异之，歲賜鹽帛給邊用，著爲令。文留心文治，建孔子廟，以勵國民，民從其化。卒於咸淳元年（一二六五），贈金州觀察使，元贈榮禄大夫、同知樞密院事柱國，追封播國公，謚“崇德”。

子邦憲，字仲武，倜儻好書史，善騎射，授成忠郎、雄威軍副都統，通管州事。纍遷左金吾衛上將軍、安遠軍承宣使、牙牌節度使。至元十二年（一二七五）宋亡，元世祖遣使者詔邦憲内附。邦憲捧詔三日哭，奉表以播州、珍州、南平軍三州之地降。十五年（一二七八）入朝，詔襲守如故，拜龍虎衛上將軍、侍衛親軍都指揮使，紹慶、珍州、南平等處沿邊宣撫使，播州管内安撫使。十八年（一二八一），升宣慰使。纍贈推忠效順功臣、銀青榮禄大夫、平章政事柱國，追封播國公，謚“惠敏”。

子漢英，字熙載，五齡而孤。二十三年（一二六八），其母貞順夫人田氏挈朝京師，世祖摩其頂，熟視良久，諭宰臣曰：“是兒真國器，宜以父爵錫之。”賜名賽因不花，授金虎符、龍虎衛上將軍，紹慶、珍州、南平等處沿邊宣慰使、播州軍民安撫使，贈金繒、弓矢、鞍勒，遣歸。二十四年（一二八七），族黨構亂，殺貞順夫人，漢英衰绖入奏，詔捕賊，至益州，戮以徇。二十七年（一二九〇），詔郡縣上計，播州鄰境拒命，漢英即括户口租税籍進，世祖大悦，加播州等處管軍萬户。二十八年（一二九一），入朝，奏罷順元宣慰司，升播州安撫司爲宣撫司，授漢英軍民宣撫使。會羅甸宣慰使斡羅思誘播下邑黄平諸寨酋詐爲新闢境土以獻，漢英奏復之，斡羅思恚不勝，誣言舊有雄威、忠勝二軍，思、播匿弗奏，請籍征交州。漢英抗言納土時已隸别籍矣。御史臺審核上之，詔寢其事。俄拜漢英侍衛親軍都指揮使。成宗即位，入朝者三。大德三年（一二九九），奏改南詔驛道，分定雲以東地隸播，西隸新部，减郡縣冗員，去屯丁糧三之一，民大便之。四年（一三〇〇），部蠻桑柘亂，湖廣行省議用兵，漢英言賊勢方盛，宜招諭之，不聽，兵出久無功，竟以漢英議，始相繼降。五年（一三〇一），右丞劉深討南詔，道出播，漢英輦運軍食無乏。六年（一三〇二），閩婦蛇節、宋隆濟叛，詔合湖廣、四川二省兵征之，命漢英以民兵從。甫出師，卒遇賊，漢英力戰，大軍繼之，降阿苴、拔乍籠，賊復合拒，竟大敗，縛蛇節，斬隆濟、阿女而平之。以功進資德大夫，賜玉帶、金鞍、弧矢。仁宗立，顧禮益厚，進勛上護軍，增賜金帛。延祐四年（一三一七），黄平南蠻劉犇叛，新部黎魯亦嘯劫聚亂，詔漢英宣撫之，二賊降，置戍而還。漢英爲政，急教化，大治泮宫，南北士來歸者衆，皆量才用之。喜讀濂洛書，爲詩文尚體要，著《明哲要覽》九十卷、《桃溪内外集》六十四卷。賜推誠秉義功臣、銀青榮禄大夫、平章政事上柱國，追封播國公，謚“忠宣”。云云。

按：忠宣，《元史》有傳，云卒年四十，當以延祐五年（一三一八）。

惜忠宣以後遂隳家聲。入明益尾大不掉。鏗率先内附。子昇頗名好文，開學薦士。輝、愛、斌相繼，亦欲自附雅流，然皆纍功桀驁，不能睦族，復尋上下揚干戈者數世。其後乃至禁學愚民以取覆滅，宜哉！輝字退齋，博涉經史，爲詩歌，得唐人音響，大書行草皆遒勁，見豫章謝一夔《退齋楊侯輓詩跋》。

——《黔詩紀略》卷之二《楊宣慰斌八首》，載《莫友芝全集》，第 9 册，126~133 頁大有，字□□，普定衛人，舉正德十一年（一五一六）鄉試，知金華縣，以廉慎聞。未幾引疾歸。著有《普定衛志》《宋元品藻》《陶陶亭集》，并未見。從《清平衛志》得一首。其兄行大章者尤有文名，幼稱奇童。其父聚書於樓，扃使之讀，隔數月抽試之倍，倍無不成誦。謂惟時憲書，須重讀始不謁耳。弘治八年（一四九五）舉人，十二年（一四九九）進士，纍官參議，以事忤劉瑾，告歸。惜其文章、官迹俱不傳。

蔡公祠

盜賊滿黔竹，三年任破殘。

賴公提大義，小邑竟能完。

後日平猶易，當時守獨難。

去今無廿載，廟食擬潮韓。

按：祠祀明貴州參議蔡潮，在清平城北石仙山。潮，臨海進士。《明史》附見《鄒文盛》及《播州土官傳》，并僅載其詣播州，督宣慰楊斌撫定重安土舍馮綸等仇殺事，録功。尚書王瓊尚以專權爲潮罪，不敘。

——《黔詩紀略》卷之三《汪金華大有一首》，載《莫友芝全集》，第 9 册，154~155 頁

敏樹，字□□，播州長官司人。地今隸遵義縣。當正德中，楊氏名欲興文，實忌州人有學，敏樹警敏能詩，恐觸其忌，浪迹山水以終。著有《滄浪童子集》，今無傳。

謁冉進士祠

一自先生貢禮闈，播州山水有光輝。

二百年來拜祠宇，令人長憶宋雄威。

按：《四川通志》載，宋嘉熙二年（一二三八）周坦榜舉進士者，有冉從周，遵義軍人，官珍州守。《明一統志》謂時呼破荒冉家者也。播州以宋安撫楊价請歲貢士，乃有進士。嘉熙後舉者，復有遵義楊震、李敏子、白震、楊邦彦、楊邦杰，播州猶道明、趙炎卯，凡七人，而從周爲之先。宋後則無聞矣！价曾授雄威軍都統制，詩中“長憶雄威”，蓋有深慨也。進士祠，《方志》不載。

道光末，友芝卜宅於遵郡城西南隅，直碧雲峰之麓，宅西北榛莽中，得斷石存十六字，爲三行，一云“是宋進士冉”，二云“考矣，唯是缺典”，三云“備記其辭俾”。疑冉公有宅在城西南，而元明因其址以建祠。此斷石即祠記也。城南舊多冉姓，亦是一證。

——《黔詩紀略》卷之三《何敏樹一首》，載《莫友芝全集》，第 9 册，160~161 頁

（李）時華，字芳麓，貴陽人。舉萬曆十年（一五八二）鄉試，纍官監察御史，以峭直聞。歷按四川、河南、廣東及漕運，多所興除。先是水西安萬銓挾據播州水烟、天旺地，平播置遵義、平越二府，分屬川、貴，議遵義以渭河爲界，而命安疆臣歸昔侵地。巡撫郭

子章以疆臣與有平播功，且許裂土，不宜奪故地，總督王象乾主書渭還地，互訐奏，纍年不決。芳麓疏謂征播之役，水西不惟假道，又且助兵，矧失之土司，得之土司，播故輸糧，水亦納賦，不宜以土地之故傷字小之任。尚書蕭大亨主芳麓奏，以地歸疆臣。四川科舉弊竇滋甚，芳麓條上貢院事宜，皆施行。貴州新貴設縣，未有學，芳麓上平播善後事宜及之，下貴撫子章及巡按宋興祖、畢三才議，皆以爲便。三十一年（一六〇三）八月，始設新貴縣及黄平州學，改普定、平越二衛學爲安順、平越二府學。

附芳麓《疏爲三省干戈幸戢，萬年計畫宜周，恭陳一二膚見以備善後采擇事》：

內款開，一曰議增縣學。貴當開荒草創之初，經制未備。省城故無府，而有府自隆慶元年（一五六七）始；附郭故無州縣，而有州縣自近始。規模初定，已儼然省會之具體矣。惟是新貴有縣而無學，尚非全制。今播事蕩平，諸凡創建，焕然一新，獨令首善之地有此缺典，可乎？謂宜增一縣學，官不必添，取諸府、司二學改授一員；廩不必設，取諸府、司二學，各撥十名；廟不必建，府學原與司學共，近方改於城外，則縣學仍府學舊制可也。教官衛舍俱全，一轉移間，而規制自大定矣。此非臣一人之私言也，地方先後撫按諸臣皆有此念，獨以加廩之難，又不欲割府、司之所有，以是中擱耳。今播已剿平，何難處此廩餼，應行撫按酌議詳細具奏云云。芳麓奏議甚多，惟見此條，猶非此疏之全，惜哉。其他文有《江長信中丞去思碑》《送中丞致政還歙序》，見《瑞陽阿集·附録》。

——《黔詩紀略》卷之十一《李太僕時華十首》，載《莫友芝全集》，第 10 册，484~486 頁

平播行

蜺妖毁王度，恣凶若乳虎。
播人亦何艱，蹂躪遺黎脯。
逆旗指綦江，血肉膏草土。
氛祲蝕東隅，千里問桴鼓。
妖凶竟不悛，天王赫斯怒。
穆清軫靈略，慷慨奮神武。
樹牙選車徒，文武今吉甫。
分道引旌麾，連營羅練組。
六師矯猶龍，戈矛集如雨。
前旌蔽白日，流飆捷飛羽。
鼓行破危關，席捲平田滸。
狼奔恃險囤，兀若魚游釜。

虎臣翕以奮，批吭搗其隖。

賊徒倒前戈，狂羯伏鑕斧。

頑梗如轉燭，蕩滅同摧腐。

獻捷歸朝廷，揚威耀邊圉。

天子畫麒麟，功臣錫圭組。

從今橫吹聲，增入鐃歌譜。

堪嗟螳臂微，安足汙强弩。

珍重封疆臣，慎勿生跋扈。

《綱目三編》：萬曆二十五年（一五七九）播州宣慰司楊應龍叛。初，應龍數從征調，恃功驕蹇。知川兵脆弱，間出剽州縣。詔逮繫，匿不出，所部何恩等詣有司告變。四川巡撫王繼光發兵討之，覆於白石。應龍上書自明，乃命南兵部侍郎邢玠爲總督往勘。值東西用兵，不能窮治，因招撫之。應龍請執罪人獻金贖罪，遂縛獻黄元等，論輸四萬金，羈其次子可棟於重慶追贖，可棟尋死，應龍益恨，遂糾諸苗反，殘餘慶，掠大阡、都壩及興隆、都匀諸衛。進圍黄平，殺官吏。後復大掠洪頭、高平諸屯，浸及湖廣。命李化龍總督貴州軍務討之。賊乘官軍未至，率衆險綦江，盡殺城中人，投尸蔽江，楚黔道梗。二十八年（一六〇〇）夏六月，川、湖總督李化龍帥師平播州，集三省兵分路進。賊奔，據海龍囤，總兵官劉綎先入婁山關，直抵囤下。諸軍繼至，築長圍疊攻。時久雨，將士馳沇淖中苦戰，大破之，應龍自縊死。七子皆就擒。詔磔應龍尸，以其地置遵義、平越二府，分屬川、貴。

——《黔詩紀略》卷之十一《蔣副使杰一首》，載《莫友芝全集》，第 10 册，497~498 頁

萬禄，貴州衛人。目不知書，有膽智，膂力過人。從劉綎征楊應龍，先登海龍囤，署守備，戍建武所。

——《黔詩紀略》卷之十三《王光禄碩輔一首》，載《莫友芝全集》，第 10 册，575~576 頁

如龍，鎮遠縣人，萬曆間從平播州，靖黎九股、匀、哈、甕、壩諸苗，纍功參將。仕達，鎮遠衛指揮，至是并贈都督僉事。

國柱，偏橋衛指揮，隨父攀龍征水西死。

懋德，都坪司長官，萬曆庚子（一六〇〇）從征播州，有挽運功，至是血戰死，贈襲并未詳。懋德以上諸人并從王三善祀忠烈祠，唯英未詳。

——《黔詩紀略》卷之十三《陸光禄德龍一首》，載《莫友芝全集》，第 10 册，585~586 頁

留别開府青螺郭公

客情秋色共蒼蒼，耐可離筵菊正黄。爲訪杜蘅先過楚，敢云詞賦重游梁。孤猿夜嘯千峰月，匹馬寒嘶萬里霜。前路總令知己在，憐才誰似郭汾陽。伯璣曰："雅有氣概"。

按：開府名子章，字相奎，號青螺，又號蠙衣生，泰和人。隆慶五年（一五七一）進士，萬曆二十七年（一五九九）巡撫按貴州時，播州楊應龍叛，前撫江東之以劾罷，子章至，事事有備，播平，功居多。後奏討貴、龍、平、新間仲苗及思、銅間水銀山叛苗，平之。三十五年（一六〇七）請終養，九上疏，再越歲乃得行。莅貴州凡十年，所設施動中民隱。尤喜奬拔士類，經其品題率成名宿。著《黔記》六十卷，稱詳贍，有陳見義、邱登之二序，載《省志》。既去，貴州人爲建生祠七所，水西安氏復建懷德祠於大方，安福鄒德溥爲記，亦載《省志》。官至兵部尚書。田雯《黔書》云："黔之名宦，明青螺爲之冠。"

——《黔詩紀略》卷之十五《謝君采下》，載《莫友芝全集》，第 10 册，675~676 頁

田少師祠

千里思州溯舊封，少師崛起亢其宗。

能綿世業惟忠順，屢著邊猷在折衝。

疆土只今分大郡，威名終古讋群賓。

誰令裔葉忘先澤，祠墓荒凉感慨重。

附宋朝請郎于觀撰《贈少師思國公田公墓志銘》：……，（元符）六年（一一一六）幹播州邊，轉武節郎。七年（一一一七），安定播州，遏絶楊維聰之暴，以功轉武翼大夫，加榮州刺史。……觀謹依事實序之，銘曰：維思爲州，實古黔中。田氏世領，肇唐永隆。……安寧播賊，遏絶維聰。

——《黔詩紀略》卷之十八《胡司琚允恭一首》，載《莫友芝全集》，第 10 册，789~790 頁

節愍盧布政安世三首

安世，字環水，赤水衛人。……播州遺孽皆起相附，屬州縣亦不保。貴州巡撫李橒遣總兵官張彦方、都司許成名、黄運清等，以十二月復之。明年（一六二二）復陷。推官馮鳳雛等又死。見《朱燮元》及《張振德傳》。……張奏凱，桐梓縣人。《川志》云綦江人。以天啓四年（一六二四）復播功，授游擊。

——《黔詩紀略》卷之二十二《節愍盧布政安世三首》，載《莫友芝全集》，第 11 册，975~978 頁

書羅政卿自叙後示其裔

能以兵威服遠州,烏江赤水咄嗟收。

文章欲燮蠻夷俗,忠孝長貽孫子謀。

尺地遽非楊氏守,同知猶與衛官留。

太原一樣開疆祖,保世綿長自有由。

按:播州宣慰楊氏始祖端,宣慰同知羅氏始祖榮,并唐太原人。榮,字政卿,以大曆七年(七七二)開播,世侯其地,封六州都督沿邊招討使、太子太保、榮禄大夫。後百五年爲乾符三年(八七六),榮元孫太汪幼襲不能守,請於朝,命端復之,遂共有播土。楊氏滅,羅氏復襲威遠衛指揮者數十年。榮居播建堂曰"忠愛",自爲《序》。端復爲太汪序其譜,見《羅氏家乘》。爲《全唐文》未收者,附録於此。

——《黔詩紀略》卷之二十二《節愍盧布政安世三首》,載《莫友芝全集》,第 11 册, 980~981 頁

贈楊生

楊氏多賢守土良,上承元宋肇於唐。

一朝逆節干天怒,千里侯封戰血荒。

有德何須頻設險,佳兵自古不爲祥。

年來漸被詩書澤,好引弦歌滿夜郎。

環水有《楊氏譜序》云:遵義,古夜郎也。厥邑險巇,易亂而難治,詎非束手之事乎。然亦未嘗深察習俗之宜也。余於莅任之始,每從公餘詢諸父老,訪庠中俊秀,欲求便民養兵之法,靖而安之,俾邊隙杜野處寧。適有楊生獻厥奇略,爲予借箸,予甚嘉之。越年餘,烽烟漸息,人物頓安。生從予登龍山眺湘水,子曰:"快樂哉,山水之固乎!"生愀然曰:"在德不在險也。"子曰:"何以言之?"生曰:"予家自始祖端,世守兹土,因爽厥德,遂削平焉。不然,公焉得兹土而莅之?"予聞是説,始慨然曰:"爾固楊侯子孫乎?胸中甲兵,志氣卓犖,亦云無忝祖德矣。"次日,生持《族譜》謁予爲《序》。予維楊氏之蕃,肇自唐,衍於宋、元,及於我明,雖嘗零落之後,而厥族猶彬彬蔚起,以文化武,以治易亂,不恃險阻,從法約束,亦可謂世胄之子孫。識時務,知興衰,挽習俗而還大雅者矣。天啓丙寅(一六一二)。

——《黔詩紀略》卷之二十二《節愍盧布政安世三首》,載《莫友芝全集》,第 11 册,第 983 頁

節愍邬御史昌期六首

罵賊伽藍聲尚厲,裂尸馬女恨難消。

自應孝烈爲雙烈,并重新祠八角橋。

貞烈旌門牓署新，至今猶説馬恭人。

遂令走卒糟糠婦，誓死都全白玉身。

伽藍，石阡人，雲南姚安普淜驛丞王瑛女也，許字同郡諸生楊正綱。正統十二年（一四四七）六月十二日，從父解任歸，至郡境父被賊害。伽藍年十九，賊執以行，厲罵不絶口，亦被害。萬曆五年（一五七七）知府鄭一信爲建孝烈祠於北關八角橋之左。九年（一五八一）御史陳效題旌。後播賊倡亂，郡龍泉司馬萬珠女年十七，爲賊李保所執，罵不受污，賊怒裂其尸。事平題旌，以馬女木主附祀伽藍祠，遂易祠名爲雙烈。

——《黔詩紀略》卷二十二《節愍郘御史昌期六首》，載《莫友芝全集》，第 11 册，1028~1029 頁

程福使生雲六首

一門并産雙南金，文武才名耀古今。

余玠雅能資妙略，蒙哥何得陷孤岑。

濮陽禋祀終宜永，湘水宗祧遠莫尋。

歎我後君生也晚，春風徒悵冉家林。

《播雅》按：冉家林在遵義縣東四十里，其側有地名官墳嘴，明宣慰使楊愛及其妻田氏墓在焉。

愚溪書院

柳子何嘗至播州，只因播土仰高流。

聞風便設陳蕃榻，計曰忻同郭泰舟。

却幸叔文聊一誤，應嫌司馬不終游。

至今惟有殘碑在，父老津津説未休。

茅衙寺吊田惜玉

惜兒舊宅今爲寺，芳徑尚留蘭麝香。

不欲共迷歌舞地，應思微悟夜郎王。

苔經細雨啼猶濕，樹點寒雅怨未央。

愁聽暮猿聲不斷，夕陽孤影上禪房。

按：寺在遵郡北十五里，俗呼"磨牙寺"，當是"摩耶"之譌，相傳明楊應龍妾田氏所居。寺側以石筧數百丈引水入池，曰"田氏澡塘也"。後面怪石高下寵嵸，有亭臺遺址，下瞰平田，舊實大池。地殊幽勝。惜玉無可考，當非即田雌鳳。羅孝廉倚衡云："居茅衙者應龍妻張氏，非田氏。"亦未審何據。

——《黔詩紀略》卷二十四《程副使生雲六首》，載《莫友芝全集》，第 11 册，1101~1106 頁

傳鎮遠爾訥一首

爾訥，字若木，桐梓人。嘉靖間有天鎮者，通經史，以楊酋禁讀書，不應舉，一意於醫術，有一七活人之妙，名滿滇、黔、秦、蜀間。

——《黔詩紀略》卷二十四《傳鎮遠爾訥一首》，載《莫友芝全集》，第 11 册，第 1120 頁

吴滋大中蕃四近體詩一百三十一首

表忠祠堂吊劉省吾大將軍

已見東方斗五星，如何造次説犁庭。

方張强敵多英勇，遠調諸軍昧勢形。

聲死鼓鼙三路潰，血流春草二江腥。

將軍豈是忘持重，馬上紅旗不暫停。

按：省吾，名綎，《勝朝殉節諸臣録》云：左軍都督府左都督、僉書府事、總兵官劉綎，南昌人，最驍勇，歷平九絲蠻、緬甸、羅雄、朝鮮倭、播州、建昌諸寇，大小數百戰，威名甚著。萬曆四十六年（一九一八），四路出師，由寬佃道進，與大兵戰於阿布達哩岡，兵潰戰死，今謚“忠壯”。

——《黔詩紀略》卷二十九《吴滋大中蕃四》，載《莫友芝全集》，第 11 册，第 1301 頁

播州語

播酋楊輝既以家法立嫡子愛，而嬖愛庶兄友，欲兩貴之，因上其平苗功，請於凱里置安寧宣撫以居友。友、愛遂相尋搆兵。友告愛反狀，謂愛嘗夢騎龍登天門，上帝謂之曰：“此南方赤帝子也。”既醒，龍成五色，因作詩有“霹靂一聲震天下，南方驚起赤鱗龍”之句。廷命按鞫不實，論友死，贖免，仍仇殺不已。友子宏復與愛子斌尋先怨仇及數世。土人爲之語曰：骨肉爨醢，參商播凱。出《蠻司合志》，又見《明詩綜》。

黔粤諺：思播田、楊；兩廣岑、黄。言宣慰氏族之大也。

——《黔詩紀略》卷三十三《雜歌謡十二首》，載《莫友芝全集》，第 11 册，1442~1445 頁

黔詩紀略後編 *

播州感興

楊家事業已蒿萊，雌鳳妖驪稔禍胎。
躍馬真成蛙坐井，鞭山未信海如杯。
從來負固無完局，豈待燒殘辨劫灰。
指顧重關天險失，夜郎自大古今哀。

——《黔詩紀略後編》卷五《李主事先立三首》，載《貴州省博物館藏珍稀古籍彙刊》，第 4 册，第 224 頁

先生字子尹，號柴翁，別號五尺道人，遵義人。先世居江西吉水。明萬曆庚子，以劉綎部將從征平播，遂家焉。

——《黔詩紀略後編》卷十九《徵君鄭先生珍七十三首》，載《貴州省博物館藏珍稀古籍彙刊》，第 5 册，第 271 頁

雲門墱遵義東樂安江，一名斤竹溪，源出綏陽，即《元和郡縣志》所云恭水，夷牢水。唐貞觀中，邛州置樂安縣，播州置恭水縣，皆以此水名。其水穿墱出，會眉水，流百餘里入延江。

牢江驅白雲，流入蒼龍門。
門高一千仞，拄天氣何尊。
蕩蕩百步中，水石互吐吞。
阿房廣樂作，巨竅洪牛犇。
餘波噴青壁，震怒不可馴。

---

* （清）莫庭芝、黎汝謙、陳田編：《黔詩紀略後編》，載王紅光等編：《貴州省博物館藏珍稀古籍彙刊》，廣西師範大學出版社，2015 年。

眉水若處女，春風吹緑裙。
迎門却挽去，碧入千花邨。
我行始兩日，异境壯旅魂。
抉懸自何年，信有真宰存。
夕陽一反射，倒樹明蒼根。
老蝠抱石花，紅暈雙車輪。
仰歎山水奇，俯躡造化跟。
想見混成日，待與見者論。

——《黔詩紀略後編》卷十九《徵君鄭先生珍七十三首》，載《貴州省博物館藏珍稀古籍彙刊》，第 5 册，第 293 頁

雌鳳曲雌鳳，楊應龍妻

虬水寒咽金輪斜，道宫星羅嚦曉鴉。
蠻奴火鳳檀槽抹，家山入破彈琵琶。
篴聲裂雲寒不動，舞羅霧起湘裙重。
鏡檻花籠珠箔人，鯉魚風颭鴛鴦夢。
月明鬼哭金句欄，大刀已入婁山關。
鐵炮環攻峭壁折，驪珠擊碎小江寒。
楊花飛盡江水碧，雌鳳偎雲泣荒宅。
紅桐一行怨雄龍，紫藟千年嬌殢魄。
八郡遷移村落稠，九歌哀怨蠻兒謳。
後溪渴盡海龍出，水曲聲凝雛鳳愁。

——《黔詩紀略後編》卷二十一《黎州判兆勛八十二首》，載《貴州省博物館藏珍稀古籍彙刊》，第 5 册，420~421 頁

趙學録旭三十首

旭字石知。先世宋丞相雄之裔，有名伯善者，還播川。明代平播改流，遂爲桐梓縣人。

——《黔詩紀略後編》卷二十三《趙學録旭三十首》，載《貴州省博物館藏珍稀古籍彙刊》，第 5 册，第 489 頁

楊价墓

據《楊氏譜》,墓在葫蘆壩,今他冢無足當者,惟盤龍洞口田中有兩墓,共石槨九,上六下三,制極宏壯,殆即价與其子孫乎。

以郡畀子專養母,帥兵五千戍蜀口。堂堂十世令公孫,楊昭無子,以楊業曾孫文廣子貴遷爲嗣,乃价之七世祖。忠孝傳家宣慰久。奏請掄才及播州,破荒乃有冉從周。孟珙、余玠皆倚重,屢次親承丹詔優。一日飯僧忽坐化,靖州舊夢咸嗟呀。价未生時,將校有夢神自靖州來,號蜀將軍者,价生貌如之,極英偉。崇祠敕建虎頭峰,宋理宗賜廟忠顯,封威靈英烈侯,今虎峰寺即其舊地。高墳世指葫蘆壩。送葬當時舉國狂,青山亦覺有輝光。漆鐙影徹夔魈避,石馬威生虎豹藏。三百年來逢劫運,應龍背叛違先訓。河山千里改流官,清明麥飯無人問。公德及民民不知,一抔宛在水中坻。側身東望竹王墓,尚有官司與樹碑。漢竹七郎墓俗呼竹王墓,在牛星山,舊爲民占,己亥冬,邑令鹿公丕宗爲復其半立碑。

——《黔詩紀略後編》卷二十三《趙學録旭三十首》,載《貴州省博物館藏珍稀古籍彙刊》,第 5 册, 497~499 頁

播川詩鈔*

樓山關

在桐梓城南二十五里，交遵義界，《方輿紀要》："大樓山上有關，曰太平關，亦曰樓山關、婁關。萬曆中討楊應龍，川將至重慶，分道而進，俱刻期抵樓山關。劉綎自綦江進戰，九盤入婁關，關爲賊前門，官軍從間道攀藤，魚貫毀栅而入。"

白石口敗王繼光，綦江城死張與房。
蜀人畏播久如虎，關開關閉誰能當。
内以四緘求票擬，外齎金帶投崔李。
計深争界索仇民，怨極招魂迎孝子。
石筍嶙峋殺氣昏，木蓮花紫射朝暾。
屯高隊隊妖姬舞，隘險層層硬手屯。
制軍移節臨重慶，入關有約嚴申令。
左右奇兵間道來，積尸高與關門并。
霸業銷沈八百年，後人經此吊蠻烟。
十三排栅知何處，衹有群峰尚插天。

——《播川詩鈔》卷一《樓山關》，載《清代詩文集彙編》，第649册，第371頁

楊价墓

據《楊氏譜》，墓在葫蘆壩，今他塚無足當者，惟盤龍口田中有兩墓，共石槨九，上六下三，制極宏壯，殆即價與其子孫乎。

以郡畀子專養母，帥兵五千戍蜀口。
堂堂十世令公孫，楊昭無子，以楊業曾孫文廣子貴遷爲嗣，乃价之七世祖。忠孝傳家宣慰久。

* （清）趙旭：《播川詩鈔》，載《清代詩文集彙編》編委會編：《清代詩文集彙編》，上海古籍出版社，2010年。

奏請掄才及播州，破荒乃有冉從周。

孟珙余玠皆倚重，屢次親承丹詔優。

一日飯僧忽坐化，靖州舊夢咸嗟訝。价未生時，將校有夢神自靖州來號蜀將軍者，价生，貌如之，極英偉。

崇祠敕建虎頭峰，宋理宗賜廟忠顯，封威靈英烈侯，今虎峰寺即其舊地。高墳世指葫蘆壩。

送葬當時舉國忙，青山亦覺有輝光。

黍鐙影徹夔魈壁，石馬威生虎豹藏。

三百年來逢劫運，應龍背叛違先訓。

河山千里改流官，清明麥飯無人問。

功德及民民不知，一抔宛在水中坻。

側身東望竹王墓，尚有官司與樹碑。漢竹七郎墓，俗呼竹王墓，在牛星山，舊爲民占。己亥冬，邑令鹿公丕宗爲復其半立碑。

——《播川詩鈔》卷二《楊价墓》，載《清代詩文集彙編》，第649册，第385頁

白石口至南溪口

積水即巫峽，爲棧即劍閣。

誰將蜀道難？并在此丘壑。

入口復出口，二十里而弱。

連峰不計數，大樓最峻崿。

疲地沿石浮，缺天乘隙落。

客行昧所經，欲前莫預度。

安怪昔播酋，狙伏敗劉承嗣郭成。

近歲寅卯間，拒險賊肆虐。

賊退兵練囤，互競争一著。

豈惟郡倚重，黔北實鎖鑰。

未雨須綢繆，守土者毋略。

——《播川詩鈔》卷四《白石口至南溪口》，載《清代詩文集彙編》，第649册，第408頁

宋代蜀文輯存 *

論救蜀急著六事疏 牟子才

議者以爲當召集新兵三萬人，朝夕訓練，以爲進屯之備。且慰安田、楊二家，歲以其兵來助，亦可大張軍聲，或可背城借一，以却敵騎。如此則蜀當可爲。

——《宋代蜀文輯存》卷八十七《論救蜀急著六事疏》，第 1105 頁

* 傅增湘輯：《宋代蜀文輯存》卷八十七《論救蜀急著六事疏》，新文豐出版公司，1974 年。

全宋文 *

起居昭文相公啓

伏以函宇乂安，協氣翔舞。四鄙弗聳，九扈告成。仰至治之日躋，惟宗工之時乂。某官茂總民極，翊宣帝華。奮之爲昌言大猷，歌之爲六府三事。是以方國騰頌，神明效祥。截然棟隆，屹若山立。格高穹而厎績，暢熙載以無疆。某遠播州絛，夙承公蔭。身限江漢，心馳門闌。通謁未展，禱懇兹極。《五百家播芳大全文粹》卷四七。

——《全宋文》卷五一四《宋祁三三·起居昭文相公啓》，第 24 册，303~304 頁

乞從便路討乞弟奏元豐四年八月

乞從瀘州合江縣納溪九枝池便路討乞弟，候破蕩畢，驅率楊光震部族討捕生僚，以報魏從革之冤。《續資治通鑑長編》卷三一五。又見《宋會要輯稿》蕃夷五之二九（第八册第七七八一頁）。

——《全宋文》卷一〇二九《彭孫·乞從便路討乞弟奏》，第 48 册，第 18 頁

西京左藏庫副使楊文廣可供備庫使制

敕某：前日南夷負恩爲亂，以覆壞我郡邑，至於用師而後定。雖朕不德，不能懷服方外，而亦將吏不戒不習之罪也。故深察往失，而推擇所遣，益不敢輕。惟爾文廣材武忠勇，更事有勞，故今以爾總一道之兵，戍於邕管，又升爾於諸使之正，以重其行。爾其祗聽朕命，戒疆事，習軍計，使南徼無警，而朕爲知人，則時乃之功矣。其往欽哉。可。《西溪文集》卷五。又見《皇朝文鑑》卷三九，《文章辨體彙選》卷二一。

——《全宋文》卷一六二一《沈遘三·西京左藏庫副使楊文廣可供備庫使制》，第

* 曾棗莊、劉琳主編：《全宋文》，上海辭書出版社，2006 年。

74 册，226~227 頁

楊貴遷遣子獻鞍馬等奏熙寧六年五月

播州楊貴遷在夷人中最强盛,以老,遣子光震、光榮獻鞍馬、牛黄、麝香。《續資治通鑑長編》卷二四五。

——《全宋文》卷一七四九《曾阜·楊貴遷遣子獻鞍馬等奏》,第 80 册,第 195 頁

乞别爲法以治新籍蠻人部族奏熙寧八年閏四月

領思、費、夷、播四州,又新籍蠻人部族不少,語言不通,習俗各异。若一概以敕律治之,恐必致驚擾,乞别爲法。《續資治通鑑長編》卷二六三。

——《全宋文》卷一八二九《張克明·乞别爲法以治新籍蠻人部族奏》,第 84 册,第 174 頁

答李琮書

軾啓:奉别忽然半年,思仰無窮。近聞公有閨門之戚,即欲作書奉慰,既罕遇的便,又以爲書未必能開釋左右,往往更益悽悵,用是稍緩。今辱手教,慚負不已。竊計高懷遠度,必已超然。此等情累,隨手掃滅,猶恐不脱,若更反覆尋繹,便纏繞人矣。望深以明識照之。軾凡百如昨,愚暗少慮,輒復隨緣自娱。自夏至後,杜門不出,惡熱不可過,所居又向西,多勸遷居。遷居非月餘不能定,而熱向衰矣,亦復不果。如聞公以職事當須一赴闕,不知果然否?承問及王天常奉職所言邊事。天常父齊雄,結髮與西南夷戰,夷人信畏之。天常幼隨其父入夷中,近歲王中正入蜀,亦令天常招撫近界諸夷,夷人以其齊雄子,亦信用其言。向嘗與軾言瀘州事,所以致甫望乞弟作過如此者,皆有條理可聽。然皆已往之事,雖知之無補。又似言人長短,故不復録呈。獨論今日事勢,揣量夷人情僞,似有本末。天常正月中與軾言:"播州首領楊貴遷者,俗謂之楊通判,最近烏蠻,而梟武可用。又有宋大郎者,乞弟之死黨,凶猾有謀略。若官中見委説楊貴遷令殺宋大郎,必可得也。" 數日前,有從蜀中來者,言貴遷已殺宋大郎,納其首級,與銀三千兩。以此推之,天常之言,殆不妄也。天常言:晏州六縣水路十二村諸夷,世與乞弟爲仇。向者熊察訪誘殺十二村首領,及近歲韓存寶討殺羅狗姓諸夷,皆有唇齒之憂,貌畏而心貳。去年乞弟領兵至羅介牟屯,殺害兵官王宣等十二人。其地去寧遠安夷寨至近,涉歷諸夷族帳不少,自來自去,殊無留難。若諸夷不心與之,其勢必不能如此也。今欲討乞弟,

必先有以懷結近界諸夷,得其心腹而後可。今韓存寶等諸軍,既不敢與乞弟戰,但翱翔於近界百餘里間,多殺不作過熟户老弱,而厚以金帛遺乞弟,且遣四人爲質,然後得乞弟遣人送一封空降書,便與約誓,即日班師,與運司諸君皆上表稱賀。上深照其實,已降手詔械存寶獄中。遠人無不歡快,以謂雖漢光武、唐太宗料敵察情於萬里之外,不能過也。今雖已械存寶,而後來者亦未見有精巧必勝之術,但言乞弟不過有兵三千,而官軍無慮三萬,何往而不克。此正如千鈞車弩,可以洞犀象,而不可以得鼠耳。今糧運止於江安縣,自江安至乞弟住坐處,猶須十二三程,吏士以糗餌行,其勢不能過一月。乞弟但能深自避匿四五十日,則免矣。而山谷幽嶮,林木沮洳,賊於溪谷間,依叢木自蔽,以藥箭射人,血濡縷立死。戰士數萬人知深入未爲萬全,而將吏不敢復稽留,此間事不可不深慮。天常言:"國之用兵,正如私家之造屋。凡屋若干,材石之費,穀米之用,爲錢若干,布算而定,無所赢縮矣,工徒入門,斧斤之聲鏗然,而百用毛起,不可復計,此慮不素定之過也。既作而復聚糧,既斲而復求材,其費必十倍,其工必不堅。故王者之兵,當如富人之造屋。其慮周,其規摹素定,其取材積糧皆有方,故其經營之常遲,而其作之常速,計日而成,不愆于素,費半他人,而工必倍之。今日之策,可且罷諸將兵,獨精選一轉運使及一瀘州知州,許法外行事,與二年限,令經畫處置,他人更不得與。多出錢物茶綵,於沿邊博買夷人糧米,其費必減倉卒夫運之半。使辯士招説十州五團晏州六縣水路十二村羅氏鬼主播州楊貴遷之類,作五六頭項,更番出兵,以蹂踐乞弟族帳,使春不得耕,秋不得穫。又嘉、戎、瀘、渝四州,皆有土豪爲把截將,自來雇一私兵入界,用銀七兩,每得一蕃人頭,用銀三十兩買之,把截將自以爲功。今可召募此四州人,每得二十級,即與補一三班差使。如不及二十級,即每級官與絹三十匹。出入山谷,耐辛苦瘴毒,見利則雲合,敗則鳥獸散,此本蠻夷之所長,而中原之所無奈何也。今若召募諸夷及四州把截將私兵,使更出迭入,則蠻夷之所長,我反用之。但能積日累月,戕殺其丁壯,且使終年釋耒而操兵,不及二年,其族帳必殺乞弟以降。如其未也,則乞朝廷差三五千人將下選兵三路入界。西路自江安縣進兵,先積糧於寧遠寨,以十州五團等諸夷爲先鋒,以施、黔、戎、瀘四州藥箭弩手繼之。中路自納溪寨進兵,先積糧於本寨,亦以諸夷爲先鋒,以將下兵馬繼之。三路中惟此路稍平,可以用官軍。東路自合江縣進兵,先積糧於安溪寨,亦以諸夷爲先鋒,以嘉、戎、瀘、渝四州召募人繼之,可以一舉而蕩滅也。"天常此策,雖若不快,以蕞爾小醜,二年而後定,然王者之兵,必出於萬全,不可以僥倖。淮南王安有言:"厮輿之卒,有一不備而歸者,雖得越王之首,臣猶竊爲大漢羞之。"今乞弟譬猶蚤蝨也，克之未足以威四夷，萬一不克，豈不爲卿大夫之辱也哉？趙充國征先零，鄧訓征羌及月支胡，皆以計磨之，數年乃克。唐明皇欲取石堡城，王忠嗣不奉詔，以謂非殺二萬人不可取。方唐之盛，二萬人豈足道哉？而賢將謀國，終不肯出此者，圖萬全也。又後漢永和中，交趾反，議者欲發荆、揚、兖、豫四萬人討之。獨李固以謂："四州之人，遠赴萬里，無有還期，詔書迫促，必致叛亡；南州瘟瘴，死者必多；士卒疲勞，比至嶺南，不復堪鬥。前中郎將尹就討益州叛羌，益州諺曰：'虜來尚可，尹來殺我。'後以兵付刺史張喬，因其將吏，旬月之間，破殄寇虜。此發將無益，州郡可任之明效也。今可募蠻夷使自相攻，轉輸金帛，以爲其資。有能反間致頭首者，許以封侯之賞。"因舉祝良爲九真太守，張喬爲交趾刺史，由此嶺外悉平。今觀其説，乃與天常之言，若合符節。但天常不學，言不能起意耳。天常又言："烏蠻藥箭，中者立死無脱理。然不能及遠，非三十步内不發，發無不中。今與烏蠻戰，當於百步以下、五六十步以上强弓勁弩射之。若稍近，則短兵徑進，於五七步内相格，則其長技皆廢。"今乞弟亦未是正烏蠻也，諸如此巧便非一，不能盡録。略舉一二，以見天常之練習，疑可驅使耳。又有一圖子，雖不甚詳密，然大略具是矣。按圖以考其説，差若易了，故以奉呈，看訖可却付去人見還也。此非公職事，然孜孜尋訪如此，以見忠臣體國、知無不爲之義也。軾其可以罪廢不當言而止乎？雖然，亦不可使不知我者見以爲訴病也。知荆公見稱經藏文，是未離妄語也，便蒙印可，何哉？《圓覺經》紙示及，得暇爲寫下卷，令公擇寫上卷。秦太虚維揚勝士，固知公喜之，無乃亦可令荆公一見之歟？子駿初見報，奪一官耳，不知其罷郡能不鬱鬱否？有一書，不知其今安在，敢煩左右達之。江水比去年甚大，郡中不爲患。見説沙湖鎮頗浸居民，亦江淮間常事耳。臨皋港既開，往來蒙利無窮，而居民貿易之人亦不貲，但不免少有淤填，議者謂歲發少春夫淘之甚易。承問，輒及之。未緣展奉，惟冀以時自重。謹奉手啓起居。熱甚，幸恕不謹。軾頓首再拜。《蘇文忠公全集》卷四九。又見《記纂淵海》卷五二，《永樂大典》卷八四一四。

——《全宋文》卷一八九三《蘇軾四五·答李琮書》，第 87 册，354~357 頁

西南蠻夷納土奏大觀二年九月

據黔南等路奏：安化上三州一鎮山河土地盡獻納朝廷。上州周圍三千五百餘里，户一萬，人六萬五千，永爲王民。又思廣峒蒙光明等獻納土地，周圍計一千五百里，户八百，人九千餘。又落安知峒程大法等獻地，周圍二千五百里，户八千，人四萬五千餘。又都丹團黄光明獻納土地，周圍二千餘里，户七千餘，人四萬餘。以上計五萬一千一百

餘户，二十六萬二千餘人，幅員二萬九千餘里，各款塞聽命，已相度列置州縣。又據靖州西道路諸蠻楊再立，獻納土地二百七十五人，計七狀，周圍三千餘里，户四千五百，人一萬一千。又辰州蠻人覃都、管罵等三十五栅團人，各納土，輸出貢，周圍六百餘里，三千餘户。及涪州夷人駱世華歸順中華地土，東西計六程，南北五程，情願請税承輸，未耕之地并乞入官，幅員一千一百餘里，至涪州一十三程。漢夜郎地分，唐屬黔中，措置建立州縣城寨。又上夷州首領任應舉乞將所管夷州四縣進納入官，與置州縣，輸納税賦。又下夷州首領任漢忠等，各願將所管東西四程、南北五程見佃土地即請税承納，餘盡獻入官。又南平軍夷人木攀族首領趙泰等獻土歸化，見耕佃土地請税，作漢家百姓，其餘土地召人耕佃。管界東西五程，南北六程，周匝十八程。又播州夷人楊光言所管係唐朝所建地唐州，平生户一萬餘家，乞獻納朝廷。又寬樂州、安砂州、譜州四州七源州縣先次納土歸明，願將所管州縣納税，永爲王民，計二萬人。一十六州三十三縣五十餘峒，幅員之廣又一萬里，及賫到印記三十四顆，及具地圖以聞。《宋會要輯稿》蕃夷五之九三（第八册第七八一三頁）。

——《全宋文》卷二三六二《蔡京五·西南蠻夷納土奏》，第 109 册，145~146 頁

專遣使厚賜播州夷界巡檢楊光震金帛爵命御批元豐四年二一月戊申

蠻賊阿訛累曾出漢，并邊之人必能辨識。今光震既殲其親黨，又傳首來獻，忠勇之誠，理宜不妄。方今師屯在邊，購捕元惡，患未有應募而往者。光震能秉心嚮順，率先效力如此，非大過所望以賞之，必不能鼓動其衆，圖成奇功。宜專遣使厚賜金帛爵命。《續資治通鑑長編》卷三一一。

——《全宋文》卷二四九五《宋神宗五九·專遣使厚賜播州夷界巡檢楊光震金帛爵命御批》，第 116 册，第 50 頁

諭楊光震詔元豐四年三月甲寅

率本部强兵隨彭孫討乞弟，如能於未舉兵前自設方略，梟斬乞弟，破蕩巢穴，亦當重賞。《續資治通鑑長編》卷三一一。

——《全宋文》卷二四九五《宋神宗五九·諭楊光震詔》，第 116 册，第 51 頁

令彭孫毋疑外楊光震詔元豐四年五月戊戌

朝廷欲多方賞募，剪除乞弟，其楊光震斬獲宋阿訛等首級，假令不實，朝廷猶當推誠不疑，重賞激勵，况已經南平軍追集人辨認保明，朝廷已推恩賜，令彭孫毋得更形疑外之

意,致光震等反側,不能協力集事。《續資治通鑑長編》卷三一二。

——《全宋文》卷二四九六《宋神宗六〇·令彭孫毋疑外楊光震詔》,第 116 册,58~59 頁

楊光震乞補羅篼等充把截將等御批元豐四年六月丙辰

宜并依所乞,可下都大經制瀘州夷賊公事梓、夔路鈐轄司指揮,及令彭孫應接。《續資治通鑑長編》卷三一三。

——《全宋文》卷二四九六《宋神宗六〇·楊光震乞補羅篼等充把截將等御批》,第 116 册,第 61 頁

乞弟逃竄事詔元豐五年七月癸卯

乞弟逃竄,其地已賜羅氏鬼主鋪永,令知歸徠州。及令楊光震兄弟并沙取、落務嫂等鑾會合掩襲,所獲夷户,令自爲主;如獲乞弟,即依朝旨推賞。令瀘南安撫司常舉行。

——《全宋文》卷二五〇八《宋神宗七二·乞弟逃竄事詔》,第 116 册,第 261 頁

勘會楊光震賞賜俸給進呈御批元豐六年閏六月

可勘會昨斬獲宋阿訛朝廷賞賜楊光震名目物件,并光震見請俸給,畫一進呈。《續資治通鑑長編》卷三三六原注。

——《全宋文》卷二五一三《宋神宗七七·勘會楊光震賞賜俸給進呈御批》,第 116 册,第 348 頁

誡約播州管界都巡檢楊光文等不得擅相仇殺詔政和六年八月十五日

播州管界都巡檢楊光文等已係歸明,身爲王民,受爵命,自當遵守令法,尚敢擅相仇殺。光文且貸命,并惟聰并除名勒停。今後如敢違犯,并行處斬。似此歸明人并依此。《宋會要輯稿》兵一七之九(第八册第七〇四二頁)。

——《全宋文》卷三五九四《宋徽宗五二·誡約播州管界都巡檢楊光文等不得擅相仇殺詔》,第 165 册,第 177 頁

楊選馬千轉行右武大夫制

師出以律,故能有功;賞不逾時,所以示勸。具官某智窮武略,勇冠戎行。枉寇犯

邊，奮身却敵，數其軍實，積有戰多，宜升上閣之華，以聯橫列之峻。往服休命，益勉壯猷。《華勝集》卷四。

——《全宋文》卷三六六三《張綱·楊選馬千轉行右武大夫制》，第168册，第120頁

論沿邊納土三害疏宣和三年四月

臣伏見夔、峽、廣南邊臣開納土之議，誘置熟蕃接武請吏，金銀繒絮以啗其欲，高官厚俸以侈其心。開闢荒蕪，草創郡邑，一部不下三四州，而縣又倍之。入版圖者存虛名，充府庫者無實利，而官吏廩禄，軍兵餉饋，修治城郭，日月彌廣，官吏支持不暇，百姓奔走輸送之不給。其爲害一也。建築以來，調發害於民間者不可勝計，而費出縣官者亦不爲不多。其初監司核實布賞，名爲軍須，唯恐其後常平使者不復執奏，已失元祐立法之意。而漕司於經費之外，復有饋運，未免侵支封樁，折變科率。其爲害二也。州縣之吏躐庶官而升法從，脱選調而位正郎；武弁轉横行，布衣竊仕版，白丁黥徒爲將校者又不論也。名器既已假人，而禄廩因而耗蠹，有司歲計已數倍於熙、豐矣。其爲害三也。不毛之地，既不可耕，而狼子野心，頑不可革。建築之後，西南夷狄交寇綿、茂，而播州溪洞之蠻亦復跳梁。犬豕之衆，固無足慮；蜂蠆之毒，不能無傷。士卒死干戈，官吏没王事，生民肝腦塗地，往往有之。以此知納土之議，非徒無益，而又害之也。莫若委擇帥臣或監司，令條具建築以來財用出入之數，商較利病，覈實以聞。可省者省之，可并者并之，縣不足建則易之以鎮寨，官吏不必衆則總之以護戎。戎兵可減，饋運可省，夷狄可撫而邊鄙之患可息矣。自今以往，邊臣招地之請，邀功生事之隙，不可不嚴禁而杜絶之也。《國朝諸臣奏議》卷一四三。又見《歷代名臣奏議》卷三三三，《宋代蜀文輯存》卷三八。

——《全宋文》卷三九六八《馮檝一·論沿邊納土三害疏》，第181册，第135頁

與留仲至丞相劄子淳熙十一年九月

某竊以秋氣澄爽，恭惟某官鎮臨餘暇，台候動止萬福。比拜狀，想無浮沉。要衝城申請一一施行。虛恨雖就嘉州受賜，或疑包藏難測。今黎州爲備甚至，若犍爲有備無患，乃策之上也。梁憲想已至，望與熟籌之。大要在押寨官以時支俸給，乃可責其勿私役部曲，使得一意捍邊耳。宗室、歸正添差人，與去年使司辟差不許先權指揮了無干涉。今進狀陳訴者紛然，上意本欲用金字牌發下，却恐張皇，只入粉牌遞，切望便施行。四路漕司劄子亦煩亟發下。上再三丁寧，徑自回奏尤佳。公文中不能 達此意，輒復具之。夔路措置土丁，欲省播州城官，若柳杰可用，别示合入闕，便當應付。尋常使司 所辟差遣，逐

一督責，所屬或有留滯，切幸垂諭。黔州蔣介所傳不佳，果否？誰可代卑牧耶？黎州秦嵩今不復求去，自詭底績，不知竟如何？或別欲用人，但同諸司具奏，即禀旨行下。蓋往復動是一時，豈容含糊也？折估文字雖到，而户部議論迂泛，三省旦夕取聖裁矣。餘乞保重，以俟大用。《書稿》卷一〇。

——《全宋文》卷五一〇八《周必大九五·與留仲至丞相劄子》，第229册，415~416頁

論湖北蜀西具備奏

臣自就列以來，便閲廣西經略司據岑邈、謝濟所申，以爲敵已破大、小雲南。雲南與廣西爲鄰，審如所申，廣西事體直可寒心。今廟算深長，必能選有威風大臣控扼廣西，如招兵積粟等事，或通湖南，或通廣東，想皆次第施行，算無遺策矣。而臣之愚見，則以爲上流尤所當備。臣十年前聞敵有斡腹之謀，欲借路雲南，圖我南鄙，當時説者皆以爲迂。今聞瀘州安撫司所申密院事，稱西蜀南蕃蠻王阿永申，敵攻打大理國，并殺死姚州高慶節度，見在大理國内屯駐，四向生蠻悉皆投拜。烏蒙國都蠻王阿吕申，本蕃鬼婆帶領軍馬往後蕃，見敵兵深入攻打邛部川界分，便破散。小雲南國見敵兵在大理國界分駐札，言説今冬再回求路，要出漢地。此皆去歲事也，若然，則是小、大雲南悉皆狼狽，迫我後户矣，詎可不爲關防哉！試將蜀西、湖北之與南蠻接者，爲陛下條陳之。南方諸蠻之大者，莫如大雲南，其次小雲南，次烏蒙，次羅氏鬼主國。其他小國，或千百家爲一聚，或二三百家爲一族，不相臣屬，皆不足數，而其他皆蜀之徼外諸蠻，接黎州。大渡河之對有所謂邛部川，邛部川之後即小雲南也。邛部川之下即兩林虛恨蠻，虛恨之下即馬湖大江蠻之部族夷都蠻也。馬湖大江蠻每借兩林虛恨、邛部川路販馬于青羌、彌羌，時有好馬至敘州互市，皆得之西方。馬湖一江自敘州入江至開邊寨，右去爲大江蠻，左去爲小江蠻，小江即烏蒙都落也。烏蒙疆界稍大於諸蠻，可爲雲南之次。所有之地，隨小江而上，遶出大江、兩林虛恨之後，與小雲南相接。烏蒙之下即吕告蠻，吕告之下即阿永蠻。其他皆與蜀之諸郡接，由邛部川可通黎州、大渡河，由虛恨可通峨眉縣中正寨，由夷都可通犍爲縣沐川寨，由大江蠻可通宣化縣崖門及敘之開邊寨，由吕告可通長寧，由阿永河可通瀘水之江門寨，此皆通行往來之路。今小雲南已困，小雲已亡，若烏蒙次第皆破，則驅諸蠻，行熟路，嘉定、瀘、敘、長寧皆可至矣。而臣之所憂，又恐其捷於湖右。蓋阿永與播接，而瀘之仁懷、綏遠寨實出播州之境，又與思、播相連，而思、播可連南平、珍、黔以出鼎、澧，初無關隘，止以山箐爲限，可十日；自烏蒙來吕告，亦可十日；自吕告來阿永，可

八九日；阿永來播州，可七八日；播至鼎、澧亦不過旬日，而羅氏鬼主國在思、播之後，亦可透辰、沅、萬一計出於此，不但蜀邊腹背受敵，而湖右之腹心先潰，可不畏哉！臣謂廣西固當備，蜀西之南徼、湖北之南鄙尤當備。蓋廣西猶可諉曰炎瘴之毒，非彼所宜，在蜀西，在湖北，則并炎瘴無之矣。以冀北之馬而行於無所障礙之鄉，其鋒何可當耶！臣以爲叙州兩江之會，當用桑愈之説，增兵屯駐，扼塞要衝，思、播田、楊之族，當推赤心置其腹中，相爲犄角，以爲烏蒙國之藩籬，使借兵出漢之謀不得逞，則西蜀之南徼屹然如金城之不可拔。辰、沅之間，當用史子翬之策，增兵屯鼎、澧之間，當臣寮之説，選擇憲守以爲羅鬼國之前拒，使斡腹旋出之師不可得進，則湖北之南鄙截然如中防之制水矣。然在蜀者，宜申敕蜀帥，使之用力關防，毋爲輕敵之舉；在湖北者，宜亟建荆閫，使之盡心區處，毋爲漫浪之計。不然，則長江在吾北，不足爲吾之限制，而江以南爲其所躪轢，宗廟社稷將何地而置安哉！臣連疏求去，蒙陛下宣諭，强顔復留，偶聞廣西之事，其敢自嘿？比之經筵，雖嘗略言其概，猶未詳，今爲陛下底裏言之，惟陛下密與二三大臣圖之，臣不勝俟命。《歷代名臣奏議》卷三三九。又見《宋代蜀文輯存》卷八五。

——《全宋文》卷七四一八《吴昌裔五·論湖北蜀西具備奏》，第 323 册，118~120 頁

繳印經略來劄手奏

臣輒有危衷，上干聖聽。臣猥以庸老，再玷蕃宣，仰賴威靈，粗供職業。但自九月之末，即聞西邊羅氏播州之警，十月以來，又聞南邊特磨安南之傳，累得荆、廣公文關報，事勢若迫。臣所部湖湘正當兩鄰之衝，素無一事之備，兵力復撤，人心共危。臣職雖思憂，不皇寧處，謀弗越境，安敢僭陳！今月二十二日得廣西經略印應飛書，其詞曰：“應飛自得特磨之報、安南之報，此心如熏。蓋念此賊積年工夫，破大理，入善闡，降羅鬼，此皆蠻之强大者，皆已入掌握中，纔入省地，奚往不可！區區宗社之憂，更出於所部之外。今精兵良將盡在兩淮，若自上旨輟二萬人，命兩大將前來，轉殘局爲勝勢，當在此舉。”其言頗自急切，俾令密啓。臣載念曩在荆州，因繳蜀報，雖危急之幸解，而怨尤之是招，本不敢再犯此戒。深惟東南心腹之繫，左右唇齒之聯，隱弗以聞，患恐浸亟。謹節其詞在前，伏乞睿覽，宣示輔臣，共圖廟謨，速遣邊援，以救封疆之急，宗社生民，豈勝幸甚！

臣今月二十二日亦得四川茶馬李遇龍十月二日書，言播州已半月無報，虜賊徑趨黄平，則事勢緊急。臣竊惟沅、靖一路，若蜀兵議其後，荆兵托於裹，猶可以缓其入。乃若邕、廣一路，蹊徑雜通，備具素虚，臣正切憂之。方具奏聞；又得印應飛十八日書，若果如言，則

事勢尤迫矣。應飛令臣奏聞，謹以其真本繳連在前，伏乞睿照。《可齋續藁後》卷五。

——《全宋文》卷七八二八《李曾伯一八·繳印經略來劄手奏》，第 339 冊，第 266 頁

回宣諭令勉諭吕鎮撫及七甲兵等事奏

臣近以辭兼節制陳瀆睿聰，此月八日領十一月二十五日遞，恭奉詔書不允。臣躊躇連日，兢惕微衷，懼綿謭之弗勝，將倚毗之上負。正修再牘，祈賜俞音，屬值風雪，初十日方再領二十七日遞，恭奉二十六日聖旨宣諭，伏讀聖訓，兼制之命切不可辭。臣退念犬馬遠臣，頂踵國恩，天隆地厚，力雖知其不逮，命弗敢以重違。見擇十三日癸巳祗受，續具奏謝外，所準聖諭：一、劉整復回重慶，固科迫於北寇，未免喚回；馬思明已入播州，此則又得舊將，必能叶力。一、湖南七甲義兵係在郴境，名爲七甲，不滿五千，見於陳韡任内唐亮所編《經理小録》，連粘冊頁在前。名曰峒丁，多省民也。嵩之嘗調黄州赴援，止是六百餘人，頗費賞賚。頃者自被旨團結，已節次下州縣催促，應飛近欲調之戍桂，此却頗難。蓋民下皆非紀律之諳，不容駐戍之遠，本境非有調用，未敢起集。乃若招徠感發之訓，恭遵指授，旦夕少加示犒，方不虚行。一、廣右文人所言，敵欲假道，事雖在於疑信，理當示於羈縻。陛下詔奬賜賚，聖謨處置，已足以服遠人之心，昭皇明之見。其主陳日照始末，臣向年守桂，與之交鄰日淺，僅聞其略，不能深知。所奉聞奏，臣前者節制建司，已嘗略具條畫，未準回降，乞賜施行。但有科撥軍費，未敢以請，取自朝廷區處。伏乞睿照。《可齋續藁後》卷五。

——《全宋文》卷七八二八《李曾伯一八·回宣諭令勉諭吕鎮撫及七甲兵等事奏》，第 339 冊， 269~270 頁

繳印經略書安南奏

臣初三日方具奏，以印應飛書繳聞，今遣廖揚孫入交覘探，今月初七日得應飛正旦書及公文報到黄，臣今具奏陳下項：

睿旨擇士往扣，此須就廣右遣之則近，容臣即便貽書應飛商確區處。若隨朝廷賜賚而往，則爲有名，間尋常邕、欽峒丁商賈與之往來，却自無間，并當囑應飛陸續加意覘探矣。又文德入播，近傳已離播州，往會寧關，地屬葛閩，却聞韃兵則已退出烏鎖。所準聖旨，令臣作書勉其策駿，切不可擾蠻人等訓戒，臣敬當遵體，即遣專介一一備示文德，勉其恭奉，以圖報效。但自長沙至靖州凡千里，自靖至黄平亦近千里，又黄平至播州爲程六日，自播至會寧關未詳里數，書問須用遣不能速達，俟有回報，續具

奏聞。伏乞睿照。

——《全宋文》卷七八二八《李曾伯一八·繳印經略書安南奏》,第339册,274~275頁

思應往播州修築關隘詔寶祐六年四月十八日

思應已特差思州駐劄、御前忠勝軍副都統制,往播州同共修築關隘,措置備禦。《宋史全文續資治通鑑》卷三五。

——《全宋文》卷七九七七《宋理宗一二·思應往播州修築關隘詔》,第345册,第323頁

楊邦憲特授親衛大夫利州觀察使依舊知播州兼御前諸軍都統制誥

敕:朕聽鼓鼙而思帥,熟濟時難;修戈矛與同仇,載嘉義概。爰趣援師之至,誕楊褒律之榮。具官某植志忠純,秉心宏毅。臨機料敵,識明金版之六弢;御衆牧人,威憺玉關之萬里。奕世同封疆之守,一忱堅節義之閑。憤蛇豕之肆凶,合熊羆而奮勇。朕每食不忘於鉅鹿,爾惟志常馳於伊吾。獎率勁兵,捍衛多難。真卿未識,獨倡平原之盟;竇融來朝,宜錫河西之詔。思加增秩,檄召勤王。陟親衛之崇階,峻廉車之殊渥。天助者順,亟其戒戎乘之行;師克在和,□則有齋鉞之命。可。《四明文獻集》卷五。

——《全宋文》卷八一九六《王應麟五·楊邦憲特授親衛大夫利州觀察使依舊知播州兼御前諸軍都統制誥》,第354册,第195頁

全元文*

送徐則韶赴播州儒學正序

唐人憚播州荒僻，往者多非其欲。我朝疆土之廣，曠古所無。播雖遠在西南一方，人士去來視猶中州，曾不以爲難。徐九成，宋兵部侍郎之孫，元安慶同知之子。以世家之冑、俊秀之選，擢爲播州學正。將行，余謂之曰："侍郎吾不逮事，同知吾所與游。不逮事者，稔見其文辭；所與游者，深服其德器。今之往也，其以爾祖之文賁彼習之朴，以爾父之德革彼俗之窳。惟固守家學可矣，地之荒僻何患焉？向余在京時，嘗聞播之連失來覲，好文而重儒，九成往哉，其必有合也。"

——《全元文》卷四七七《吴澄》，第 14 册，113~114 頁

資德大夫，紹慶、珍州、南平沿邊宣慰使，播州安撫使，侍衛親軍都指揮使，上護軍，楊漢英贈推忠效順功臣、銀青榮禄大夫、平章政事，柱國，封播國公，謚"忠宣"

繼世立諸侯，審象賢之有托；推恩保四海，在追遠以彌加。有懷藎臣，庸厚恤典。具官某，著德遐域，效誠先朝。聰敏得於繈抱之初，發于天性；稚弱置於扈從之側，斷自宸衷。用能絶黨殊鄰，投戈納款。尺天寸地，負版奉圖。先國後己之慮深，尊主庇民之績著。闡學效文翁之化，好賢師鄭武之風。雅量鎮浮，方櫜弓而簸食；澄懷味道，時緩帶以輕裘。出門興折軸之悲，行壘應流星之兆。何以勸善，必也正名。循故壤以加勛，衍圭田而封土。青綬崇副相之貴，衮衣嚴辨章之稱。噫！忠孝傳家于以顯，昭事厥辟之實；殁存錫命所宜推，圖任舊人之終。精爽有知，欽承無斁。可。

妻田氏遵義郡夫人加播國太夫人

婦人中饋，歌《采蘋》則謹其承先；大夫遠行，誦《殷雷》則審其勸義。禮有準則，

---

* 李修生主編：《全元文》，江蘇古籍出版社，1999 年。

行無過逾。具官某妻田氏，嬪高門之勛庸，受外氏之經籍。曹大家之《女誡》，奉上克謙；魏夫人之僊書，教兒能學。念王事靡監之際，知女子有行之宜。夙夜傳恭，寒暑循度。噫！從夫以貴，今已位於小君；勉子惟忠，益有光於先正。茂膺异渥，式介長年。可。

——《全元文》卷七〇九《袁桷四》，第 23 册，75~76 頁

書姚牧菴贈播州楊安撫漢英樂府

大德末年，桷以史屬預修《成宗實録》，于時承旨姚先生實領史事，見其塗抹詳定，若不經意，而一受潤色，即粲然於班馬并。此殆其天資學力，相須以成者。思播楊侯朝覲本末，見於太史，先生執筆尤致意焉。惟昔楊侯，以中原大族，世領夔府羈縻之州。當蜀破，一時名士咸往依，故其文獻承接，的有源委。聚書訓子，益振起光采。推姚公不妄許與之心，是所謂立賢無方，則凡司文衡、取士類，於是有考。侯之子頤正君來都，温慎儒雅，與之論前朝事，悉纚纚不絶。示姚公所贈樂府，因書以歸之。

——《全元文》卷七二二《袁桷一七》，第 23 册，第 355 頁

書楊安撫訓子詩後

魯周公傳三十四世，夫子紀二百四十二年之行事，所不忍言。是則伯禽以後，爲無聞矣。家訓之嚴，莫盛於顔、柳，若包孝肅、司馬文正庭誥儼在，至諸孫而靡傳。“君子之澤，五世而斬”，夫豈從言哉？播川楊忠宣公，其子襲爵，作詩訓示。韋玄成之詩有曰：“於戲後人，惟肅惟謹。無忝顯祖，以蕃漢室。”公之詩有焉。今宣撫君盛年執謙問學，日績金玉，厥躬以承休譽，克昭乃顯祖，視魯公世家，實爲有光。尚勉之哉！則忠宣公實永不朽矣。

——《全元文》卷七二二《袁桷一七》，第 23 册，356~357 頁

其他

登壇必究 *

方四等復猖獗,有衆數萬。方四僞稱總兵,任𩯭子僞稱御史,餘賊首二十餘人僞稱評事等名。六月,貴州兵敗之於思南,播州兵敗之於三跳諸處,先後擒斬三千餘人。……(林)俊遣李鉞、曹恕督酉陽、播州、石砫等兵分三道迎擊之,賊敗,追至高觀山,斬首五百餘級,俘獲二百餘人。

——《登壇必究》卷八,載《子史雜集類地理文獻集成》(四),第 302 頁

附《征播州説》

播州土酋楊應龍,先代本中土籍,自唐宋以來,世爲夷人所畏服。其轄有五司七姓,使統率馴擬,毋令梗化,以是世受國恩至隆重矣。往年亦嘗征番、采木,頗稱恭順,最後調遣征伐,頗識戎事,桀驁之心漸生,而虔劉之禍益慘。稱兵境上,逆我顏行。國家略示懲艾,以不治治之,此浩蕩之深仁也。

本酋征采皆用五司之民力,四方結納皆索五司之民財,不思愛恤其人民而反懟怨焉。始而信七姓之欺弄以虐五司,既而任一己之猜疑復虐七姓。敵國盡在舟中而人心離叛不可收拾,彼且縱恣殘暴,日甚一日,孽狐跳踉,莫逃天網。

議者曰:"彼殘彼夷,何與中國!" 夫播州地居三省之中,應龍職在藩臣之列,五司七姓貢馬輸粮,又皆朝廷之赤子,固非東倭北虜比也。應龍自爲亂首,夷民離畔,不能上遵國憲,下撫諸夷,當不免於削奪之令。况罪積邱山,隳犯王略,又有目不忍視而口不忍言者乎? 古稱伐三苗、征葛伯、遏徂莒,彼三聖人者何爲也?

議者曰:"應龍身居險地,若虎負隅,我將集餉繕兵!" 從事於東北,不暇與夷民爲

* (明)王鳴鶴輯:《登壇必究》,載李勇先主編:《中國歷史地理文獻輯刊》之《子史雜集類地理文獻集成》(四),上海交通大學出版社,2009 年。

報，復計故姑事，羈縻以安夷俗，古聖王制馭蠻夷之常道、老成謀國之忠猷也。但罰贖久稽、虐焰益張甚者，圍城捉仇，擄及都司譬之草也。荒原千里，無害夷曠，而畎畝莠稗，必害嘉禾。應龍莠稗，而且荆棘一日不芟，則嘉禾之害一日不去。先是安國亨戕殺官兵，止議罰贖，故應龍得以横肆無忌。應龍戕殺官兵，又議罰贖，而國亨之子疆臣雖童牛之牿，而牴觸之禍漸形，彼伏此興相爲犄角，西南之地半屬夷酋，獨奈何令此輩效尤無巳〈已〉時耶?

議者曰:"應龍兵强食足，彼主我客，未易言剿。"似矣彼所稱兵食，無非出自五司七姓，五司七姓之外，夫復奚賴哉? 及五司七姓既叛之後，當朝廷議剿之時。本酋狼顧脅息，人固未之知也。日夜以厚利招誘江外生苗，盡散五司七姓之資財，僅僅得其歡心，居亡何。朝廷不議剿而議罰，應龍又慮五司爲仇，不令江外生苗歸其本土，資粮既盡，剽掠横行。應龍雖欲禁之，不可得。是時，本酋常懷尾大不掉之慮，内恐懼而外張大，故縱諸苗剪其仇己者以快志，又陰幸五司仇恨諸苗，使不得合謀以叛我，此應龍奸謀詭計，惟智者而後知之。各苗既躪五司，招朋集黨，謂可常據其土地。五司之民雖與應龍誓不共戴，而又慮朝命仍歸應龍管轄，終有畏志，故鋒鋋所及，唯有扶携老稚而逃耳。儻然朝廷之上，一意進剿，天威所加，山川草木亦將效靈，誰其敢抗。陸梁如劉孛，狡猾如東倭，雷霆一怒，拾芥摧枯，終於擒滅，况楊酋一區區釜鱗皽臂哉? 且川貴、湖廣土司多與應龍爲隣，其兵力皆不在應龍下，如安疆臣富强之勢十倍於應龍，使安氏不念唇齒之相依，不爲群小之鼓弄，而毅然爲助順之舉，將朝出師而夕就縳無難者。往歲議征本酋，貴省司道嘗嚴督安氏以圖厥功，疆臣第徉應之，遣五千人出没山箐，楊〈佯〉爲我助而實陰黨楊酋，即奚敢反戈内向而坐觀成敗，此其木願也。爲今之計，必欲誅戮，亦何竢奇謀秘略爲哉? 總督軍門駐劄重慶，偏于一隅，去湖貴數千里而遥，勢難兼制。政宜移鎮水西地方，當川貴接境之地，專督安疆臣大舉征進，不吝破格題賞，安氏其將誰諉耶? 更下令各隣播土司許各勵兵，分道并進，取楊酋一寸之地，即以一寸賞之，取楊酋一尺之地，即以一尺賞之，人自爲戰，家自爲守，使世世子孫常有其地，不廢糧馬之貢，彼亦何憚而不爲朝廷一殫力也。五司被虐播遷者，許復其土地，人民、官職徑屬貴州布政司統領之。夫如是，則播地可瞬息席卷矣。彼江外諸苗始爲利誘，而利盡則散;始爲勢脅，而勢盡則離，此理勢之必然者。椎髻雕題之衆，故非五百人之擾，擾孰肯爲田横死義哉?

議者曰:"楊酋恃險囤爲固，若天險之不可升，即有播地，將奈之何?"予惟恐楊酋之不入囤耳。誠一入囤，非三窟之穴可同日而語也。我固不易上，而彼亦不易下，用智將一員、精兵三千守其要害，而令各枝兵分布其地，縱楊酋猛如咆虎，爪牙既剪，其將安施。且囤中無山泉可蓄，不耐久困，日出奇兵以撓之，陰縱反間以離之，則人心自摇，内亂將起。如寧夏故事所可慮者，外城未破耳。外城既破，人人自危，而反間易入。海龍囤，海字與醢同音，術家以爲楊酋被醢之，應行且立見，其然矣。

議者曰："應龍即不入囤中，止嚴據各險，官兵亦將奈何？"予謂川貴之險與各邊不同，各邊止一面鄰中國，彼據一面之險以當我，而我不能入，又不能借夷地遶攻其後。今播地雖險，四面皆吾中國地也，向所謂分道并進，見有成算，一閱圖而可知也。楊酋出入山險，聲息難通，其能左顧右盼、首尾相應，成率然之勢耶？顧今最可慮者，川貴不共力，文武不和衷，郵遞阻則期會難齊，將官分則號令不一，道路有險，易而推諉有詞，土募不同情而進退靡定，是可憂在我而不在敵也。且芻糧難於轉運，器械難於整捌，天多陰霾，山澗蒸濕，弓矢、火藥卒難調治。斬獲苗級，原議賞功三兩，與斬獲倭虜首級什伯相懸。而荷殳行陣之苦，亦不減於東北，此人心所以無必死之念，而玩寇養亂有以也。有志於剿播者，其尚留念於斯乎？至若山川之險，黠酋之詐，可坐而策之，易易耳。不然徵側之勇冠一方，吕嘉之威行五嶺，何以竟就伏波之戮，終摧下瀨之師哉。向征播州之役，予曾執戟行間入險攻敵，皆仿谷戰之法而爲之，諸苗抵殺十數次，莫不奔敗，不幸川師信其詐降，因而敗績，故貴州之師，亦告撤焉。計渡江界河，入黄灘關，軍聲已振，咫尺播州，而隳於鄰師之拙想，其餘魄尚有旦夕之寄耳。予故知入播道路之詳，而楊酋之不難致也。今不能提戈貴筑以報。

——《登壇必究》卷八，載《中國歷史地理文獻輯刊》,《子史雜集類地理文獻集成》（四），304~307 頁

廿二史考异*

播州軍民安撫司

案:《世祖紀》至元十五年,從播州安撫楊邦憲請,以鼎山仍隸播州;十六年,改播州鼎山縣爲播州縣;二十六年,改播州爲播南路。此皆當見于《志》,而《志》失之。

——《廿二史考异》,卷八十九《元史四》,下册,第1248頁

* (清)錢大昕撰,方詩銘、周殿傑點校:《廿二史考异》,上海古籍出版社,2004年。

宋元學案*

知州范雙流先生子長范先生子該合傳

范子長,字少才,成都人也,二江先生從子。與其弟子該,字少約,同游南軒之門。以進士官太學,有要人慕而候之,先生避焉。鶴山魏文靖公嘗序其事,所云"閉干木之門,或謂迫斯可見,却陽貨之饋,乃復拜以其亡"是也。嘉泰末,北闕門鴟尾及省部相次灾,先是赤眚爲沴,太陰犯權星,天子避殿求言,先生與李仲衍、趙全道、魏鶴山皆上疏極陳韓侂胄之惡,以爲爵及輿隸,權移主上,請退之。侂胄大怒,諸公相繼罷官。吴曦告變,上頗思諸正人言,有詔召蜀中三人,時侂胄尚未死,先生與鶴山皆謝不赴,惟李季允至。已而更化,又召蜀中三人,先生亦與鶴山豫焉,史彌遠忌之。先生至京,不得入對,以吏部郎知瀘州。瀘爲夷境,酋長楊粲請開白錦堡,爲錦州前帥許奕持之,未得寢而奕去,先生力言其不可,乃置平泉寨以鎮之,夷人不敢妄動,瀘以大治。然卒不得入朝,以殿撰知崇寧。鶴山之初志學也,由先生兄弟及薛符溪以得門户,及入中原,始友李敬子、輔潛庵。今語學派者,莫知淵源所自出,而蜀中之爲南軒高弟者,皆泯然無傳。文獻不足,可勝嘆哉!少約與陳同甫善。

——《宋元學案》卷七十二《二江諸儒學案》,第3册,第2411頁

* (清)黄宗羲撰,(清)全祖望補修,陳金生、梁運華點校:《宋元學案》,中華書局,1986年。

策學備纂*

播州，漢牂牁郡地。貞觀九年置郎州，十一年改置播州，亦曰播川郡，領播川等縣四。今遵義府。

——《策學備纂》卷四《方輿三》，載《中國歷史地理文獻輯刊》，《類書類地理文獻集成》（二十二），第479頁

* （清）吴熲炎輯：《策學備纂》，載李勇先主編：《中國歷史地理文獻輯刊》之《類書類地理文獻集成》（二十二），上海交通大學出版社，2009年。

後 記

《播州楊氏土司文獻集成》一書,從二〇一七年開始收集資料,到正式出版,前後歷時五年。

參加本書資料翻檢、查閲和收集工作的有:貴州省文物考古研究所韋松恒、彭萬、李奎,四川大學歷史文化學院博士研究生鄧宏亞(現供職於四川大學研究生院)、何達、王哲石、趙川、楊鳳武、張媛媛、郭振新,四川大學歷史文化學院碩士研究生王紅豔(現供職於秦始皇兵馬俑博物館)、胡盛(現供職於杭州市文物考古研究所)、馬馳浩(現供職於成都文物考古研究院)、鄭郁潔、陳焜、何建、權文婷。參加輯録文獻整理和核對的有:四川大學歷史文化學院博士研究生羅洪彬、談北平、童瑞雪、楊鳳武、張媛媛、郭振新,四川大學歷史文化學院碩士研究生魏新柳、温濤、譚林懷、王作丹、劉澤旭、田龍、李蓉、李芮、李嘉鑫、易萍、鄧雅琳、蒼潤、王淇、何睿琦、楊瀟、周浩、賴敏。他們在緊張、繁重的學習之餘,抽出寶貴的時間參與其中,是該項工作得以高效率推進和順利完成的關鍵所在。責任編輯李江山亦爲本書的編輯、出版付出了很多心血。在此,謹向所有參與過該項工作的專業人員、博士和碩士研究生以及本書責任編輯致以崇高的敬意,表示衷心的感謝!

本書編寫具體分工如下:何達、鄧宏亞、韋松恒負責正史、編年體、紀事本末體、别史、雜史、雜記和禮制文獻中有關材料的輯録、整理和編撰(卷一);胡盛、楊鳳武、彭萬負責地區性文獻、全國性地理總志、貴州省志、游記中有關材料的輯録、整理和編撰(卷二);馬馳浩、韋松恒、鄭郁潔負責貴州以外的其他省志、貴州府州(廳)志中有關材料的輯録、整理和編撰(卷三);王紅豔、郭振新、王哲石、張媛媛、李奎、彭萬負責貴州以外的府州(廳)志、縣鄉志中有關資料的輯録、整理和編撰(卷四,卷五之前半部分);王紅豔、王哲石、彭萬、李奎負責傳記、綜合、文集等文獻中有關資料的輯録、整理和編撰（卷五之後半部分）。初稿完成後，貴州省文物考古研究所周必素和四川大學歷史文化學院白彬對全書進行統稿。

上述工作完成後，我們組織專門人員繼續進行播州楊氏土司文獻資料的輯録和整理工作，目前已翻檢文獻五百餘種，新輯資料超過六十萬字，即將提交貴州民族出版社出版。由於播州楊氏土司延續時間長，涉及的文獻種類和數量多，内容龐雜，儘管我們盡了很大努力，仍不排除有漏檢文獻、漏收資料的可能性，加之我們水平有限，本書若存在錯誤和疏漏之處，敬請讀者見諒！

周必素　白　彬

二〇二二年九月二十日